# LE CONTENTIEUX DE LA VIOLATION DES DROITS DE L'HOMME DEVANT LA COUR DE JUSTICE DE LA CEDEAO

Alioune SALL

# LE CONTENTIEUX DE LA VIOLATION DES DROITS DE L'HOMME DEVANT LA COUR DE JUSTICE DE LA CEDEAO

Sénégal
L'Harmattan

10 VDN, Sicap Amitié 3, Lotissement Cité Police, DAKAR

http://www.harmattansenegal.com
senharmattan@gmail.com
senlibrairie@gmail.com

ISBN: 978-2-343-17954-4

EAN: 9782343179544

*Cet ouvrage a été traduit du français à l'anglais par* ***M. Emmanuel Koffi Nkansa,*** *fonctionnaire à la Cour de Justice de la CEDEAO.*
*Il l'a fait avec discrétion, efficacité et générosité.*
*Qu'il trouve ici l'expression de notre respectueuse estime et de notre gratitude infinie.*

***L'auteur.***

*Aux apprentis juristes,*
*Ousseynou et Assane El Bachir*

# SOMMAIRE

## PREMIÈRE PARTIE

## LA JURISPRUDENCE DE LA COUR



## DEUXIÈME PARTIE

## RÉFLEXIONS DOCTRINALES SUR LA COUR

# PREMIÈRE PARTIE

# LA JURISPRUDENCE DE LA COUR

La jurisprudence de la Cour est étudiée ici sous trois angles : les protagonistes du procès (**chapitre 1**), la compétence et la recevabilité des requêtes (**chapitre 2**) et l'examen du cas par la Cour (**chapitre3**).

# CHAPITRE 1

# LES PROTAGONISTES DU PROCÈS

Il s'agit de l'ensemble des personnes susceptibles d'être parties prenantes au procès : les parties elles – mêmes (Section 1) ainsi que leurs représentants, les intervenants et les *amicii curiae* (Section 2).

## SECTION 1

## LES PARTIES

Il s'agit bien entendu du demandeur – ou requérant- (paragraphe 1) et du défendeur (paragraphe 2).

### Paragraphe 1

### Le requérant

Aux termes de l'article 10 du Protocole A/SP.1/01/05 du 19 janvier 2005, peut saisir la Cour « toute personne victime de violations des droits de l'homme ».

Il ne fait pas de doute qu'il peut s'agir d'une personne physique. La capacité à agir des personnes morales a cependant donné lieu à des flottements jurisprudentiels pendant quelque temps. Fort heureusement, il ne fait plus de doute aujourd'hui, que les personnes morales peuvent être requérantes (A)[1].

Une seconde condition est cependant exigée du demandeur : qu'il puisse se prévaloir d'un intérêt à agir, pour avoir personnellement subi un préjudice (B).

1 Sur ce point, voir l'article *« Remarques sur la qualité de requérant devant la Cour de justice de la CEDEAO »*, infra, 2ème partie de l'ouvrage.

## A.- Figures

Les personnes privées, personnes physiques peuvent saisir la Cour.

La question s'est posée pour les personnes morales. Dans un premier temps, la Cour leur a refusé l'accès à son prétoire.

Dans son arrêt du 8 juillet 2011, « **Oceanking Nigeria Ltd contre République du Sénégal » (ECW/CCJ/JUD/07/11)**, la Cour a suivi l'argumentation de l'État du Sénégal suivant laquelle une société – Oceanking Ltd – qui est une personne morale, ne pouvait se prévaloir de violation de « droits de l'homme », suivant une interprétation très étroite de cette notion, aux termes de laquelle ces droits s'appliquaient aux seuls « hommes », êtres de chair et d'os :

> §50 : « Ainsi, en ouvrant de manière expresse la saisine de la Cour aux personnes victimes de violation des droits humains, le Protocole additionnel cherche à conférer exclusivement ce droit aux personnes physiques excluant les autres »
>
> §73 : « Dit également qu'aux termes de l'article 10 d) du Protocole de la Cour tel qu'amendé, les personnes morales ne sont pas admises en tant que victimes de violations des droits de l'homme, mais seuls les individus, personnes physiques sont considérées comme victimes ».

Il convient cependant d'observer que cette jurisprudence a été abandonnée, et le revirement doit être salué. La compréhension restrictive de la notion de « droits de l'homme », dont elle procède, aboutit certainement à une réduction considérable de la garantie juridique de ceux-ci. Dans l'affaire « Oceanking » qui vient d'être mentionnée, la Cour, suivant le raisonnement de l'Etat défendeur, s'est accrochée à une conception très abstraite, très livresque allait-on dire, des « droits de l'homme ». Outre que des juridictions comparables ont admis le droit de personnes morales – sociétés, associations, partis politiques etc – à se prévaloir de dispositions tirées d'instruments de protection des droits de l'homme, on relèvera l'irréalisme de la conception restrictive adoptée par la Cour. Car, qui osera soutenir qu'une association s'intéressant à l'enfance maltraitée n'a pas un intérêt à agir en justice lorsque des enfants sont effectivement maltraités ? Peut-on raisonnablement soutenir qu'un parti politique interdit de participer à des élections – comme a pu l'être le parti de l'ex président du Burkina Faso aux élections consécutives au départ du pouvoir de celui-ci en octobre 2014 – n'a pas intérêt à se prévaloir du droit à l'éligibilité de ses membres ? Ou qu'une mesure restreignant le droit à l'expression de ses membres ne remet pas en cause la liberté d'expression stipulée dans maintes conventions internationales ? Et quand une société à but lucratif est injustement dépossédée, qui niera qu'elle peut se prévaloir d'une violation du droit de propriété, droit dont la Cour, dans certaines jurisprudences – affaire « **Tidjani contre État du Niger** « par exemple -, a affirmé le rattachement aux « droits de l'homme » ?

En fait, la jurisprudence de la Cour a varié sur ce point car quelque temps auparavant, le juge communautaire a eu à admettre l'action de certaines personnes morales se plaignant de violation de droits de l'homme, comme dans l'arrêt du 17 décembre 2009, **« Coordination Nationale des délégués départementaux de la filière café cacao » (CNDD) contre République de Côte d'Ivoire » (ECW/CCJ/JUD/05/09) :**

> § 23 : « La Cour retient que ledit texte parle de « toute personne victime » sans préciser s'il s'agit d'une personne physique ou de personne morale ou encore s'il s'agit des deux à la fois ; mais la Cour tient à préciser, en outre, que le mot « victime », et plus précisément la notion de victime permet de comprendre qu'il s'agit de connaître des plaintes de toute personne pouvant se prévaloir d'un préjudice ou d'une atteinte aux droits ou aux libertés qui lui sont reconnues.
>
> § 24 : « Or, s'il est constant que les droits et libertés garantis dans les instruments relatifs aux droits de l'homme le sont au profit des individus, il n'en demeure pas moins que les personnes morales ont également des droits à faire prévaloir »
>
> §28 : La Cour ajoute plus spécifiquement l'article 1er h) du Protocole sur la Démocratie et la bonne gouvernance : « les droits contenus dans la Charte africaine des droits de l'homme et des peuples et les instruments internationaux sont garantis dans chacun des États membres de la CEDEAO ; tout individu ou toute organisation a la faculté de se faire assurer cette garantie par les juridictions de droit commun ou par une juridiction spéciale ou par toute institution nationale créée dans le cadre d'un instrument international des droits de la personne ».
>
> §62 : « Attendu qu'en matière de recours pour violation des droits de l'homme la Cour ne saurait reconnaître ce droit uniquement aux seules personnes physiques à l'exclusion des personnes morales ».

Cet accueil fait aux personnes morales a été ensuite confirmé dans l'arrêt du 6 novembre 2013, **« M. Chude Mba contre République du Ghana » (ECW/CCJ/JUD/10/13) :**

§66 : « Contrairement à d'autres dispositions de la Charte, le texte cité ci-dessus (article 14 de la Charte africaine des droits de l'homme et des peuples, relatif au droit de propriété) ne précise pas si le droit de propriété est garanti uniquement à des individus ou à des personnes physiques. Il n'a donc pas exclu les personnes morales, qui comprennent les sociétés ».

Les partis politiques, notamment, ont pu accéder au prétoire de la Cour.

On citera à cet égard l'arrêt du 23 avril 2015, **« Convention Démocratique et Sociale Rahama contre République du Niger » (ECW/CCJ/JUD/03/15) ou encore l'arrêt du 13 juillet 2015, « Congrès pour la Démocratie et le Progrès (CDP) et autres contre Burkina Faso » (ECW/CCJ/JUD/16/15)**, dans lequel la Cour déclare :

§20, 21 : « Au sujet de l'irrecevabilité du recours, tirée de ce que le droit en cause – droit de participer aux élections et à la gestion des affaires publiques – serait un droit de l'individu et non d'une formation politique, la Cour doit d'abord rappeler qu'elle n'est pas saisie que par des partis politiques, elle l'est également par des citoyens. Mais même si elle n'était saisie que par des associations de type politique, la Cour estime que rien ne l'empêcherait d'en connaître, pour la raison qu'une restriction d'un tel droit peut parfaitement léser une formation politique, structure dont la vocation consiste précisément à solliciter le suffrage des citoyens et à participer à la gestion des affaires publiques. Non seulement les textes qui régissent la Cour n'excluent pas que celle-ci puisse être saisie par des personnes morales – à la condition qu'elles soient cependant victimes- (article 10 d) du Protocole de 2005), mais ce serait de façon purement artificielle et déraisonnable que la Cour refuserait à des partis politiques le droit de la saisir dès lors que des droits liés à leur vocation de compétiteurs électoraux étaient violés.

Il s'ensuit que la thèse de l'irrecevabilité, soutenue par l'État du Burkina, doit être rejetée ».

Il n'est pas nécessaire, pour saisir la Cour d'une requête en violation des droits de l'homme, d'avoir la nationalité d'un État- membre.

Il convient de se féliciter de cette omission de toute considération liée à la nationalité. Dans un premier temps pourtant, aux premières années ayant suivi la réforme de 2005 attribuant à la Cour compétence en matière de violation des droits de l'homme, le doute pouvait subsister sur ce point car, dans une sorte de clause de style, les arrêts rendus mentionnaient systématiquement, à leurs tout débuts, la nationalité du saisissant. Cette précision pouvait donner à penser que pour porter une action devant la Cour, avoir la nationalité de l'un des États membres était un préalable. Or, la philosophie profonde qui inspire les droits de l'homme est d'inspiration universaliste. Cet arrière – plan jusnaturaliste commande que soit bannie de la saisine de la Cour toute considération particulariste, notamment la donnée nationale. Ainsi :

- dans l'arrêt du 4 mars 2010, **« Dr Mahamat Seid Abazene contre République du Mali, l'Union africaine, L'institut culturel afro –arabe » (ECW/CCJ/JUD/02/10)**, le requérant est de nationalité tchadienne ;
- dans l'arrêt du 18 novembre 2010, **« Hissène Habré c. Etat du Sénégal » (ECW/CCJ/JUD/06/10)**, le requérant est également de nationalité tchadienne ;
- dans l'arrêt du 6 novembre 2013, **« M. Chude Mba contre République du Ghana » (ECW/CCJ/JUD/10/13)**, il est indiqué que le requérant a une double nationalité : nigériane et britannique (§1). Or, si l'on s'en tient aux indications du Protocole de 1982 sur la citoyenneté dans la CEDEAO, le requérant n'est pas « citoyen de la Communauté » car n'a pas renoncé à sa nationalité britannique. En dépit de cela, la Cour accueille son action.
- dans l'arrêt du 6 mars 2014, **« Bassam El Najjar contre État du Togo » (ECW/CCJ/JUD/08/14)**, le requérant est de nationalité libanaise, établi au Togo (§10).

Une fois déterminée l'identité ou les figures des requérants, il faut se pencher sur une autre condition exigée : l'intérêt à agir, qui renvoie à la nécessité d'avoir personnellement souffert un préjudice consécutif à la violation d'un droit.

## B.- L'intérêt à agir : nécessité d'un préjudice personnel et très imminent et/ou d'un mandat pour agir au nom d'autres victimes

Il faut en effet avoir personnellement subi un préjudice. C'est la raison pour laquelle, devant la Cour, des organismes comme des Organisations non – gouvernementales ne peuvent agir à la place des victimes[2].

[2] Cependant, comme on le précise un peu plus loin, une telle ONG peut éventuellement agir comme « agent » de la victime, si l'on s'en tient aux dispositions de l'article 12 du Protocole A/P1/7/91 qui reste, telles quelles, en vigueur et qui ne distingue pas entre les « Etats » et

L'article 10 d) du Protocole de 2005 indique explicitement que seule peut agir une « personne victime ». Celui qui saisit la Cour ne saurait être une personne ou une entité qui n'a pas été touchée, dans son être ou dans son patrimoine, par la violation alléguée.

Toutefois, le droit d'agir peut être délégué, par le biais d'un mandat dont la Cour vérifiera systématiquement l'existence et la validité. La précision est capitale : le mandataire ne saurait être une personne « étrangère » à la violation, elle doit elle-même être victime car l'article 10 du Protocole additionnel de 2005 parle bien de « personne victime », telle est l'interprétation retenue par la Cour. Ce qu'elle cherche à éviter ici, c'est la « disparition » totale de la victime ou des victimes derrière le paravent du mandataire, voire une action en justice unilatéralement décidée par une personne ou un organisme que rien ne lie à la violation en cause. Rien ne doit ici donner l'impression d'une *actio popularis* ouvrant le droit à n'importe qui de saisir la Cour.

En pratique donc, on se trouvera devant un scénario où la collectivité des victimes sera représentée par une seule victime, ou un groupe de victimes. L'exigence ici est assez formaliste : il faut que dans l'acte introductif d'instance, figure un ou plusieurs noms de victimes. Bien entendu, une comparution personnelle du requérant ou des requérants n'est pas exigée, sauf si la Cour le demande ; mais la seule mention, sur la requête, de l'identité de cette victime ou de ces victimes suffit en principe. Il va de soi que cette exigence est sans influence sur la question de la représentation devant la Cour, qui peut être assurée par des avocats ou des agents, ces derniers pouvant eux-mêmes être des structures de promotion et de défense des droits de l'homme.

La nécessité d'un préjudice personnel, justification de l'intérêt à agir, a été soulignée plusieurs fois par la Cour[3] :

---

les « personnes privées » ou les « personnes physiques ». Mais la fonction de l'ONG consisterait alors, comme pour un conseil, à plaider une cause, et non à se substituer à la victime.

[3] La Cour a exigé la satisfaction de cette condition dans des procédures différentes de la saisine pour violation des droits de l'homme, et relatives, par exemple, sur la contestation de la légalité d'un acte de la Communauté ou une action en responsabilité. V. à cet égard arrêt du 16 mai 2008, *Odafe Oserada, représenté par Kolawole O.O.James, comparant, contre Conseil des ministres de la CEDEAO, Parlement de la CEDEAO, Commission de la CEDEAO* »(ECW/CCJ/JUD/01/08), § 31 : *« ...on ne peut soutenir raisonnablement qu'un promoteur de projet soit le plus qualifié à occuper le poste de secrétaire général du Parlement d'autant plus que lui-même n'a manifesté aucun intérêt personnel pour ledit poste, alors que l'intérêt à agir doit être personnel, direct et certain »* ; ou encore arrêt du 16 mai 2012, *« Mme Oluwatosin Rinu Adewale contre Conseil des ministres de la CEDEAO, Président de la Commission de la CEDEAO, Président de la Cour de justice de*

- **Dans l'arrêt du 9 mai 2011, « Center for Democracy and Developpement, et Center for Defence of Human rights and Democracy contre Mamadou Tandja et République du Niger » (ECW/CCJ/JUD/05/11) :**

§ 28 : Après avoir cité les termes de l'article 10 du Protocole de 2005, la Cour note qu' « il ressort des éléments du dossier que les requérantes sont des personnes morales, établies sous l'empire des lois de la république fédérale du Nigéria et des lois de la république du Bénin, respectivement pour le Centre pour le développement et la démocratie et le Centre pour la défense des droits de l'homme en Afrique et la démocratie. Or, en l'espèce, à supposer même que lesdites associations possèdent la capacité juridique dans leurs États respectifs, elles n'ont pas démontré leur qualité de victime ni justifié de la qualité pour agir au nom de victimes dont elles auraient reçu mandat »

§29 : « La Cour (...) note que les décisions prises par Monsieur Mamadou Tandja n'ont d'effets qu'à l'égard des nationaux nigériens et éventuellement à l'égard des résidents dans ce pays. Or, les requérantes ne sont pas des associations de droit nigérien et ne justifient pas avoir de sections dans cet État non plus. Lesdites décisions ne leur sont dès lors pas opposables et ne les touchent ni de près ni de loin ; elles ne peuvent donc être victimes de leurs conséquences. En définitive, elles ne sauraient se voir reconnaître la qualité de victimes ».

- **Arrêt du 12 février 2014, « Monsieur Oumar Mariko contre République du Mali » (ECW/CCJ/JUD/03/14) :**

§29 : « Dit que Oumar Mariko ne peut se prévaloir de la qualité de victime de violations de ses droits (...) puisqu'il n'a pu être candidat aux élections présidentielles au sens de la loi électorale du Mali

En conséquence, le déboute (...) »

De même, dans l'hypothèse où la ou les victimes personnelles décident de déléguer le droit de saisir la Cour, la production d'un mandat est exigée par la Cour. Cela ressort des décisions suivantes :

---

*la Communauté, Directeur de l'administration et des finances de la Cour de justice de la Communauté »* (ECW/CCJ/JUD/07/12), §45 : *« (...) si la personne n'est pas affectée directement et immédiatement par l'acte dont elle demande l'annulation, l'on ne peut accepter que cette personne porte plainte aux termes de l'article 10 © du Protocole relatif à la Cour de justice et par conséquent, la plainte doit être rejetée »*

- **Arrêt du 17 mars 2011, « Bakary Sarré et 28 autres contre République du Mali » (ECW/CCJ/JUD/03/11) :**

§37 et 38 : «« Il découle de cette disposition (art 10 du Protocole de 2005 relatif à la CJ) que la recevabilité de la requête est liée, entre autres critères, à la qualité de victime. Cette condition induit nécessairement que le requérant, agissant à titre personnel en raison d'un intérêt lésé, juridiquement protégé, exerce le droit de saisir un juge pour l'examen de ses prétentions ou alors que le requérant, habilité à agir en vertu d'un mandat, pour le compte d'autrui ou pour le compte d'un collectif dont un intérêt juridiquement protégé a été lésé, exerce un pouvoir de représentation à l'action (...). L'exercice d'une action en justice est une faculté, il revient au titulaire de cette prérogative soit de la mettre en œuvre par lui-même, soit de mandater (...) un tiers à cet effet. Ainsi, ledit mandat (...) ne confère aucun titre juridique pour agir devant la Cour de justice de la CEDEAO au nom de ladite promotion. EN conséquence, il y a lieu de conclure que Monsieur Bakary Sarré n'a pas qualité pour introduire la présente affaire, au nom des magistrats de sa promotion ».

- **Arrêt du 31 janvier 2012, « Mme Aziablévi Yovo et 31 autres contre Société Togo Telecom et État Togolais » (ECW/CCJ/JUD/04/12) :**

§10 et 11 : La Cour relève que les héritiers des requérants décédés ont bel et bien donné mandat pour qu'on agisse aussi en leurs noms. Si la Cour les écarte, c'est uniquement parce que ce mandat a « été donné après le dépôt de la requête saisissant la Cour de la présente cause »

- **Arrêt du 12 février 2014, « Boureima Sidi Cissé contre République du Mali » (ECW/CCJ/JUD/04/14) :**

p.10 : « La Cour (...) dit que n'ayant pas de mandat pour représenter les autres co-requérants, la requête en ce qui les concerne n'est pas conforme aux dispositions pertinentes des textes relatifs à la Cour, en conséquence ;

Déclare irrecevable la requête au nom de ces autres requérants »

- **Arrêt du 30 juin 2015, « 167 ex agents de la SONIDEP représentés par Eli Haggar et B Kanfideni contre État du Niger et SONIDEP » (ECW/CCJ/JUD/15/15) :**

§ IV.13, 15 : « Par ailleurs, la requête indique que les « 167 ex-agents de la Société Nigérienne des Produits Pétroliers (SONIDEP) » sont représentés par Messieurs Haggar et Kanfideni (...)

En l'espèce, les mandataires n'ont pas prouvé leur mandat ;

En effet, la Cour n'a enregistré aucun mandat délivré à leur profit par leurs prétendus mandants ;

Ils n'ont justifié d'aucun titre les autorisant à représenter les requérants devant la Cour de justice (...)

Il s'ensuit qu'ils n'ont pas qualité pour agir au nom des requérants ».

Le préjudice subi doit donc être « personnel » ou « direct » si l'on préfère. Doit-il, par ailleurs, être actuel ou simplement éventuel ?

Dans un premier temps, le point de vue de la Cour n'a pas été très limpide, et l'arrêt « **Hissène Habré contre État du Sénégal** » est particulièrement révélateur de ces tergiversations. Puis la jurisprudence a gagné en clarté et peut aujourd'hui être résumée dans l'affirmation suivante, au demeurant assez classique : en principe, le préjudice doit être actuel – la Cour dit parfois « concret » -, mais exceptionnellement, la Cour peut se satisfaire d'une lésion éventuelle ou potentielle. On le devine, c'est autour du degré de cette éventualité ou de cette probabilité que le débat judiciaire va se nouer. Dans les décisions qui suivent, l'arrêt du 13 juillet 2015, **« CDP et autres contre État du Burkina Faso » (ECW/CCJ/JUD/16/15),** qui est le dernier en date sur la question, tente de fixer en termes clairs la doctrine de la Cour :

- **Arrêt du 27 octobre 2008, « Dame Hadijatou Manou Koraou contre République du Niger » (ECW/CCJ/JUD/06/08) :**

La requérante ayant consacré toute une partie de son argumentation à la nécessité, pour l'État du Niger, d'adopter des législations plus protectrices des femmes contre les coutumes discriminatoires, les juges ont répondu :

§ 60 : « La Cour, sur ce premier moyen de la requérante, affirme qu'elle n'a pas pour rôle d'examiner les législations des États membres de la Communauté in abstracto, mais plutôt d'assurer la protection des droits des individus lorsque ceux-ci sont victimes de violations de ces droits qui leur sont reconnus, et ce, par l'examen des cas concrets présentés devant elle »

- **Arrêt du 18 novembre 2010, « Hissène Habré contre État du Sénégal » (ECW/CCJ/JUD/06/10) :**

§29 : « En l'étape actuelle, aucune procédure ni aucun acte de poursuite n'existe contre Monsieur H Habré comme l'affirme l'État du Sénégal ; ce que ne conteste pas le requérant, dont la préoccupation réside essentiellement dans l'éventualité de nouvelles poursuites contre lui (…) »

§30 : « En substance, ces violations alléguées par le requérant sont liées à une hypothèse et permettent à la Cour de dire qu'elles ne sont que potentielles »

§36 : « Attendu qu'en tout état de cause Monsieur Hissène Habré n'apporte pas d'éléments concrets de violation du droit de recours effectif (…) »

§38 : « (…) Le fait pour un État de changer sa Constitution et ses lois ne peut être invoqué par un individu comme violant ses droits (…) en dehors de toute autre considération »

§47 : « (…) La Cour en déduit que prise comme telle, la violation alléguée est liée à une hypothèse et est abstraite »

§48 : « A cet égard, la Cour rappelant sa jurisprudence dans l'arrêt « Hadidjatou Mani Koraou c État du Niger » où elle affirmait que sa compétence n'est pas d'examiner des cas (de violations) in abstracto mais des cas concrets de violation des droits de l'homme, se fonde également dans le même sens sur la jurisprudence de la Cour européenne des droits de l'homme (…) ».

- **Arrêt du 13 juillet 2015, Congrès pour la Démocratie et le Progrès (CDP) et autres contre État du Burkina Faso » (ECW/CCJ/JUD/16/15) :**

Les requérants ont saisi la Cour après que les nouvelles autorités ont adopté des lois les excluant de la participation aux élections sous prétexte qu'ils ont cautionné une modification de la Constitution (qualifiée de « changement anti – constitutionnel ») autorisant l'ex président Compaoré à briguer un mandat supplémentaire.

La Cour estime que le préjudice allégué doit être réel, mais peut n'être qu'imminent :

§ 15, 16, 17, 18 : « Au sujet de l'incompétence alléguée par le Burkina Faso et tirée du caractère non effectif des violations prétendues, la Cour a toujours considéré qu'elle ne devait, en principe, sanctionner que des violations des droits de l'homme effectives, réelles, avérées, et non des violations possibles, éventuelles ou potentielles. L'on pourrait alors être tenté, dans le cas présent, de s'interroger sur le bien-fondé de son intervention puisqu'au moment où elle est saisie, aucune violation n'est encore commise, aucun cas de rejet effectif de candidature ne lui a été rapporté, aucune candidature individuelle n'a été écartée en vertu des nouvelles dispositions, bref, il n'existe aucun préjudice réel.

Ce serait oublier, comme elle a au demeurant eu à le dire dans le passé, qu'elle peut valablement se préoccuper de violations non encore réalisées, mais très imminentes. En l'espèce, la violation prétendue n'a pas encore été accomplie, mais elle pourrait l'être très prochainement. Le processus électoral, si l'on se fie aux indications données à la Cour, devrait s'ouvrir près de soixante - dix (70) jours avant la date du scrutin, soit, pour des élections prévues le 11 octobre 2015, la date fatidique du 1er août 2015.

La Cour est donc saisie dans l'urgence. Dans la configuration présente, si elle devait attendre que des dossiers de candidature soient éventuellement rejetés pour agir, si elle devait attendre l'épuisement des effets d'une transgression pour dire le droit, sa juridiction dans un contexte d'urgence n'aurait aucun sens, les victimes présumées de telles violations se retrouvant alors inexorablement lésées dans la compétition électorale.

Au demeurant, cette position de la Cour, relativement aux caractéristiques du préjudice allégué devant elle, a été clairement expliquée dans l'arrêt « Hissène Habré contre État du Sénégal », rendu le 18 novembre 2010. La Cour y rappelle « sa jurisprudence dans l'affaire Hadidjatou Mani Koraou c/ État du Niger où elle affirmait que sa compétence n'est pas d'examiner des cas de violation in abstracto mais des cas concrets de violations de droits de l'homme (...). Ainsi donc, en principe, la violation d'un droit de l'homme se constate a posteriori, par la preuve que cette violation a déjà eu lieu » (§48). La Cour a cependant ajouté qu'il se peut que dans des circonstances particulières, « le risque d'une violation future confère à un requérant la qualité de victime » (§49). Il existe alors « des indices raisonnables et convaincants de probabilité de réalisation d'actions » susceptibles de violer les droits de la personne (§53). Dans une telle hypothèse, qu'elle considère comme étant celle de l'espèce, la Cour peut parfaitement connaître de l'affaire.

C'est donc à tort que l'État du Burkina avance que la Cour ne peut se prononcer faute de violation déjà commise des droits en cause ».

Après toutes ces considérations sur le demandeur ou requérant – son identité et son préjudice -, il faut se pencher sur l'autre partie du procès en violation des droits de l'homme.

## Paragraphe 2
## Le défendeur

La variété des figures du requérant en violation des droits de l'homme contraste singulièrement avec l'invariabilité de la personne du défendeur, qui est systématiquement l'État (A). Il en est ainsi parce que le droit applicable dans une telle instance reste le droit international public, celui que les États, principalement, produisent, et dont ils sont redevables (B).

### A.- Un seul défendeur : l'État

Sur ce point également, les débuts de la juridiction de la Cour de la CEDEAO ont été marqués par des incertitudes. Maintes requêtes, insuffisamment informées des réalités de cette juridiction, citaient, au titre des défendeurs, des personnes ou des institutions indûment attraites, pour la simple raison qu'elles ne tiennent nullement du droit international l'obligation de respecter les droits de l'homme. Il faut se féliciter que depuis un passé récent, la Cour tienne à mettre systématiquement hors de cause ces personnes ou entités improprement citées, même si le libellé des affaires ne laisse pas toujours apparaître ce travail préalable de précision[4]. Ce point capital résulte, entre autres, des arrêts suivants :

- **Arrêt du 17 décembre 2009, « Coordination Nationale des délégués départementaux de la filière café cacao » (CNDD) contre République de Côte d'Ivoire » (ECW/CCJ/JUD/05/09) :**

§34 : « La Cour rappelle sur ce point que les États membres de la CEDEAO, en tant que parties contractantes du droit communautaire, CEDEAO ou en tant que garants de la mise en œuvre des droits humains reconnus dans le traité révisé de la CEDEAO sont débiteurs de ces droits et peuvent à ce titre être assignés devant l'institution judiciaire principale de cette Communauté. »

- **Arrêt « Peter David », 11 juin 2010 (ECW/CCJ/RUL/04/10) :**

§46 : « Le régime international de protection des droits de l'homme devant les organes internationaux repose essentiellement sur les traités

---

[4] Il serait dès lors souhaitable que s'instaure, dans les habitudes du greffe de la Cour, la pratique consistant à tenir compte de la mise hors de cause, par la Cour, de ces « faux défendeurs », et donc de ne plus se considérer comme lié par les désignations parfois inexactes du requérant au moment où il saisit la juridiction.

auxquels les États sont parties en tant que sujets principaux du droit international. »

- **Arrêt du 8 novembre 2010, « Monsieur Mamadou Tandja contre SE Gén Salou Djibo et l'État du Niger » (ECW/CCJ/JUD/05/10) :**

§ 18 1 a) : « L'article 9.4 du Protocole additionnel de 2005 relatif à la Cour stipule que « La Cour est compétente pour connaître des cas de violation des droits de l'homme dans tout État membre ».

Or, il est de principe général admis que les procédures de violation des droits de l'homme sont dirigées contre les États et non contre les individus. En effet, l'obligation de respecter et de protéger les droits de l'homme incombe aux États. Les obligations de respect et de protection des droits de l'homme sont issues des conventions internationales acceptées et signées par les États… »

- **Arrêt du 9 mai 2011, « Center for Democracy and Developement, et Center for Defence of human Rights and Democracy contre Mamadou Tandja et République du Niger » (ECW/CCJ/JUD/05/11) :**

§31 : « Au surplus, la Cour rappelle que lorsqu'elle est saisie d'une requête en violation des droits de l'homme, elle l'est nécessairement par une personne victime desdites violations contre un (ou plusieurs) État (s) membres (s) de la Communauté, et non contre des particuliers, personnes physiques ou morales. »

- **Arrêt du 17 mai 2016, Marie Molmon et 114 autres contre République de Guinée » (ECW/CCJ/JUD/16/16) :**

p.6 : « Un premier point doit être traité, il touche la présence de la SOGUIPAH, société anonyme de droit guinéen, dans la présente instance. Il apparaît en effet que celle-ci a été attraite devant la Cour dans le cadre d'une saisine pour violation des droits de l'homme. Or, s'il est manifeste que cette société est éminemment intéressée dans l'affaire, puisque c'est elle qui bénéficie de l'expropriation querellée, elle ne saurait être, en tant que telle partie au procès, pour la raison que seuls les États peuvent être défendeurs dans un procès en violation des droits de l'homme. Ce principe s'explique aisément : les instruments, internationaux par définition, que les saisissants invoquent demeurent des actes opposables aux seuls États, qui les ont signés et ratifiés, ou y ont adhéré. De tels instruments sont, par définition, inopposables à d'autres entités, car ne les liant pas »5.

Si l'État détient pour ainsi dire le monopole de la position de défendeur, c'est eu égard au seul droit alors applicable dans une instance en violation de droits de l'homme.

## B.- Le corollaire : application du droit international public devant la Cour

Le principe en vigueur à ce stade est le suivant, et il se décompose en deux assertions que corroborent les décisions suivantes : la Cour applique les normes de *droit international* qui sont *opposables aux États.*

S'il est malencontreusement arrivé que la Cour n'ait pas pris soin de vigoureusement écarter les références, soit au droit interne des États, soit à un droit international dont les États membres de la CEDEAO n'étaient pas redevables – errements de jeunesse, sans doute[6] - , on peut noter depuis quelque temps qu'elle met un soin particulier à énoncer ses seules normes de référence, qui sont les instruments juridiques internationaux qui lient les États. Les décisions susceptibles d'être citées sont légion :

- **Arrêt du 17 mars 2011, « Bakary Sarré et 28 autres contre République du Mali » (ECW/CCJ/JUD/03/11) :**

§34 : « La Cour réaffirme également que, conformément à sa jurisprudence établie, dès lors que des violations de droits de l'homme, constituant des obligations communautaires ou internationales de l'État membre mis en cause sont alléguées, elle est compétente pour les examiner. »

---

[5] Au passage, (p 9), la Cour dénie aux requérants la qualité de « peuple » au sens du droit international.

[6] C'est par exemple le cas dans l'arrêt du 28 janvier 2009, *« Djot Bayi Tabia et 14 autres contre la république fédérale du Nigéria, le Ministère fédéral de la Justice du Nigéria, le chef d'état major de la Marine, l'Inspecteur général de la Police, le Régisseur des prisons »* (ECW/CCJ/JUD/01/09) dans lequel le conseil du requérant se réfère abondamment au code nigérian de la marine marchande et à diverses dispositions de la Constitution nigériane, ou encore dans l'arrêt du 26 janvier 2012, *« El Hadji Mame Abdou Gaye contre République du Sénégal »* (ECW/CCJ/JUD/03/12), où il est question, malencontreusement, de la Convention européenne des droits de l'homme (§14,22,39)... De telles erreurs devraient disparaître avec le perfectionnement de la juridiction de la Cour en matière de droits de l'homme.

- **Arrêt du 11 juin 2012, « Sikiru Alade contre République fédérale du Nigéria » (ECW/CCJ/JUD/10/12) :**

§25 : « Les droits humains reconnus dans la Charte africaine ne sont pas les seuls droits dont la violation relève de l'article 9 (4) du Protocole relatif à la Cour tel qu'amendé. Les conventions des Nations Unies et la Charte des droits de l'homme auxquelles ont adhéré les États membres de la CEDEAO sont des droits reconnus dont la violation relève de l'article 9 (4) du Protocole. »

- **Arrêt du 23 avril 2015, « Monsieur Eli Haggarmi contre État du Niger » (ECWCCJ/JUD/04/15) :**

p.8 : « (…) Les faits invoqués par le requérant doivent être appréciés conformément à la Charte africaine des droits de l'homme et des peuples et les instruments internationaux et non par rapport aux dispositions nationales comme semble le soutenir le défendeur. »

- **Arrêt du 24 avril 2015, « Bodjona A Pascal contre République du Togo » (ECW/CCJ/JUD/06/15) :**

§ 37 : « De la même manière, la Cour doit noter comme irrelevantes, comme non-pertinentes, toutes les références au droit national togolais que les parties ont faites dans leurs écritures. La Constitution togolaise en particulier, a été fréquemment citée par les deux parties. Or, il n'appartient pas à la Cour de procéder à un contrôle de constitutionnalité ou de légalité interne des actes pris par des autorités nationales. Cette mission incombe à des juridictions des États membres, et la Cour de justice de la CEDEAO ne peut se substituer à elles. Dans son analyse, elle se réfèrera donc exclusivement à des normes de droit international, normes qui s'imposent en principe aux États qui y ont souscrit. »

- **Arrêt du 30 juin 2015, « Monsieur Bourama Sininta et 119 autres contre État du Mali » (ECW/CCJ/JUD/13/15) :**

§ IV.17, p.12 : « La Cour fait remarquer que la Déclaration des droits de l'Homme et du Citoyen de 1789 est une norme nationale, à l'origine française, éventuellement reprise par d'autres ordres juridiques nationaux ; elle n'est donc pas d'application devant la Cour de céans ;

En effet, devant la Cour, ne sont applicables que les instruments juridiques internationaux auxquels l'État défendeur est partie, conformément à une jurisprudence constante »

§IV.29, p.15 : « La Cour doit (…) faire observer que la Convention européenne des droits de l'Homme ne saurait être invoquée devant elle, pour la simple raison que ni l'État défendeur, ni les États membres de la Communauté Économique des États de l'Afrique de l'Ouest (CEDEAO) en général ne sont parties à ce traité international. »

- **Arrêt du 7 octobre 2015, « Messieurs Wiayao Gnandakpa et autres contre État du Togo » (ECW/CCJ/JUD/18/15) :**

§ 16 : « La Cour relève par ailleurs que les requérants invoquent, au soutien de leurs demandes, un certain nombre de textes nationaux (...). Elle doit cependant écarter d'emblée de telles références conformément à sa jurisprudence selon laquelle elle n'est pas juge de la constitutionnalité ou de la légalité d'actes ou d'actions entreprises par les États. Elle ne se réfère qu'aux normes internationales qui lient ces États, ce qui justifie que seuls ceux-ci puissent, dans le contentieux de la violation des droits de l'homme, être défendeurs devant elle. »

- **Arrêt du 16 février 2016, « Abouzi Pilawike et 183 autres contre Office Togolais des Recettes (OTR) et République du Togo » (ECW/CCJ/JUD/01/16) :**

§ 20 : «(...) La Cour doit rappeler que les règles dont elle fait application dans le cadre du contentieux de la violation des droits de l'homme – contentieux dont il est question dans le cas présent -, demeurent des règles de droit international public, résultant notamment de conventions internationales signées par les États et liant ceux-ci. Il en résulte qu'il ne saurait être fait état, dans son prétoire, de violations commises par des entités autres que les États. La Cour ne conteste évidemment pas que de telles violations soient susceptibles d'être commises par des personnes qui ne se confondent pas rigoureusement avec l'État, mais elle estime qu'au plan formel et principiel, il n y a que les États qui peuvent être assignés pour répondre d'une responsabilité conférée par des instruments internationaux. Telle est sa jurisprudence constante. »

- **Arrêt du 16 février 2016, « Konso Kokou Parounam contre République du Togo » (ECW/CCJ/JUD/02/16) :**

§23,24, 26, 27 : « (...) La Cour doit commencer par faire deux précisions liées aux diverses normes qui ont été invoquées devant elle par le requérant.

D'une part, celui-ci fait état de normes de droit national, comme notamment la Constitution du Togo, dont les articles 16 et 21, relatifs au respect de la personne humaine et à l'interdiction de traitements cruels ou dégradants ont été invoqués.

La Cour doit à cet égard rappeler que dans le contentieux de la violation des droits de l'homme dont elle peut connaître, ne sont pertinentes que des règles tirées notamment des conventions internationales qui lient les États. La Cour n'a pas, en principe, pour vocation à veiller à l'application du droit national, cette mission incombe spécifiquement à des juridictions nationales. C'est pourquoi elle doit écarter tout argument tiré du droit interne de l'État, ainsi qu'elle a eu à le déclarer dans plusieurs arrêts (...).

Le requérant a également invoqué, au soutien de ses prétentions, un certain nombre d'instruments internationaux dont le statut normatif reste douteux. Plus précisément, il s'agit de textes relevant plutôt du « droit mou » (« Soft Law »), textes à portée simplement incitative ou recommandatoire, qui seraient donc intrinsèquement dépourvus de caractère obligatoire et partant, non susceptibles d'être opposés aux États. De tels instruments ne sont évidemment pas dépourvus de tout intérêt pour la Cour ; ils peuvent notamment constituer des indices précieux dans l'appréciation d'un « consensus » autour de règles données, dans la perspective notamment de l'émergence d'une coutume internationale, source incontestable de droit. Mais en eux-mêmes, ces instruments à portée déclarative ne lient pas les États, et la Cour a toujours insisté sur le fait que les allégations de violation des droits de l'homme doivent reposer sur des textes qui obligent effectivement ces États. Comme elle a eu à le déclarer dans son arrêt « Peter David » du 11 juin 2010, « le régime international de protection des droits de l'homme devant les organes internationaux repose essentiellement sur les traités auxquels les États sont parties (...) » (§46). De même dans l'arrêt précité du 13 juillet 2015, « CDP et autres contre Burkina Faso », la Cour estime qu' « elle n'a vocation à sanctionner que la méconnaissance d'obligations résultant de textes internationaux opposables aux États » (§25).

Il résulte de cette considération qu'il faut également écarter des débats trois instruments auxquels se réfère la requête, qui ne sont pas en tant que tels des actes à portée obligatoire : les « Principes pour la protection de toutes les personnes soumises à une forme quelconque de détention ou d'emprisonnement », du 19 décembre 1988 ; les « Principes fondamentaux relatifs aux traitements des détenus », adoptés le 14 décembre 1990 et la « Déclaration sur les principes fondamentaux de justice relatifs aux victimes de la criminalité et victimes d'abus de pouvoir.

Il résulte de cette considération qu'il faut également écarter des débats trois instruments auxquels se réfère la requête, qui ne sont pas en tant que tels des actes à portée obligatoire : les « Principes pour la protection de toutes les personnes soumises à une forme quelconque de détention ou d'emprisonnement », du 19 décembre 1988 ; les « Principes fondamentaux relatifs aux traitements des détenus », adoptés le 14 décembre 1990 et la « Déclaration sur les principes fondamentaux de justice relatifs aux victimes de la criminalité et victimes d'abus de pouvoir. »

- **Arrêt du 20 avril 2016, "Samba Barry contre République de Côte d'Ivoire »(ECW/CCJ/JUD/06/16) :**

IV.20, p.13 : « La Cour fait observer que la prescription triennale invoquée par la défenderesse est une notion émanant de son droit interne ;

Or, il est nécessaire de signaler que les normes nationales ne sont pas d'application devant la Cour ;

En effet, elle ne se réfère dans ses décisions qu'aux normes résultant des instruments juridiques internationaux auxquels les États membres de la CEDEAO sont parties. »

- **Arrêt du 17 mai 2016, Marie Molmon et 114 autres contre République de Guinée » (ECW/CCJ/JUD/16/16) :**

p.6 : « Un premier point doit être traité, il touche la présence de la SOGUIPAH, société anonyme de droit guinéen, dans la présente instance. Il apparaît en effet que celle-ci a été attraite devant la Cour dans le cadre d'une saisine pour violation des droits de l'homme. Or, s'il est manifeste que cette société est éminemment intéressée dans l'affaire, puisque c'est elle qui bénéficie de l'expropriation querellée, elle ne saurait être, en tant que telle partie au procès, pour la raison que seuls les États peuvent être défendeurs dans un procès en violation des droits de l'homme. Ce principe s'explique aisément : les instruments, internationaux par définition, que les saisissants invoquent demeurent des actes opposables aux seuls États, qui les ont signés et ratifiés, ou y ont adhéré. De tels instruments sont, par définition, inopposables à d'autres entités, car ne les liant pas ».

Au passage, (p 9), la Cour dénie aux requérants la qualité de « peuple » au sens du droit international.

- **Arrêt du 17 mai 2016, « Monsieur Nguessan Yao contre État de Côte d'Ivoire » (ECW/CCJ/JUD/15/16) :**

§24 et 25 : « (…) La Cour rappelle que son rôle n'est pas de se prononcer sur l'interprétation de la législation interne, en l'espèce le Code électoral ivoirien, mais de rechercher si la manière dont cette législation a été appliquée a enfreint les droits du requérants (tels qu'ils sont) garantis par les instruments internationaux invoqués.

De même, la Cour, conformément à sa jurisprudence, a toujours décidé qu'il n'entre pas dans sa fonction de protection des droits de l'homme, de substituer sa propre appréciation des faits à elle soumis à celle des juridictions nationales ».

- **Arrêt du 1er juillet 2016, « Djibril Yepené Bassolé contre État du Burkina Faso » (ECW/CCJ/JUD/22/16) :**

p.6 : « Les écritures des deux parties laissent entrevoir de multiples références au droit national burkinabé, qu'il s'agisse de la Constitution, ou de divers autres codes. Le requérant notamment, a entendu contester certaines mesures qui le concernent en vertu des dispositions de la Constitution. Pour sa part, l'État défendeur a invoqué un certain nombre de textes – comme la loi de 2008 relative à la communication électronique, ou le Code civil burkinabe – pour justifier notamment les écoutes téléphoniques.

Or, les normes auxquelles la Cour se réfère pour juger sont, en principe, des normes de droit international, qui engagent les États – c'est au reste la raison pour laquelle seuls les États sont défendeurs dans les procès en violation des droits de l'homme -. Il en résulte, et conformément à une jurisprudence bien établie, qu'il faut écarter du débat toutes les règles nationales précitées ».

L'idée que la Cour n'applique que les règles du droit international public opposables aux États comporte un corollaire, qui est l'exclusion, dans ce contentieux-ci, des litiges privés justiciables de règles de droit civil, commercial ou autres. Il est parfois arrivé que soit soumis à la Cour un contentieux mettant en cause certains droits mais relevant incontestablement de juridictions internes, statuant en droit privé ou, peut-être, en droit international privé. Toute lésion n'est donc pas justiciable du droit international des droits de l'homme, et ce contentieux de droit privé met au demeurant très rarement en jeu des « droits de l'homme ». La Cour prend alors un soin particulier à décliner sa compétence dans une pareille occurrence :

- **Arrêt du 6 mars 2014, « Bello Aminu Bala Kalto contre État du Niger » (ECW/CCJ/JUD/06/14) :**

La requérante est en réalité partie à un litige, d'ordre civil et foncier, qui a connu maints rebondissements. Elle a attrait l'État du Niger devant la Cour car elle reproche aux services judiciaires de cet État d'avoir accueilli des actions « dilatoires ». La Cour déclare la requête irrecevable[7] :

> §22 : « Il résulte de la requête en violation des droits de l'homme présentée par Madame Amina Balla Kalto contre l'État du Niger que toutes les allégations de violation des droits de l'homme qu'elle porte contre l'État du Niger ont trait et sont liées à des procédures en matière civile l'opposant à Monsieur Lamoudi Amadou dans la revendication de la propriété du titre foncier (…) »
>
> §23 : « La Cour observe donc qu'il s'agit de procès civils portant sur des intérêts privés entre la requérante et son adversaire, et que l'État du Niger y est complètement et absolument étranger ; qu'en cette matière civile où chaque partie est sur le même pied (…) que l'autre (…), l'évocation de violation de droit de l'homme contre un État est invraisemblable »
>
> §25 : « Déclare en conséquence irrecevable la requête (…) ».

- **Arrêt du 20 avril 2015, « Les Établissements Vamo et Kuekia Pascal contre État du Bénin » (ECW/CCJ/JUD/12/15) :**

Il s'agit en réalité d'un litige relatif à un bail, le requérant, qui est le bailleur, étant lié à l'Office de gestion du stade de l'Amitié (OGESA). La Cour se déclare incompétente.

> § IV.21, 22, 25, 26 : « (…) Les faits se présentent comme des difficultés résultant de l'exécution d'un bail conclu entre un démembrement de l'État béninois (OGESA) et les Établissements VAMO et Monsieur Kuekia Pascal qui menaient sur les lieux loués leurs activités professionnelles.
>
> Il s'agit donc d'un bail à usage professionnel pour lequel les conditions de reprise n'ont pas été des plus heureuses ;
>
> D'ailleurs les demandeurs en sont tellement conscients qu'ils ont intitulé leur demande « requête aux fins d'indemnisation » (…)

---

[7] Il est permis de se demander si, plus que l'irrecevabilité de la requête, ce n'est pas l'incompétence de la Cour qui s'imposait…

Nulle part les dispositions de l'article 9 du Protocole additionnel (A/SP.1/01/05) du 19 janvier 2005 ne mentionnent, au nombre des domaines de compétence de la Cour, un différend né de l'exécution d'un contrat privé conclu entre un particulier et un État membre (...)

Il apparaît que les faits évoqués par les requérants ne peuvent s'analyser en violation des droits de l'homme et leur appréciation échappe par conséquent à la compétence de la Cour de céans »

- **Arrêt du 17 mai 2016, "La Société du Pont de Kayes contre République du Mali » (ECW/CCJ/JUD/14/16) :**

La requérante reproche aux autorités maliennes d'avoir brutalement interrompu l'exécution d'un contrat de concession du pont routier de péage de Kayes, alors que la requérante, concessionnaire, avait contracté un prêt pour faire face à ses obligations (construction du pont notamment). L'État du Mali invoque l'incompétence de la Cour. Il sera suivi dans son argumentation :

pp.5-6 : « La Cour, il faut le rappeler, est compétente en matière de violation des droits de l'homme, conformément à l'article 10 du Protocole additionnel de 2005. La question est donc de savoir si l'inexécution d'une obligation contractuelle est, en tant que telle, susceptible d'être analysée comme une « violation des droits de l'homme ».

Il est difficile, de l'avis de la Cour, de confondre les deux domaines. Un examen minutieux des arguments et moyens de la Société du Pont de Kayes révèle qu'en dépit des tentatives de celle-ci de situer le préjudice qu'elle aurait subi sur le terrain des droits de l'homme, il ne s'agit jamais que d'exécution d'engagements conventionnels (...).

A supposer que la requérante ait effectivement subi un manque à gagner, une telle lésion ne s'analyse pas nécessairement en « violation de droit de l'homme », la notion de « droits de l'homme » étant plus précise et renvoyant à un catalogue de prérogatives données. La Cour est bien obligée de constater, à l'instar de l'État défendeur, que le contentieux qui lui est soumis ne relève nullement des « droits de l'homme », mais reste de nature contractuelle, et ne s'approprie pas à une saisine de la Cour dans le cadre de l'article 10 du Protocole de 2005.

Toute lésion de type économique, tout manque à gagner, ne se traduit pas nécessairement en « violation de droits de l'homme ». Il faut en conclure que le litige en question doit être porté devant d'autres instances que la Cour, celle-ci n'ayant évidemment pas à indiquer ces instances ».

- **Arrêt du 17 mai 2016, « Abdoulaye Koba contre République du Niger » (ECW/CCJ/JUD/09/16) :**

Le requérant saisit la Cour à la suite d'opérations bancaires qui ont rendu son compte anormalement débiteur. Les décisions qui ont pu être rendues par les juridictions nationales ne lui ayant pas été favorables, il a assigné l'État du Niger devant la Cour.

La Cour se déclare bien entendu incompétent, s'agissant d'un litige purement privé :

> p.4 : La Cour « fait observer à cet égard que le litige se rapporte au paiement d'une somme d'argent qui serait due dans le cadre d'opérations bancaires. Au demeurant, la requête, qui prétend s'inscrire dans le cadre de l'article 9 du Protocole de 2005, n'invoque non seulement pas, expressis verbis, une « violation des droits de l'homme », mais ne cite aucune disposition d'un instrument international lui servant de fondement.
>
> Dans ces conditions, il y a lieu de se demander si le procès en question relève vraiment des attributions de la Cour. Il convient de rappeler à cet égard d'autres arrêts qu'elle a eu à rendre.
>
> Dans l'arrêt du 2 novembre 2007, « Chief Frank C Ukor c. Rachad Laleye et État du Bénin », la Cour, après avoir rappelé que « les deux parties étaient en relations d'affaires », a relevé qu' « il n'a nullement été question de violations de droits de l'homme mais simplement de relations contractuelles » (§28) et a ainsi conclu à son incompétence.
>
> Dans l'affaire « Mrs Alice Rapheal Chukwudolue et autres c république du Sénégal » (arrêt du 22 novembre 2007), la Cour s'est également déclarée incompétente compte tenu du fait que « le présent litige ne porte pas sur les droits de l'homme » (§54) (…).
>
> Le présent litige relève sans aucun doute d'un tel cas de figure. La Cour doit alors, sans aller plus loin, décliner sa compétence à en connaître ».

Ce refoulement catégorique du contentieux des relations privées a une conséquence fondamentale sur le système de protection tel qu'il est garanti par la Cour de justice de la CEDEAO : il éloigne le spectre de la « drittwirkung », il repousse la théorie des effets horizontaux des droits de l'homme, c'est-à-dire une application de ces droits aux relations entre personnes privées. L'improbabilité de la « drittwirkung » dans le système de protection juridictionnelle de la CEDEAO tient à plusieurs facteurs.

Le premier est relatif à la variété – la trop grande variété – des normes de référence du juge. L'absence d'une seule boussole normative, la pluralité des textes susceptibles d'être invoqués empêchent le juge de se livrer à une exégèse continue et profonde, celle-là même qui permet de découvrir toutes les virtualités d'un texte et d'étendre les effets des droits en cause au-delà du destinataire initial qu'est l'État signataire.

Il est plus facile pour des juridictions qui ne travaillent principalement que sur un seul texte – comme la Cour européenne relativement à la Convention européenne des droits de l'homme ou la Cour interaméricaine par rapport à la Convention américaine des droits de l'homme - d'explorer les ultimes ressources de celui-ci, ses potentialités maximales, et la « drittwirkung » est précisément au nombre de celles-ci. En d'autres termes, ce que l'office du juge de la CEDEAO gagne en largeur – le spectre des textes de référence est très large -, il le perd en profondeur – se référant à moult instruments, il n'a le loisir d'en approfondir aucun - ; « embrassant trop, il étreint mal » pour ainsi dire.

Un deuxième facteur tient au fait que les textes ordinairement brandis devant la Cour – qui se résument en fait aux diverses conventions des Nations Unies et à la Charte africaine des droits de l'homme et des peuples – ne sont pas marqués d'une ambition intégrationniste, ne s'adressent pas spécialement au juge interne qui connaît du contentieux entre personnes privées, ni ne cherchent à imprégner les ordres juridiques nationaux. Ne s'intégrant pas nécessairement aux systèmes juridiques des États, ils ont un peu moins de chances de s'appliquer aux litiges entre personnes privées. L'une des rares – peut-être la seule - configuration dans laquelle ces normes pourraient entrer en compte dans le traitement des différends d'ordre privé est celle de leur intégration dans le « bloc de constitutionnalité », c'est-à-dire leur « conversion » en droit constitutionnel. Encore faut-il que le système national permette aux personnes privées d'accéder au contentieux constitutionnel, par le biais notamment de questions préjudicielles ou préalables de constitutionnalité.

Le troisième facteur explicatif de l'improbabilité de la « drittwirkung » est l'absence de tout mécanisme de renvoi préjudiciel dans le contentieux de la violation des droits de l'homme. L'office de la Cour, ainsi que les effets que celle-ci attache aux droits en cause auraient pu affecter des situations privées si le juge communautaire avait son mot à dire, même incidemment, dans des procédures judiciaires internes soumises aux juridictions nationales et relatives à une opposition d'intérêts privés. Un tel mécanisme de collaboration entre le niveau national et le niveau communautaire existe bel et bien pour d'autres contentieux, mais pas pour celui des droits de l'homme.

Enfin, la manière dont la Cour elle-même conçoit son office constitue un obstacle à l'émergence des effets horizontaux. Dans le traitement des affaires qui lui sont soumises, elle manifeste une certaine timidité dans l'usage de ses pouvoirs. Elle se borne à constater des violations, et indique une réparation quasi- invariablement pécuniaire. Ni indications de mesures – d'ordre législatif notamment – aux États, ni directives interprétatives aux juges nationaux. Le traitement du contentieux ne déborde pas la sphère internationale, il n'a pas d'ambition prophylactique à travers une sorte de purge structurelle, d'éradication des causes premières, lesquelles gisent parfois dans les législations, ou dans une interprétation judiciaire consolidée mais contestable.

Pour toutes ces raisons, il y a lieu de penser que l'allocation d'effets horizontaux n'est pas pour demain. Il s'agit, là aussi, d'une potentialité d'évolution de la jurisprudence de la Cour.

## SECTION 2

## LA REPRÉSENTATION DES PARTIES ET LES TIERS AU PROCÈS

Après les parties elles-mêmes, il faut se pencher sur les autres acteurs du procès en violation des droits de l'homme : les représentants des parties elles-mêmes (Paragraphe 1) et ces tiers que sont les intervenants et les *amicii curiae* (Paragraphe 2).

### Paragraphe 1

### La représentation des parties

La question est réglée par l'article 12 du Protocole A/P1/7/91 du 6 juillet 1991, qui dispose :

> « Chaque partie à un différend est représentée devant la Cour par un ou plusieurs agents qu'elle désigne à cet effet. Ces agents peuvent, en cas de besoin, requérir l'assistance d'un ou plusieurs avocats ou conseils auxquels les lois et règlements des États membres reconnaissent le droit de plaider devant leur juridiction ».

A vrai dire, telle qu'elle est rédigée, cette disposition pourrait laisser croire à une sorte de représentation de principe par des « agents », les « avocats ou conseils » pouvant éventuellement les assister. En pratique, il n'en est rien. « Agents » et « avocats et conseils » sont rigoureusement placés sur le même pied, et fort heureusement, l'interprétation de cet article par la Cour reste souple et libérale : non seulement la représentation par l'une de ces catégories reste possible, mais toute discrimination entre plaideurs est bannie, l'idée ayant pu naître que seuls les États pouvaient désigner des « agents », à l'exclusion des autres justiciables.

Cela étant, la représentation même devant la Cour – ce que l'on pourrait appeler le « ministère d'agent, d'avocat ou de conseil », reste obligatoire devant la juridiction, ainsi que l'a illustré la décision suivante :

- **Arrêt du 17 mars 2011, « Bakary Sarré et 28 autres c. République du Mali » (ECW/CCJ/JUD/03/11) :**

§40 : « (...) en l'espèce, la Cour note que Bakary Sarré n'a ni désigné un agent, ni un avocat régulièrement constitué. Au surplus, la requête initiale n'est signée ni de son agent ni de son avocat. En conséquence, sa requête est irrégulière quant à la forme et est dès lors irrecevable ».

§41 : « Dit que les critères de représentation devant la Cour n'ont pas été respectés par Monsieur Bakary Sarré, celui-ci n'ayant constitué ni agent ni avocat ».

## A.- Les avocats

La seule condition posée par l'article 12 du Protocole de 1991 est que ces avocats se voient reconnaître le droit de plaider devant les juridictions des États membres. Il faut bien noter qu'à la différence d'autres juridictions internationales africaines, il n'est pas question d'être « inscrit dans le barreau d'un État membre », exigence autrement lourde que celle qui est énoncée ici. Avoir le droit de plaider dans un pays donné est sans doute plus facile qu'y être inscrit au barreau, cette dernière condition pouvant même impliquer la réussite aux épreuves et concours pour être avocat, sous réserve de l'existence de conventions de coopération entre États, ouvrant le droit de plaider aux avocats des États signataires[8].

[8] V. par exemple, à titre comparatif, l'article 22 du Règlement n°01/96/CM/UEMOA du 5 juillet 1996 portant Règlement de procédures de la Cour de justice de l'UEMOA, qui

Il en résulte que le droit de plaider devant la Cour est acquis pour tout avocat ressortissant d'un État qui a, par exemple, signé une convention de coopération avec un État membre de la CEDEAO, dès lors qu'une telle convention prévoit, bien entendu, cette possibilité de plaider pour les avocats. Il y a fort à parier qu'avec une telle règle, il existe un nombre élevé d'avocats potentiellement aptes à plaider devant la Cour de la CEDEAO, compte tenu, à la fois, du nombre de conventions de ce type que les États concluent (notamment avec des États occidentaux), et du caractère assez courant du droit de plaider que celles-ci renferment.

## B.- Les agents

La présence d'une telle notion peut surprendre. Sans doute les rédacteurs du Protocole ont-ils été influencés par la pratique, en vigueur devant la Cour Internationale de Justice de La Haye[9], de la désignation d' « agents » par les États. Au point que la question s'est posée de savoir si, une fois la réforme de 2005 ouvrant le prétoire de la Cour aux personnes privées, ce droit de désigner un « agent » ne devait pas être maintenu pour les seuls États.

Devant le silence du texte, le parti a été pris d'une interprétation littérale – textuelle, précisément-, débouchant sur le maintien ou l'affirmation d'un droit des personnes privées à désigner un « agent », abstraction faite de leur autre droit, incontestable, de désigner un « avocat ou conseil ».

A vrai dire, la nature même de la juridiction et de l'office qui est le sien dans la perspective de la sauvegarde des droits de l'homme, invitaient à une telle générosité. Les procédures de défense de droits de l'homme mettent souvent en exergue l'intervention de tiers, aux côtés de plaideurs – ces victimes « directes » ou « personnelles » - volontiers non informées, voire indigentes, qui ont alors besoin d'être « accompagnées ». En maintenant le droit pour les personnes privées de désigner des « agents », la Cour a clairement pris l'option de ménager, dans le procès, une place pour ces organismes de défense de droits de l'homme, qui se voient ainsi conférer la prérogative, à l'instar des « avocats », de plaider une cause devant la Cour. L' « agent » devient ainsi l' « avocat » auquel, pour telle ou telle raison, on n'a pas eu accès. En prenant ce parti – qu'il convient assurément de maintenir -, la Cour

---

énonce alors l'obligation pour tout avocat plaidant devant la Cour, d'être *« inscrit à l'un des barreaux des Etats membres ».*

9 Article 42 §1 du Statut de ladite Cour.

de la CEDEAO s'est voulue non seulement fidèle aux pratiques procédurales en cours en matière de sauvegarde judiciaire des droits de l'homme, mais elle a aussi voulu compenser la restriction ci-dessus évoquée, consistant à ne réserver qu'aux victimes « directes » ou « personnelles » le droit de la saisir – autre règle qu'il n'est pas déraisonnable de maintenir, eu égard à sa vocation de juridiction – et non d'organisme « militant » - et au péril, toujours présent, d'une « actio popularis » pouvant déboucher sur une surcharge de son prétoire -.

Ce parti pris, tout en nuances, qui se veut équilibré et sage, devrait à notre sens être maintenu.

On ajoutera, pour finir, deux précisions. D'une part, rien ne définit la qualité d'agent. La Cour, à l'instar de son aînée de l'ONU, s'en tient à la volonté du saisissant de conférer cette qualité à telle personne ou organisme, elle n'exerce pas vraiment de contrôle sur l'attribution de cette qualité. D'autre part, la jurisprudence même de la Cour se veut particulièrement exigeante sur la question des droits de la défense et de la nécessité de bénéficier de l'assistance d'un avocat, dans les États membres. Comme on le verra, l'un des axes les plus vigoureux de sa jurisprudence porte sur ce droit à la défense et ses corollaires. Dans ces conditions également, elle se devait d'ouvrir son prétoire. Il est ainsi arrivé qu'une ^partie se fasse représenter par seulement un « agent », et non par un « avocat » :

- **arrêt du 27 octobre 2008, « Dame Hadijatou Mani Koraou contre République du Niger » (ECW/CCJ/JUD/06/08) :**

  §2 : La requérante a pour conseils une SCP d'avocats près la Cour d'appel de Niamey, et «assistée de Madame Hélène Duffy, directrice juridique et de Monsieur Ibrahim Kane, conseiller juridique principal à Inter Rights, London »

- **Arrêt du 17 mars 2011, « Bakary Sarré et 28 autres contre République du Mali » (ECW/CCJ/JUD/03/11) :**

  §20 : C'est l'ambassadeur du Mali au Nigéria, qualifié d' « agent de l'État du Mali » qui a défendu cet État à la barre

- **Arrêt du 8 juillet 2011, « Oceanking Nigeria Ltd contre République du Sénégal » (ECW/CCJ/JUD/07/11), et arrêt du 26 janvier 2012, « ElHadji Mame Abdou Gaye contre République du Sénégal » (ECW/CCJ/JUD/03/12) :**

§1 : L'État du Sénégal était représenté et défendu, dans les deux cas, par une personne qui n'avait pas la qualité d' « avocat », et qui était « agent judiciaire de l'État » adjoint dans son pays.

## Paragraphe 2

## Les tiers

Il s'agit des intervenants (A) au procès et des *amicii curiae* (B).

### A.- Les intervenants

En l'état actuel des textes, l'intervention *stricto sensu* est réservée aux seuls États, ainsi qu'il ressort de l'article 21 du Protocole A/P1/7/91 :

> « Tout État membre, lorsqu'il estime que la solution d'un litige dont la Cour est saisie est susceptible de porter atteinte à ses intérêts, peut, sur requête, intervenir au différend ».

L'article 89 du Règlement de la Cour évoque les différentes conditions auxquelles l'intervention est soumise : demande formulée dans le délai de six semaines après la publication de la requête introductive d'instance au Journal officiel de la Communauté (l'article 13 §6 du Règlement en fait une obligation), mention d'un certain nombre d'informations relatives au requérant en intervention, exposé des circonstances établissant le droit d'intervenir (ce qui signifie qu'il n y a pas de droit acquis à l'intervention, contrairement à l'impression que pourrait donner une première lecture de l'article 21 du Protocole de 1991), décision de la Cour d'admettre ou non l'intervention, une fois qu'elle a été saisie par le président de la Cour et, dans l'affirmative, fixation du délai dans lequel l'intervenant doit présenter son mémoire. Le contenu de ce mémoire est également déterminé par le même article 89.

Dans l'une des rares affaires où elle a été confrontée à une requête en intervention, la Cour a déclaré la demande irrecevable (arrêt du 18 novembre 2010, « Hissène Habré contre République du Sénégal » (ECW/CCJ/JUD/06/10).

### B.- Les *amicii curiae*

Selon le Dictionnaire du droit international public, l'*amicus curiae*, expression qui signifie « ami de la Cour » est, à l'origine, « une notion de droit interne anglo-américain désignant la faculté attribuée à une personnalité ou à un organe non – partie à une procédure judiciaire de donner des informations de nature à éclairer le tribunal sur des questions de fait et de droit »[10].

Il n y a, dans aucun des textes qui organisent la Cour de justice de la CEDEAO, une seule disposition consacrée à la pratique de l'*amicus curiae*. En dépit de ce silence, la Cour a admis l'intervention dans le procès de ces « amis de la Cour », par au moins deux fois : dans l'affaire **« Mme Tokumbo Lijadu-Oyemade c Secrétaire Exécutif de la CEDEAO et autres » (arrêt du 10 octobre 2005, ECW/CCJ/JUD/02/08)** et dans l'affaire **« Linda Gomez et 7 autres c République de Gambie » (arrêt du 14 février 2014, ECW/CCJ/JUD/05/14).** On peut également citer une affaire pendante au moment où ces lignes sont écrites, **« Fédération des journalistes africains et 3 autres c République de Gambie » (Rôle général, ECW/CCJ/APP/36/15).**

En revanche, la Cour a refusé cette procédure dans l'affaire **« CDP et autres c État du Burkina Faso » (arrêt du 13 juillet 2015, ECW/CCJ/JUD/16/15)[11].**

Ces distorsions jurisprudentielles sont regrettables. Voilà pourquoi il est urgent, à notre sens, que ce point soit définitivement réglé à travers la prise en compte de cette procédure, ainsi que sa rigoureuse réglementation pour éviter les dérives qu'elle a engendrées devant d'autres juridictions, qu'elles soient nationales ou internationales. Il nous semble en effet nécessaire que la Cour de la CEDEAO se mette au niveau de juridictions internationales comparables, en se montrant ouverte aux tendances judiciaires modernes, dont la pratique de l'*amicus curiae* participe précisément[12].

Il se serait dommage que la juridiction communautaire, dont l'office majeur consiste à l'heure actuelle à traiter un contentieux de violation des droits de l'homme, se tienne en marge d'une évolution qui ne fait que rendre compte de la difficulté et de la complexité grandissantes de l'acte

---

[10] SALMON J. (dir.) ; Bruxelles, Bruylant, 2001, p.62.

[11] Il semble à cet égard que la tradition anglo-saxonne soit plus réceptive à la pratique de l'*amicus curiae que* celle d'inspiration romano- germanique, ainsi que tendrait à le montrer l'attitude même des juges de la Cour provenant de l'une ou de l'autre famille.

[12] Certes, il existe bien un article 16 du Protocole de 1991 en particulier, qui dispose que la Cour peut faire appel à des experts, mais outre que ce pouvoir est conçu ici dans la perspective, plutôt « technique », des « mesures d'instruction », l'abondance et la précision corrélatives à l'introduction de l' *amicus curiae* militent en faveur d'un fondement autonome de celui-ci, distinct de celui des simples « mesures d'instruction».

de juger, notamment dans un contexte international où les États ont perdu le monopole de l'accès aux prétoires – la réforme de 2005 illustrant à merveille la désétatisation de la procédure judiciaire au sein de la CDEAO.

La polyphonie à laquelle donne lieu le procès international, l'élévation de voix différentes de celles des plaideurs, le bannissement progressif de la stricte logique bilatérale de l'affrontement des intérêts, la prise en compte, dans l'acte de juger, de considérations qui ne sont pas réductibles à l'affrontement du strict intérêt des parties en cause, cette multilatéralisation de la procédure judiciaire, tout cela invite assurément la juridiction ouest-africaine à une manière de justice conviviale devant précisément se traduire par l'aménagement d'une place à des tiers bienvenus, à l'écoute d'un autre son de cloche judiciaire qui ne pourrait qu'enrichir les sentences de la Cour. Se joindre à la modernité, mais surtout, au-delà des effets de mode, prendre acte de la complexité croissante de l'acte de juger et faire conséquemment preuve d'humilité en écoutant d'autres voix, en intégrant des légitimités autres que seulement judiciaires et techniciennes, voilà tout ce qui devrait conduire l'instance judiciaire de la CEDEAO à faire évoluer ses procédures et ses méthodes sur ce point. On trouvera plus loin, dans le présent ouvrage, l'esquisse d'une réflexion à ce sujet et ce que pourraient être les linéaments d'une réglementation en la matière[13].

[13] V. dans la seconde partie de l'ouvrage l'article intitulé « L'avenir de la Cour de Justice de la CEDEAO »

# CHAPITRE 2

# LA COMPÉTENCE ET LA RECEVABILITÉ

Saisie d'une requête, la Cour doit en effet se prononcer dans un premier temps sur ces deux points.

## SECTION 1

## LA COMPÉTENCE

Il peut d'abord exister des obstacles à l'exercice, par la Cour, de sa compétence. Il va de soi que, compte tenu du caractère d' « ordre public » de cette question, la juridiction pourra, d'office, soulever ces obstacles pour se déclarer incompétente (Paragraphe 1). Mais la Cour a toujours le devoir, même lorsqu'il n'existe *a priori* pas d'entrave manifeste à l'exercice de sa compétence, d'établir positivement celle-ci, c'est-à-dire d'en trouver la base, de la justifier, avant d'exercer sa fonction juridictionnelle proprement dite (Paragraphe 2).

### Paragraphe 1

### Les obstacles à la compétence

Ils peuvent notamment tenir au fait que c'est une autorité nationale (A) ou internationale (B), qui est compétente, et non la Cour.

#### A.- Eu égard à des autorités politiques ou judiciaires nationales

Les obstacles à l'exercice de toute compétence par la Cour sont ici de deux ordres : soit la Cour affirme son incompétence à procéder à un contrôle de légalité (au sens large) d'actes pris par des autorités nationales, soit elle exprime son incompétence à être une instance d'appel ou de cassation des décisions judiciaires nationales. Ces deux points seront évoqués successivement.

### 1.- La Cour n'est pas juge de la légalité interne

L'assertion suivant laquelle la juridiction communautaire n'est pas le juge de la légalité est très souvent énoncée dans la jurisprudence. La tentation est en effet réelle, pour un justiciable dont on peut aisément imaginer qu'il demande justice hors de son pays parce que ses autorités nationales ont méconnu ses droits, de demander à la Cour de rétablir une légalité qui a été bafouée. On doit cependant admettre que c'est surtout à ses débuts que la Cour était confrontée à ce problème. Depuis, elle n'a eu cesse d'affirmer ce point :

- **Arrêt du 27 octobre 2008, « Dame Hadijatou Manou Koraou contre République du Niger » (ECW/CCJ/JUD/06/08) :**

La requérante a consacré toute une partie de son argumentation à la nécessité, pour l'État du Niger, d'adopter des législations plus protectrices des femmes contre les coutumes discriminatoires :

> § 60 : « La Cour, sur ce premier moyen de la requérante, affirme qu'elle n'a pas pour rôle d'examiner les législations des États membres de la Communauté in abstracto, mais plutôt d'assurer la protection des droits des individus lorsque ceux-ci sont victimes de violations de ces droits qui leur sont reconnus, et ce, par l'examen des cas concrets présentés devant elle »

- **Arrêt du 9 mai 2011, « Center for Democracy and Development et Center for Defence of Human Rights and Democracy contre Mamadou Tandja et république du Niger » (ECW/CCJ/JUD/05/11) :**

> §38 : « Dit qu'elle est incompétente pour exercer le contrôle de constitutionnalité ou de légalité des actes pris par les autorités nationales des Etats membres en application de leur droit national ».

- **Arrêt du 22 février 2013, « Messieurs Abdoulaye Baldé et autres contre Etat du Sénégal » (ECW/CCJ/JUD/04/13) :**

> §70 : « (...) La Cour estime que le différend qui oppose les parties sur la violation du droit à un procès équitable ne saurait l'amener à apprécier la législation de l'État du Sénégal sur l'enrichissement illicite »

> §72 : « La Cour rappelle sa jurisprudence constante, et selon laquelle elle n'est pas compétente pour apprécier les lois internes des États membres ni les décisions rendues par les juridictions des États membres »

- **Arrêt du 19 juillet 2013, « Karim Meissa Wade contre République du Sénégal » (ECW/CCJ/JUD/09/13) :**

§75 : « Il faut que la violation alléguée ait résulté d'une application concrète de la loi au détriment du requérant. De simples supputations, conjectures, sont insuffisantes à cet effet. En l'espèce, la Cour, dans son arrêt du 22 février 2013, a déjà dit qu'elle est incompétente pour apprécier in abstracto les lois n°81-53 et n°81-54 du 10 juillet 1981 relatives à la répression de l'enrichissement illicite et à la création de la Cour de répression de l'Enrichissement Illicite … »

§76 : « (…) la Cour dit qu'elle n'est pas compétente pour apprécier les violations a priori ou potentielles des droits de l'homme alléguées par Monsieur Karim Meissa Wade »

- **Arrêt du 1er juillet 2016, « Djibril Yepené Bassolé contre État du Burkina Faso » (ECW/CCJ/JUD/22/16) :**

p.12 : «La Cour note que si les deux parties ont abondamment débattu du principe même de la restriction du droit à la vie privée, à travers des écoutes téléphoniques, elles n'ont nullement indiqué, de façon certaine, l'impact que ces écoutes ont eu dans la procédure.

Au demeurant, il ne suffit pas de démontrer la simple existence de telles écoutes pour avoir gain de cause, il faut encore prouver que celles-ci ont sérieusement affecté les droits du demandeur.

La pratique des écoutes téléphoniques n'est en effet pas illégale en soi. De nombreux systèmes judiciaires l'admettent dans son principe, au nom des nécessités d'une enquête. Dans ces conditions, on ne saurait critiquer leur simple existence, l'on doit apporter la preuve qu'à un moment donné de la procédure, les conditions de leur accomplissement ont porté atteinte aux droits de la personne. Sans cette exigence probatoire, sans la condition d'une atteinte concrète, la Cour jugerait purement et simplement des législations, ce qui va à l'encontre de sa jurisprudence établie ».

### 2.- La Cour n'est pas une juridiction d'appel ou de cassation des décisions nationales

- **Arrêt du 22 mars 2007, « Moussa Léo Keïta c. Mali » (ECW/CC/JUD/03/07) :**

§26 : « En réalité, elle (la requête) ne fait appel à aucun texte de la Communauté. Moussa Léo Keïta se plaint d'être victime d'une injustice commise par son État, du dysfonctionnement ou du mauvais fonctionnement de la justice de son pays. Dans cette optique, la Cour de Justice de la Communauté est incompétente : elle ne peut se prononcer sur les décisions des juridictions nationales ».

- **Arrêt du 4 mars 2010, *« Dr Mahamat Seid Abazene contre République du Mali, L'Union africaine, L'institut culturel franco – arabe »* (ECW/CCJ/JUD/02/10) :**

Pour contester son licenciement, et après avoir épuisé tous les recours, le requérant a décidé de saisir le juge malien qui a rendu un arrêt d'incompétence le 17 janvier 2008 (Section administrative de la Cour suprême). Le requérant estime que le juge malien s'est prononcé « sous la pression de l'UA » (dont le Président de la Commission aurait déconseillé à l'Institut une procédure judiciaire qui pourrait « s'avérer longue et coûteuse ») et de l'État du Mali (qui aurait, « en termes diplomatiques », ordonné à la Cour suprême de se déclarer incompétente).

Il estime également que c'est l'État malien qui aurait organisé l'agression dont il a été victime ainsi que son « enlèvement » par la police de Bamako le 5 août 2008. Il allègue en outre être victime d'un déni de justice. On note dans l'arrêt :

> § 28 : « La Cour n'est pas une juridiction d'appel des décisions rendues par les juridictions nationales des États membres de la CEDEAO en ce qui concerne leur domaine de compétence »

- **Arrêt du 17 mars 2011, « Bakary Sarré et 28 autres contre République du Mali » (ECW/CCJ/JUD/03/11) :**

La Cour relève qu'il lui est en fait demandé de statuer « à nouveau en examinant notamment les arrêts n°188 et 11- de la Cour suprême du Mali » (§26).

Elle rappelle les termes de son arrêt du 7 octobre 2005, « Jerry Ugokwe c Nigeria et christian Okeke » (ECW/CCJ/JUD/03/05) :

> §32 : « Les recours contre les décisions des juridictions nationales des États membres ne font pas partie des compétences de la Cour (...). La Cour de justice de la CEDEAO n'est pas une juridiction d'appel ou de cassation des juridictions nationales ».

Elle rappelle également les termes de l'arrêt du 22 mars 2007, « Moussa Léo Keita contre État du Mali » (ECW/CCJ/JUD/03/07) :

§26 : « La Cour de justice (…) ne peut se prononcer sur les décisions des juridictions nationales ».

- **Arrêt du 7 octobre 2011, « Cheikh Abdoulaye Mbengue contre République du Mali » (ECW/CCJ/JUD/08/11) :**

§38 : « La Cour observe que les demandes de réouverture de la procédure d'instruction et d'annulation du mandat d'arrêt ressortent du domaine judiciaire national de l'État membre du Mali ; qu'à ce propos, elle rappelle sa jurisprudence constante excluant sa compétence pour tout recours contre les décisions des juridictions nationales, pour lesquelles elle n'est pas une instance d'appel ni une instance de cassation (…) ».

- **arrêt du 26 janvier 2012, « Elhadji Mame Abdou Gaye contre République du Sénégal » (ECW/CCJ/JUD/03/12)** :

§46 : « La Cour rappelle sa jurisprudence constante pour dire : « qu'elle n'est pas une juridiction d'appel des décisions rendues par les juridictions nationales des États membres », que même si elle peut apprécier les violations des droits de l'homme dans le cadre du déroulement des procédures menées devant les juridictions nationales en veillant au respect des droits de l'homme des personnes poursuivies, son action se limite strictement à l'appréciation des violations alléguées ».

- **Arrêt du 3 juillet 2013, « Messieurs Aziagbede Kokou et 33 autres, Atsou Komlavi et 4 autres, Tomekpe A. Lanou et 29 autres contre République Togolaise » (ECW/CCJ/JUD/07/13) :**

§38, 39, 40 : « A ce stade, la Cour ne saurait faire aucun constat (…) ou imputer une responsabilité à l'État togolais sans que cela constitue une intrusion dans le déroulement d'un procès au plan national, et une atteinte à la liberté du juge national.

« La Cour (…) doit tenir compte d'un certain pragmatisme qui accorde toute l'importance appropriée à la proximité du juge national avec les faits dénoncés et aux prérogatives de ce dernier ».

« La Cour relève qu'il n'entre pas dans sa fonction de protection des droits de l'homme de substituer sa propre appréciation des faits à celle des juridictions nationales (…) »

- **Arrêt du 3 juillet 2013, « Monsieur Kpatcha Gnassingbe et autres contre République Togolaise » (ECW/CCJ/JUD/06/13) :**

§36 : « Au surplus, la Cour juge que l'État togolais s'étant basé sur sa loi constitutionnelle pour justifier la procédure utilisée à l'encontre du député Kpatcha Gnassingbe (procédure de flagrant délit), il ne lui appartient pas d'apprécier la qualification faite par la juridiction nationale d'un État membre en vertu des dispositions constitutionnelles de cet État membre »

§68 : « Au surplus, la Cour estime qu'il ne lui appartient pas de dire si les faits sur la base desquels les requérants ont été arrêtés et sont détenus sont établis ou non, au risque de se substituer aux juridictions nationales de l'État défendeur, ce qui serait contraire à sa jurisprudence constante et largement établie. Il lui appartient d'apprécier seulement si la détention et partant l'arrestation des requérants a une base légale ».

C'est toujours la même doctrine qui est affirmée, en dépit des réserves que l'on peut nourrir sur l'équation « détention arbitraire = absence de base légale », que semble établir la Cour[14].

- **Arrêt du 28 janvier 2014, « Monsieur Alimu Akeem contre République fédérale du Nigéria » (ECW/CCJ/JUD/01/14) :**

§40, 41, 42 : « La Cour relève qu'il appartient à la juridiction pénale militaire devant laquelle Alimu Akeem comparaît de déterminer la

---

[14] On ne peut qu'être en accord avec la Cour lorsqu' elle réaffirme ici son credo, qui est de ne pas être une juridiction d'appel ou de cassation des décisions nationales. Il faut toutefois regretter le glissement qu'elle opère à la fin – mais déjà fait au début du paragraphe 68, quand il est écrit que *« la Cour estime (...) que la détention des requérants étant fondée sur une base légale ne peut donc être qualifiée d'arbitraire* - - consistant en la confusion ou l'équation « arrestation faite sur une base légale= arrestation non arbitraire ». Ce n'est hélas pas la première fois que la Cour succombe à cette tentation « positiviste », consistant à ne voir que l'existence même d'une norme, abstraction faite de sa « qualité » ou de sa valeur. Dans le même arrêt, elle réitère au paragraphe 65, que *« la détention arbitraire implique qu'une personne ait été détenue sans base légale (...) »*. Et dans l'arrêt du 22 février 2013 *« Abdoulaye Baldé et autres contre Etat du Sénégal »* (ECW/CCJ/JUD/04/13), elle avait déjà posé que la mesure d'interdiction de sortie du territoire national est *« illégale parce que ne reposant sur aucune base juridique »* (§77).

Or, il n'est exact de dire que toute arrestation faite sur la base d'un texte est une privation de liberté non arbitraire. Il suffit de songer à l'hypothèse, quelque peu déconcertante, mais parfaitement susceptible de se produire, d'une loi qui, précisément, « formaliserait » l'arbitraire, en édictant par exemple le droit, pour la police, d'arrêter des personnes en raison de leur appartenance ethnique ou de leur origine géographique. Une telle absurdité aurait, par hypothèse, une « base légale », mais qui dira qu'elle n'est pas « arbitraire » ? L'assimilation base légale- acte non arbitraire est sans doute quelque peu déplacée, et il n'est pas nécessaire, pour que la Cour affirme simplement sa vocation à ne pas rejuger des affaires tranchées au plan interne, que la juridiction communautaire y recoure.

culpabilité de ce dernier pour les faits survenus dans le cadre de l'exercice de ses fonctions. La Cour de céans n'est pas saisie des mêmes faits. Elle l'est plutôt à l'égard, d'une part, de sa détention, ordonnée dans le cadre de ladite procédure pénale, que le requérant juge longue, illégale, contraire à la dignité humaine et surtout contraire à l'article 6 de la charte africaine des droits de l'homme et des peuples et, d'autre part, de tortures physiques alléguées qui seraient contraires à l'article 5 de ladite Charte

« De même, pour la Cour de céans, dans les circonstances actuelles, les constats ou les conclusions établis ou à établir par les juridictions militaires nigérianes saisies pour déterminer la culpabilité et condamner Alimu Akeem ne présentent pas un caractère déterminant dans l'appréciation des griefs et des demandes du requérant formulés dans le cadre de la requête qu'elle examine, une telle requête n'ayant au demeurant aucune connotation pénale. Dans ces conditions, la nature pénale de l'action engagée contre Alimu Akeem au Nigéria ne peut être accueillie comme motif d'irrecevabilité de la requête dont elle est saisie

« (...) En l'espèce, la Cour n'est pas saisie pour ré examiner les jugements de la General Court Martial qui a déterminé la culpabilité d'Alimu Akeem ; elle est plutôt saisie des violations des droits de l'homme alléguées dans le cadre de cette procédure »

- **Arrêt du 31 janvier 2014, « Avocats sans frontières – France et Thankgod Ebohs contre République fédérale du Nigéria et Gouvernement de l'Etat d'Edoh » (ECW/CCJ/JUD/18/14) :**

§50 : « La question de savoir si la Cour peut statuer en appel sur les décisions rendues par les juridictions nationales n'est pas pertinente en l'espèce, puisque cette Cour a, maintes fois et clairement, indiqué dans sa jurisprudence que ses pouvoirs juridictionnels ne s'étendent pas au jugement en appel des décisions rendues par les juridictions nationales ».

- **Arrêt du 24 avril 2015, « Société Agriland contre État de Côte d'Ivoire » (ECW/CCJ/JUD/07/15) :**

§44 : « (...) Il est important de rappeler qu'il n'appartient pas à la Cour de céans, juridiction communautaire, d'apprécier les décisions rendues par les juridictions nationales encore moins de donner une interprétation des dispositions du droit interne des États membres ; (...) en effet, la Cour a, dans plusieurs de ses décisions, affirmé que « les recours contre les décisions des juridictions des États membres ne font pas partie de ses compétences (…) ».

- **Arrêt du 13 juillet 2015, « Congrès pour la Démocratie et le Progrès (CDP) et autres contre État du Burkina Faso » (ECW/CCJ/JUD/16/15) :**

§ 24, 25et 26 : « Le premier de ces principes, qui revêt une portée singulière dans le cas qui lui est soumis, est son refus de s'instituer juge de la légalité interne des États. La Cour, en effet, a toujours rappelé qu'elle n'était pas une instance chargée de trancher des procès dont l'enjeu est l'interprétation de la loi ou de la Constitution des États de la CEDEAO. Deux conséquences en découlent.

La première est qu'il faut écarter du débat judiciaire toute référence au droit national, qu'il s'agisse de la Constitution du Burkina Faso, ou de normes infra-constitutionnelles quelles qu'elles soient. Dans leurs écritures, les requérants se sont en effet référés aussi bien à la Constitution nationale (article 1er) qu'à la Charte de la Transition (article 1er également). La Cour doit considérer de telles références comme inappropriées dans son prétoire. Juridiction internationale, elle n'a vocation à sanctionner que la méconnaissance d'obligations résultant de textes internationaux opposables aux États.

La seconde conséquence est qu'il ne saurait être question, dans la présente affaire, de s'épancher sur le sens qu'il faut donner au nouvel article 135 du Code électoral du Burkina Faso. La tentation peut exister, devant la relative ambiguïté du texte incriminé, de se livrer à l'exégèse de celui-ci, ou de lui conférer un certain sens, d'orienter son interprétation dans une direction donnée ».

- **Arrêt du 1er décembre 2015, « Mamadou Moustapha Kakali contre République du Niger » (ECW/CCJ/JUD/26/15) :**

pp 6-7 : « En vérité, il apparaît que le grief de violation du droit à un procès équitable est simplement utilisé pour critiquer le fond même des décisions qui ont été rendues. La Cour estime que la requête à elle soumise porte davantage sur la conception et le bien-fondé des jugements et arrêts rendus par le juge nigérien. Il suffit pour cela, de se référer non seulement à la lettre même de l'argumentation du requérant, mais aussi aux demandes qu'il formule à la fin de celle-ci (…).

Il est donc certain que le requérant demande à la Cour de s'ingérer dans des procédures judiciaires internes, de s'instituer, en quelque sorte, juge d'appel, de cassation ou de révision de décisions nationales. La Cour ne peut, bien entendu, faire droit à de telles demandes, conformément à une jurisprudence constante ».

La Cour ne se contente pas de rejeter les demandes des plaideurs lorsque celles-ci consistent à solliciter d'elle, de façon explicite, qu'elle ré examine des décisions rendues par des juridictions nationales. Elle va plus loin. Il arrive en effet que, tout en évitant de requérir de façon claire et directe une telle réévaluation des jugements nationaux, une requête tende à entrainer le juge sur ce terrain de la réformation des décisions nationales.

La Cour met un soin particulier à débusquer ces stratégies biaisées, à restituer en quelque sorte la vérité des demandes en faisant ressortir leurs conséquences concrètes, avant de les rejeter et d'affirmer derechef son incompétence. Il existe toute une série de décisions dans lesquelles le juge de la CEDEAO procède à ce dévoilement des demandes, à ce travail de décryptage et de mise à nu des prétentions qui lui sont soumises. Les arrêts suivants peuvent, à cet égard, être cités :

- **arrêt du 17 mars 2011, *« Bakary Sarré et 28 autres contre République du Mali »* (ECW/CCJ/JUD/03/11) :**

§31 : « La Cour conclut qu'il ressort de l'analyse de la requête introduite par M Bakary Sarré et 28 autres contre l'État du Mali que ladite requête tend substantiellement à obtenir de la Cour de justice de la CEDEAO, la réformation des arrêts n°188 et n°116 rendus par la Cour suprême du Mali et tend à ériger la première en une juridiction de cassation de la seconde. Entendu dans ce sens, la juridiction des céans se déclare incompétente ».

Ce qui est intéressant ici est l'usage du mot *« substantiellement »*. En fait, la Cour aurait pu dire « implicitement ». Ce qu'elle insinue, c'est que le résultat objectif de la satisfaction de la requête serait une réformation des décisions nationales visées.

- **Arrêt du 7 octobre 2011, *« Madame Ameganvi Manavi Isabelle et autres contre État du Togo »* (ECW/CCJ/JUD/09/11) :**

Les requérants sont des députés qui contestent leur exclusion de l'Assemblée nationale à la suite de vicissitudes traversées par leur parti politique. Ils avaient démissionné de l'UFC (Union des Forces du changement) de Gilchrist Olympio, puis ont rejoint le nouveau parti, l'Alliance Nationale pour le Changement (ANC), créée par J P Fabre.

Des lettres de démission de l'Assemblée, censées émanées de ces députés, ont été adressées au président de celle-ci par le nouveau président du groupe parlementaire UFC. Le président de l'AN a alors transmis à la Cour constitutionnelle. Les requérants contestent l'authenticité de ces lettres, documents falsifiés qu'on a juste complété par leurs noms et prénoms. Ils reprochent à la Cour constitutionnelle d'avoir simplement pris acte de ces « démissions » et procédé à leur remplacement au lieu d'apprécier la validité des documents en question. Ils estiment que la Cour a ainsi méconnu des dispositions du Règlement intérieur de la Cour, et méconnu leur droit à être entendus avant d'être jugés. Quant à l'État défendeur, il considère que les dispositions du code électoral ont été respectées, et que la Cour de la CEDEAO n'est pas une instance d'appel des décisions judiciaires nationales.

Dans le dispositif de l'arrêt rendu, la Cour va, en substance :

- Rejeter l'exception d'incompétence soulevée par le Togo ;
- Se déclarer compétente pour examiner les allégations de violation des droits de l'homme

Et, sur le fond :

- Dit qu'il y a violation par l'État du Togo du droit fondamental des requérants à être entendus tel que prévu aux articles 10 de la Déclaration universelle des droits de l'homme et 7 de la Charte africaine des droits de l'homme et des peuples.

La Cour va cependant prendre le soin d' « ignorer » l'arrêt rendu par la Cour constitutionnelle du Togo, de n'en rien dire, de ne donc pas la remettre en cause, même si, ayant examiné la même procédure que cette dernière, elle a débusqué une violation que les juges internes n'ont pas relevée : la méconnaissance du droit des requérants à être entendus dans la cadre d'une procédure judiciaire ou quasi-judiciaire[15].

---

[15] Cet arrêt est intéressant dans la mesure où il illustre la subtile dialectique des relations entre le droit national et le juge de la CEDEAO. On sait qu'en principe cette juridiction n'est ni une instance d'appel, ni une instance de cassation des décisions judiciaires nationales. On sait également qu'elle se refuse à tout contrôle de la légalité interne des actes des autorités de l'État défendeur.

Le dilemme posé dans ce cas était cependant, pour la Cour, de vider sa saisine sans empiéter sur la juridiction interne, la Cour constitutionnelle du Togo ayant eu à rendre un arrêt sur ce litige. La Cour de la CEDEAO va rester fidèle à sa doctrine en « ignorant » la décision nationale, en s'abstenant soigneusement de la soumettre au crible de sa critique. Mais la Cour va relever une chose que le juge national ne relève pas, et qui l'amène à sanctionner les autorités togolaises : la violation du droit des requérants à être entendus dans une instance judiciaire.

- **Arrêt du 13 mars 2012, « Mme Isabelle Manavi Ameganvi et autres contre État du Togo » (ECW/CCJ/JUD/06/12) :**

Cette requête fait suite à l'arrêt déjà rendu par la Cour de la CEDEAO le 7 octobre 2011. Elle se présente sous la forme d'un « recours en révision », car la Cour n'aurait pas statué sur une des demandes formulées par les requérants : leur réintégration à l'Assemblée nationale.

La Cour est souveraine dans la qualification des faits et des recours portés devant elle :

> §10 : La Cour parle de « demande en omission de statuer », et non de « recours en révision »
>
> §19 : « Dit qu'il n y a pas omission de statuer, et que la Cour n'a pas à ordonner la réintégration des requérants à l'Assemblée nationale togolaise dont la perte des sièges de député a été constatée par la Cour constitutionnelle ».

---

En d'autres termes, le respect des décisions nationales n'emporte nullement obligation pour la Cour de penser comme le juge national, la juridiction nationale ne lie pas irrémédiablement le pouvoir d'appréciation du juge communautaire. Le respect n'est donc pas la déférence ou la révérence, il n'induit nullement une présomption de vérité légale irréfragable attachée à la décision judiciaire nationale, mais consiste simplement en une abstention à « toucher » à l'acte judiciaire national, il consiste à « tenir compte » de l'existence de celui-ci et à ne pas le remettre en cause. On le voit, nous ne sommes plus tout à fait sur le terrain de la légalité, mais sur celui de la « courtoisie judiciaire », qui n'est que l'autre nom du respect de la souveraineté des États, dont le pouvoir judiciaire est une composante. Il faut donc enserrer la position de la Cour dans son périmètre exact, il faut la comprendre dans son vrai sens : le juge communautaire s'abstient de remettre en cause l'arrêt rendu au plan national – remise en cause que signifient précisément les mécanismes de la réformation ou de la cassation – mais ne s'interdit pas, dans les limites de sa saisine, de ses pouvoirs et de ses normes de référence, d'aller plus loin que le juge national, ou d'exprimer un point de vue quelque peu différent du sien. La « ligne rouge » qu'il ne franchit jamais, qu'il ne doit jamais franchir pour rester fidèle à son credo, c'est la remise en cause de l'existence de la décision nationale. Telle la pomme d'Adam, cet objet-là lui reste « interdit ».

Il doit, en outre, être dit un mot de ces « normes de référence » précisément. Ce qu'il faut alors souligner, et qui fait que la doctrine de la non-ingérence judiciaire reste sauve, c'est qu'alors que le juge interne statue sur la base de normes nationales – Codes, Constitution - , le juge de la CEDEAO se réfère toujours, comme il l'affirme régulièrement, à des normes de droit international liant les États – spécialement les traités internationaux - . Au demeurant, cette différence dans les matériaux normatifs de référence suffit, à elle seule, à créer les germes d'une divergence d'appréciation, même si, il faut le préciser, le juge national a aussi vocation à appliquer le droit international. Dans l'affaire *« Amaganvi et autres contre État du Togo »*, le juge national s'est référé au code électoral et à la Constitution du pays – normes nationales -, cependant que la Cour de la CEDEAO a évoqué la violation de dispositions de la Déclaration universelle de 1948 et de la Charte africaine des droits de l'homme et des peuples – normes internationales -.

En vérité, les hypothèses dans lesquelles la Cour de la CEDEAO pourra être amenée à « affronter » un jugement national sont rarissimes. L'une d'elles s'est cependant produite récemment : il s'agit du cas dans lequel la décision du juge interne constitue une violation manifeste, grossière, d'un droit. Dans une telle configuration, on se trouve à la limite de ce qu'on pourrait appeler une « voie de fait judiciaire », le jugement rendu étant quasiment négateur de l'idée même de droit. Se produit alors une espèce de perturbation des repères et des principes et, à l'instar des répercussions de la notion de « voie de fait » dans les règles ordinaires du droit administratif[16], le juge communautaire sort de sa réserve pour « faire échec » à une décision qui, pour ainsi dire, dépasse les bornes.

Il serait cependant inexact de croire, même en pareille hypothèse, que la Cour devient une instance d'appel ou de cassation. En d'autres termes, la doctrine de la non-ingérence dans les décisions judiciaires nationales reste, au moins en partie, sauve. En effet, il ne sera jamais question de « réformation » ou de « cassation » proprement dite du jugement interne, il ne sera jamais question de l'anéantir, de la « casser », de la faire disparaître ni, *a fortiori,* de rejuger l'affaire, mais simplement de relever la transgression qu'elle opère et de sanctionner celle-ci. Cette sanction sera alors appliquée à l'État – car il existe bien une responsabilité de l'État du fait des décisions de ses tribunaux -, et non, on l'a dit, à l'acte judiciaire lui-même – par le biais de sa « censure » - ou à son auteur réel – le juge national-.

C'est cette logique subtile qui a été mise en œuvre dans l'arrêt du 17 mai 2016, **« Farimata Mahamadou et autres contre État du Mali » (ECW/CCJ/JUD/17/16).**

Les requérantes ont saisi la Cour pour se plaindre de ce qu'elles avaient été lésées dans une procédure successorale au Mali, sous prétexte qu'elles sont de sexe féminin et ne peuvent hériter dans les mêmes proportions que les hommes. Les juridictions maliennes (Cour d'appel et Cour suprême), saisies, n'avaient pas réparé ce tort, mais l'avaient même « confirmé ». La Cour rappelle qu'elle n'est pas une instance d'appel ou de cassation des décisions judiciaires nationales mais, eu égard à la singularité de l'espèce, éprouve le besoin de faire des précisions :

> §43 à 50 : « (…) La Cour de céans, dans sa jurisprudence, s'est toujours refusée à apprécier les décisions rendues par les juridictions nationales,

[16] Nous sommes, bien entendu, dans la logique d'une matière particulière, le droit administratif français, auquel des juristes non francophones pourraient ne pas être familiarisés.

au motif qu'elle n'est pas une juridiction de contrôle de ces décisions ; (…) cette faculté relève des hautes juridictions des États membres ;

(…) Cependant, le fait pour la Cour d'exclure les décisions des juridictions nationales de son champ de compétence ne saurait être interprété de façon absolue ;

(…) En effet, lorsqu'une décision de justice est en elle-même attentatoire aux droits de l'homme, il va de soi que le juge communautaire, qui a reçu mandat de protéger les droits des citoyens de la Communauté, ne saurait avoir d'autre choix que d'intervenir et dénoncer cette violation ; (…) il ne saurait rester inerte face à une violation flagrante des droits de l'homme, peu importe l'acte qui est à l'origine de cette violation ;

(…) Il ne s'agit pas pour lui ici de contrôler la légalité d'une décision rendue par une juridiction nationale mais de constater la violation manifeste des droits de l'homme contenue dans un acte judiciaire ;

(…) Il faut en effet distinguer le contrôle opéré sur la légalité d'une décision rendue par une juridiction nationale et la constatation d'une violation des droits de l'homme résultant d'une décision de justice ;

(…) Si le juge communautaire ne peut apprécier la bonne application des textes de droit interne par les juges nationaux, il reste compétent pour relever les violations des droits de l'homme même lorsqu'elles ont pour origine une décision rendue par un juge d'un des États membres ;

(…) Le juge des droits de l'homme qu'il est ne remplirait pas son rôle de protecteur des droits de l'homme s'il devait laisser échapper des violations flagrantes (…) contenues dans des décisions des juridictions nationales ;

(…) En outre, les décisions de justice ne sauraient constituer une porte ouverte pour la violation des droits de l'homme ; (…) ces décisions de justice peuvent être regardées comme des actes pris par des autorités judiciaires et, comme telles, elles peuvent être, comme tout acte, de nature à porter atteinte aux droits de l'homme (…) ; dans de telles circonstances, le juge (…) doit constater la violation manifeste (…) ».

La doctrine de la non-ingérence dans les procédures judiciaires nationales s'exprime dans toute sa splendeur dans un domaine particulier, qui est celui des actes d'instruction, pris dans le cadre de procédures pénales. La Cour de justice de la CEDEAO évite systématiquement de s'immiscer dans de telles enquêtes pénales, sauf, bien entendu, s'il se produisait des violations graves et manifestes des droits de la personne.

Dans ce royaume de la proximité, de l'opportunité et de l'individualisation des mesures qui est celui du juge d'instruction, l'ingérence d'une Cour supranationale serait en effet malvenue, ainsi qu'en témoigne la jurisprudence suivante :

- **Arrêt du 7 octobre 2011, « Cheikh Abdoulaye Mbengue contre République du Mali » (ECW/CCJ/JUD/08/11) :**

§38 : « La Cour observe que les demandes de réouverture de la procédure d'instruction et d'annulation du mandat d'arrêt ressortent du domaine judiciaire national de l'État membre du Mali ; qu'à ce propos, elle rappelle sa jurisprudence constante excluant sa compétence pour tout recours contre les décisions des juridictions nationales, pour lesquelles elle n'est pas une instance d'appel ni une instance de cassation (…) ».

- **Arrêt du 26 janvier 2012, « El Hadji Mame Abdou Gaye contre République du Sénégal » (ECW/CCJ/JUD/03/12) :**

§ 43 et 44 : « Le requérant affirme avoir fourni des garanties de représentation en vue d'une mesure de liberté provisoire qui lui a toujours été refusée.

La Cour fait observer sur ce point qu'il ne lui appartient pas d'apprécier, en lieu et place du juge national, la qualité et l'étendue des garanties que devrait fournir un individu en détention ; elle répète qu'il revient au magistrat qui est en charge du dossier d'en apprécier les éléments, d'accepter ou non la garantie de représentation et, in fine, d'accorder ou non la liberté provisoire »

§46 : « La Cour rappelle sa jurisprudence constante pour dire : « qu'elle n'est pas une juridiction d'appel des décisions rendues par les juridictions nationales des États membres », que même si elle peut apprécier les violations des droits de l'homme dans le cadre du déroulement des procédures menées devant les juridictions nationales en veillant au respect des droits de l'homme des personnes poursuivies, son action se limite strictement à l'appréciation des violations alléguées ».

- **Arrêt du 23 mars 2012, « Barthélémy Dias contre République du Sénégal » (ECW/CCJ/JUD/05/12) :**

§18 : Le requérant argue la violation de la présomption d'innocence par le juge d'instruction, qui l'aurait placé sous mandat de dépôt et pas tenu compte de ses garanties de représentation

§25 : « (…)La Cour rappelle que toutes ces notions renvoient à l'appréciation des faits de l'espèce relativement aux personnes physiques mises en cause, et par conséquent ressortent exclusivement de la compétence des juridictions nationales, et non de la compétence d'une juridiction communautaire saisie en matière de droit de l'homme à l'égard d'un État membre de la Communauté »

- **Arrêt du 3 juillet 2013, « Messieurs Aziagbede Kokou et 33 autres, Atsou Komlavi et 4 autres, Tomekpe A. Lanou et 29 autres contre République Togolaise » (ECW/CCJ/JUD/07/13):**

§ 38, 39, 40 : « A ce stade, la Cour ne saurait faire aucun constat (…) ou imputer une responsabilité à l'État togolais sans que cela constitue une intrusion dans le déroulement d'un procès au plan national, et une atteinte à la liberté du juge national.

« La Cour (…) doit tenir compte d'un certain pragmatisme qui accorde toute l'importance appropriée à la proximité du juge national avec les faits dénoncés et aux prérogatives de ce dernier

« La Cour relève qu'il n'entre pas dans sa fonction de protection des droits de l'homme de substituer sa propre appréciation des faits à celle des juridictions nationales »

- **Arrêt du 31 octobre 2012, « Badini Salfo contre République du Faso » (ECW/CCJ/JUD/13/12) :**

§59 : « La légitimité des mesures et leur chance de réalisation sont des principes qui guident la Cour. Lorsqu'elle examine une affaire qui se rapporte à une procédure judiciaire en cours dans un État membre, ses décisions n'ont pas vocation à interférer avec les décisions que les juridictions nationales seraient amenées à prendre. La Cour ne peut ordonner des mesures dont l'exécution viendrait à fragiliser ou anéantir l'autorité et l'indépendance du juge national dans la conduite des affaires dont il est saisi ».

- **Arrêt du 22 février 2013, Simone Ehivet et Michel Gbgbo contre République de Côte d'Ivoire » (ECW/CCJ/JUD/03/13) :**

§96 : « La Cour constate cependant que Monsieur Michel Gbagbo a été à la suite de son assignation à résidence, inculpé par un juge d'instruction et détenu pour autres causes dans le cadre d'une procédure judiciaire devant les juridictions nationales ; conformément à sa jurisprudence constante, la Cour estime qu'elle ne peut faire droit à ladite mesure ; qu'en conséquence, elle rejette la demande de mise en liberté de Monsieur Michel Gbagbo »

- **Arrêt du 19 juillet 2013, « Karim Meissa Wade contre République du Sénégal » (ECW/CCJ/JUD/09/13) :**

§95 : « (...) Dit que la Cour ne saurait faire droit à sa demande de mise en liberté, la procédure étant pendante devant les juridictions nationales ».

- **Arrêt du 23 avril 2015, « Convention Démocratique et Sociale Rahama contre République du Niger » (ECW/CCJ/JUD/03/15) :**

§ 24 et 25 : « La Cour estime qu'il est courant, dans le cadre de procédures engagées devant une juridiction, que celle-ci procède à un ou plusieurs renvois d' audience, d'office ou à la demande d'une partie. Ces renvois peuvent effectivement apparaître comme relevant du droit des plaideurs. Mais ils ne sont pas que cela. Ils constituent en effet, aussi, des mesures d'administration judiciaire, qui s'insèrent dans le pilotage de la procédure et de la mise en état des causes. Dans cette perspective, le bénéfice d'un renvoi et du rabat d'un délibéré relève de l'appréciation souveraine du juge qui a en charge le dossier. Il en résulte qu'il n'appartient pas à une juridiction internationale comme la Cour de la CEDEAO d'évaluer la pertinence du renvoi d'une affaire, ou de se substituer au juge national pour juger de l'opportunité de telle ou telle mesure d'administration judiciaire (...). Au surplus, si la Cour de la CEDEAO s'engageait dans l'appréciation de telles mesures, elle pourrait vite se trouver en porte-à-faux avec son refus, évoqué plus haut, de se comporter en juridiction d'appel ou de cassation des juridictions nationales, pour la simple raison que lesdites mesures peuvent prendre la forme de décisions judiciaires, notamment d' « ordonnances » ».

- **Arrêt du 24 avril 2015, « Bodjona A Pascal contre République du Togo » (ECW/CCJ/JUD/06/15) :**

§ 37 : « Pour la même raison, la Cour va écarter des débats un point de la défense du requérant, relatif à l'énumération limitative des mesures de contrôle judiciaire. On sait que M. Bodjona conteste l'interdiction de sortie du territoire qui lui a été faite, au motif qu'elle ne figure pas parmi les mesures qui peuvent être prises dans le cadre d'un contrôle judiciaire. Il va de soi que la Cour ne peut que s'abstenir de se prononcer sur un tel point, dont l'évocation serait en réalité un contrôle de la légalité interne des actes de l'autorité judiciaire togolaise ».

- **Arrêt du 16 février 2016, « Ibrahim Sory Touré et Issiaga Bangoura contre République de Guinée » (ECW/CCJ/JUD/03/16) :**

  §78 : « (…) Il n'appartient pas au juge communautaire d'apprécier les motifs de l'ordonnance de prolongation de la détention du juge d'instruction vu qu'il n'est pas une chambre d'instruction de second degré »

- **Arrêt du 1er juillet 2016, « Djibril Yepené Bassolé contre État du Burkina Faso » (ECW/CCJ/JUD/22/16) :**

  p.13 : «Pour le surplus, la Cour a toujours affirmé qu'elle n'a pas vocation à contrôler les actes d'un juge d'instruction, sauf si ceux-ci affectent substantiellement les droits d'une personne. Il lui est ainsi arrivé de décliner sa compétence pour examiner certaines mesures d'instruction ».

Mais comme on l'a indiqué précédemment, la doctrine de la non - ingérence dans les affaires judiciaires nationales doit être relativisée car il peut exister des configurations dans lesquelles le juge national pourrait tenir compte d'une décision de la Cour de la CEDEAO, en raison notamment du fait que, par le jeu de la règle du non épuisement des voies de recours internes, ce juge pourrait se trouver en situation de remplir son office alors qu'une décision de la Cour communautaire touchant peu ou prou le litige national est intervenue. On se reportera, pour cela, aux développements à venir (chapitre 3, section 2, § 2, A)) relatifs à la question de l'autonomie du procès international par rapport au procès national

La Cour ne décline pas sa compétence devant le seul national seulement, comme on vient de le voir assez longuement. Elle peut également déclarer son incompétence compte tenu d'une intervention possible ou réelle d'une autre juridiction internationale.

## B.- Eu égard à d'autres juridictions internationales

La Cour de la CEDEAO va également affirmer son incompétence lorsque, pour une affaire donnée, il existe d'autres enceintes judiciaires spécifiquement compétentes. Le déclinatoire de compétence se présente alors comme un clin d'œil – ou, plus qu'un clin d'œil, une invite – adressé à une autre juridiction internationale. Les illustrations sont également nombreuses à cet égard :

- **Arrêt du 4 mars 2010, « Dr Mahamat Seid Abazene contre République du Mali, L'Union africaine, L'institut culturel franco – arabe »: (ECW/CCJ/JUD/02/10) :**

§ 30 : « ...La révocation du Dr Mahamat Seid Abezene relève du contentieux de la fonction publique de l'Union africaine ...elle n'a pas compétence pour apprécier un tel litige ».

- **Arrêt du 8 février 2011, « El Hadj Tidjani Aboubacar contre Banque centrale des États de l'Afrique de l'Ouest et l'État du Niger » (ECW/CCJ/JUD/01/11) :**

§31 : « La Cour note ensuite que cette disposition (article 15 al 5 du Règlement de procédure de la Cour de justice de l'UEMOA) attribue une compétence exclusive à la Cour de justice de l'UEMOA, lorsque ses institutions ou ses agents sont en cause dans l'exercice de leurs fonctions, que les faits de la cause étant essentiellement constitués de décisions et actes pris par les autorités monétaires de l'UEMOA dans l'exercice de leurs fonctions, l'article 15 alinéa 4 du Règlement de la Cour de céans, si elle ne décline pas sa compétence matérielle avérée, sera amenée inévitablement à s'approprier un droit dont elle n'est pas dépositaire et dont la mise en œuvre est dévolue de manière univoque et expresse à une autre Cour régionale »

§32 : « Aussi, la Cour est- elle d'avis que bien que sa compétence matérielle soit pertinente, elle se doit de la décliner eu égard à la compétence exclusive de la Cour de justice de l'UEMOA sur les faits de la présente cause ».

- **Arrêt du 23 mars 2012, « Laurent, Simone et Michel Gbagbo contre République de Côte d'Ivoire et Alassane Ouattara » (ECW/CCJ/RUL/ 07/12)**

Le dépôt de la requête a eu lieu le 20 juillet 2011, mais le 30 novembre 2011, la Côte d'Ivoire, en exécution du mandat d'arrêt international lancé contre M Gbagbo Laurent par la Chambre préliminaire de la CPI, a décidé de transférer l'ancien chef d'État à La Haye.

Eu égard à ce que la Cour appelle un « fait nouveau », les juges vont alors décider la disjonction des deux instances et ordonner « la suspension de la procédure dans l'affaire Laurent Gbagbo contre Côte d'Ivoire » jusqu'à la fin de l'instance devant la CPI ».

§27, 28 et 29 : « Attendu que Monsieur Laurent Gbagbo est actuellement traduit devant la Cour Pénale Internationale alors que

Madame Simone Ehivet Gbagbo et Monsieur Michel Gbagbo sont toujours détenus en Côte d'Ivoire ;

Attendu qu'il résulte de cette situation un changement de circonstances eu égard à l'absence de la condition par laquelle les autres requérants étaient liés à Monsieur Laurent Gbagbo ;

Attendu que pour une bonne administration de la justice, il ya lieu de disjoindre les instances Laurent Gbagbo c Côte d'Ivoire (...) d'une part, et Simone Ehivet et Michel Gbagbo c. Côte d'Ivoire d'autre part »

§31, 32, 33 : « Attendu que si la Cour poursuivait l'examen de l'affaire et venait à conclure que le droit à la liberté de Monsieur Laurent Gbagbo a été violé, il serait vain qu'elle ordonne sa libération puisqu'il est actuellement détenu à La Haye par la Cour Pénale Internationale

Attendu que la Cour ne saurait accomplir un exercice aussi futile ;

Attendu qu'il est de l'intérêt de la justice de suspendre la procédure dans l'affaire Laurent Gbagbo c Côte d'Ivoire (...) jusqu'à la fin de l'instance devant la CPI »

- **Arrêt du 1er juillet 2016, « Djibril Yepené Bassolé contre État du Burkina Faso » (ECW/CCJ/JUD/22/16)** :

pp.8-9 : « La Cour doit d'abord rappeler qu'elle n'a nullement vocation à être la gardienne de la légalité d'une organisation-sœur, comme l'UEMOA. A chaque fois qu'elle a été sollicitée pour s'ingérer dans les rapports entre les organes de cette organisation, ou pour se substituer à quelque organe de l'UEMOA, notamment la Cour de justice, elle a décliné sa compétence, par égard pour d'autres ordres juridiques ou juridictionnels (...).

La Cour doit réaffirmer cette position de principe ici. Elle n'a nullement vocation à être la gardienne d'une légalité qui a cours dans la même sous-région, et pour laquelle il existe des mécanismes de sanction spécifiques. Elle ne saurait en conséquence se charger de faire respecter un Règlement de l'UEMOA ».

Dans les quatre décisions que voilà, la Cour de la CEDEAO décline sa compétence et laisse d'autres juridictions ou quasi-juridictions – organisme de l'Union africaine, Cour de justice de l'UEMOA et Cour pénale internationale – exercer la leur. Les motivations de ces déclarations d'incompétence sont pourtant loin d'être les mêmes dans les différents cas. S'il ne fait pas de doute, dans l'affaire « Dr Mahamat Seid Abazene contre République du Mali, L'Union africaine, L'institut culturel franco – arabe », que l'on conçoit mal que la Cour de la CEDEAO s'érige en juge de la légalité d'une autre organisation internationale – l'UA -, on doit admettre que, s'agissant de la CPI et dans une certes moindre mesure la Cour de l'UEMOA, le juge communautaire a eu égard, plutôt qu'à des considérations rigoureusement liées à la compétence, à une forme de courtoisie judiciaire, volontiers mâtinée de préoccupations pratiques relatives à l'impact même que pourrait éventuellement avoir sa décision. Au demeurant, dans l'affaire « Laurent, Simone et Michel Gbagbo contre République de Côte d'Ivoire », elle admet que le dessaisissement temporaire qu'opère son arrêt se recommande de nécessités purement pratiques. La Cour indique :

> §31, 32, 33 : « Attendu que si la Cour poursuivait l'examen de l'affaire et venait à conclure que le droit à la liberté de Monsieur Laurent Gbagbo a été violé, il serait vain qu'elle ordonne sa libération puisqu'il est actuellement détenu à La Haye par la Cour Pénale Internationale
>
> Attendu que la Cour ne saurait accomplir un exercice aussi futile ;
>
> Attendu qu'il est de l'intérêt de la justice de suspendre la procédure dans l'affaire Laurent Gbagbo c Côte d'Ivoire (…) jusqu'à la fin de l'instance devant la CPI ».

Il faut, de tout cela, tirer la conclusion que la Cour de la CEDEAO n'est pas seulement incompétente lorsque la connaissance du litige qui lui est soumis est expressément dévolue à une autre juridiction, relevant d'un autre ordre juridique (celui de l'Union africaine ou celui de l'UEMOA), mais également lorsque, pour des raisons plus pratiques que proprement juridiques, l'exercice par cette Cour de sa compétence risque d'être dépourvu d'impact ou de mener à un télescopage ou une contrariété jurisprudentielle vis-à-vis d'autres juridictions. C'est le principe d'opportunité qui commande alors qu'elle décline sa compétence[17].

Mais même dans l'éventualité où n'existe aucun élément susceptible de mettre en cause son aptitude à connaître d'une affaire, la Cour n'en reste moins soumise à l'obligation d'établir positivement sa compétence, de justifier sa décision de connaître d'un différend.

---

[17] Il n'est pas interdit, non plus, de voir dans ce prudent retrait une forme de courtoisie judiciaire caractéristique d'un souci de voir les juges, sinon « dialoguer », du moins se montrer attentifs les uns aux autres. V à ce sujet l'article titré « La Cour de justice de la CEDEAO et les autres ordres juridiques ou judiciaires. Le dialogue des juges vu d'Abuja », infra, 2ème partie de l'ouvrage.

## Paragraphe 2

## L'établissement de la compétence

Deux idées importantes émergent de la jurisprudence de la Cour de justice de la CEDEAO. La première est en vérité problématique, dans la mesure où, pendant longtemps, sa formulation n'était pas satisfaisante. Elle consistait alors à énoncer que « la simple évocation de violations de droits de l'homme sur le territoire d'un État membre suffit à établir la compétence de la Cour ». Cet énoncé n'est pas des plus heureux, comme on va le voir (A). La seconde idée n'a jamais connu de formulation synthétique, elle résulte de jurisprudences éparses et peut être traduite par l'idée qu'il n'existe pas d'affaires pour lesquelles la Cour est naturellement incompétente, que la « nature » d'un cas – « nature politique », « nature militaire » - n'est pas un obstacle à l'affirmation de la compétence du juge communautaire (B).

### A.- « La compétence de la Cours sur simple évocation de violations de droits de l'homme » : retour sur une formule heureusement abandonnée

Pendant longtemps, pour établir sa compétence, la Cour a recouru à cette clause de style, suivant laquelle il suffisait simplement, pour le requérant, d'alléguer la violation de droits de l'homme dans l'État défendeur. Relèvent de ce point de vue, entre autres, les décisions suivantes :

- **Arrêt du 8 novembre 2010, « Mamadou Tandja contre État du Niger » (ECW/CCJ/JUD/05/10) :**

§18.1.b) : « la simple invocation de violations (des droits de l'homme) qui entrent dans le domaine de compétence de la Cour suffit à établir cette compétence »

- **Arrêt du 8 février 2011, « Sidi Amar Ibrahim et autres contre République du Niger » (ECW/CCJ/JUD/02/11) :**

§30 : « La requête présentée par les ayants droit de Sidi Amar et Ousmane Sidi Ali n'est pas anonyme et n'a pas été déjà portée devant une autre Cour Internationale compétente ; elle évoque des violations des droits de l'homme et relate des faits présumés se dérouler sur le territoire de l'État du Niger, État membre de la CEDEAO ; se conformant en cela aux prescriptions des articles 10 (d) et 9 alinéa 4 du protocole additionnel de 2005 relatif à la Cour ; aussi échet-il de la déclarer recevable »

- **arrêt du 8 février 2011, « El hadji Tidjani Aboubacar contre BCEAO et État du Niger » (ECW/CCJ/JUD/01/11) :**

§23 : « Pour l'établissement de sa compétence en matière de droits de l'homme, l'évocation des faits entrant dans cette qualification suffit à elle seule »

- **Arrêt du 17 mars 2011, « Bakary Sarré et 28 autres contre République du Mali » (ECW/CCJ/JUD/03/11) :**

§34 : « La Cour réaffirme également que, conformément à sa jurisprudence établie, dès lors que des violations de droits de l'homme, constituent des obligations communautaires ou internationales de l'État membre mis en cause sont alléguées, elle est compétente pour les examiner ».

Cette formule est longtemps restée rituelle dans les arrêts rendus par la Cour. Depuis un certain temps, elle a disparu, et il convient de se féliciter de cette distraction. En effet, la dite formule laissait clairement entendre que la compétence de la Cour était acquise, mécaniquement, on allait dire « magiquement », par la vertu de la seule articulation, par le requérant, de la violation des droits de l'homme. Autant dire que c'est ce plaideur qui établissait ainsi cette compétence, qui « liait » ainsi la Cour par sa seule volonté de porter le débat sur le terrain des droits de l'homme.

Cette puissance supposée du requérant est évidemment aux antipodes des règles élémentaires de la procédure judiciaire, qui veut qu'une juridiction soit juge de sa propre compétence. Et, de fait, il est arrivé qu'après avoir énoncé cette formule dite un peu trop vite, la Cour se rende compte, plus loin dans son analyse, qu'elle est au moins partiellement incompétente sur certains points soulevés par la requête. On se retrouvait donc devant la situation fâcheuse dans laquelle une juridiction affirmait une chose et son contraire, sa compétence et son incompétence. Cela ressort très nettement de l'arrêt « El Hadji Tidijani Aboubacar contre BCEAO et État du Niger », rendu le 8 février 2011. Après avoir exprimé sa compétence, dans les termes rappelés plus haut, elle dit clairement, dans le dispositif de l'arrêt, qu'elle « décline sa compétence rationae materiae » (§35). Et dans l'affaire « Bakary Sarré et 28 autres contre

République du Mali », après avoir posé le principe de sa compétence (§34), elle finit, plus loin, par restreindre cette affirmation sur au moins un point : son inaptitude à réexaminer les décisions judiciaires nationales. A la fin de l'arrêt, elle doit bien admettre qu' « elle est incompétente pour connaître des aspects de la requête visant la réformation des décisions rendues par la Cour suprême du Mali » (§41).

La vérité oblige pourtant à reconnaître que l'idée qui était derrière cette formule n'est pas hérétique. Tout indique que par cette dernière, la Cour voulait simplement indiquer qu'à partir du moment où un plaideur allègue une violation des droits de l'homme, elle peut et doit même analyser cette allégation ; qu'il n y a pas, en principe, de fin de non-recevoir à ce sujet, et que pour la saisir, un requérant n'a pas besoin de prouver plus, de démontrer davantage. En d'autres termes, moins qu'à l'établissement d'une compétence proprement dite, l'allégation de violation des droits de l'homme « saisit » simplement la Cour, scelle l'aptitude de celle-ci à s'emparer du dossier, quitte à ce qu'elle se déclare plus tard incompétente. On le voit, - et les déclarations ultérieures d'incompétence totale ou partielle le prouvent -, la requête « saisit » la Cour, mais ne la rend pas nécessairement « compétente ». On peut le dire autrement : la compétence de la Cour en matière de violation de droits de l'homme est simplement « générale », c'est une compétence de principe ou a priori, elle peut ne pas être acquise dans certains cas. La fonction de la formule apparaît ainsi au grand jour, elle jouerait à la manière d'une dispense à l'adresse du requérant et pourrait être exprimée ainsi : pour saisir la Cour, nul besoin que celui-ci aille au-delà de l'allégation de violation des droits de l'homme. La Cour s' « emparera » alors du cas, mais l'automaticité de cette « saisine » ne remet en cause ni la possibilité pour la Cour de se déclarer plus tard incompétente, ni, sur le fond cette fois, le débouté d'un requérant n'ayant pu rapporter la preuve des violations alléguées par exemple.

Il apparaît ainsi que la portée de la formule discutée s'avère en définitive assez réduite. N'établissant en réalité nullement la « compétence » de la Cour, elle s'avère d'une utilité limitée, et son omission, depuis une date récente, a au moins le mérite de dissiper les malentendus. Il est heureux, il faut le dire, que la Cour s'en soit départie, même si, bien entendu, l'idée qu'elle recèle doit continuer à être défendue.

Il y a un autre front sur lequel la juridiction de la CEDEAO ne se laisse pas impressionner par l'argument d'incompétence : celui d'affaires qui lui seraient naturellement soustraites compte tenu de leur particularisme, compte tenu de leur « nature ».

## B.- L'indifférence à la « nature » de l'affaire

La recension de la jurisprudence de la Cour laisse entrevoir que c'est dans deux domaines surtout que s'exprime la thèse de l'incompétence *rationae materiae* : le domaine « politique » et le domaine militaire ou sécuritaire. Il s'agit alors de soutenir l'idée que dans ces domaines-là, la Cour serait congénitalement, constitutionnellement incompétente ; il y aurait ainsi des affaires qui, « par nature », seraient injusticiables, ne pourraient être déférées à la connaissance d'un juge[18].

La prépondérance des considérations politiques dans le contentieux de la violation des droits de l'homme devant la Cour de la CEDEAO reste cependant un fait indéniable. Outre qu'il traduit une insuffisante « appropriation citoyenne » de ces droits, et une forme de dramatisation de ce contentieux – l'État et ses services seraient derrière toutes les transgressions -, ce fait a pour conséquence d'induire une logique de l'affrontement entre le juge et les États, de camper celui-ci dans la posture d'un opposant de principe, d'un adversaire essentiel de l'État. Ces deux conséquences sont toutes regrettables, et elles ne favorisent nullement l'essor d'une protection judiciaire internationale des droits de l'homme. Il serait sain de sortir d'un tel schéma, et de « banaliser » en quelque sorte la sauvegarde judiciaire des droits de l'homme. Il est vrai que la

---

18 On songe bien entendu, à ce stade, à ce qui a été la pratique d'un certain nombre d'Etats devant la Cour Internationale de Justice de La Haye, consistant à soulever le caractère éminemment « politique » des questions auxquelles le juge pourrait être confronté, pour récuser le prétoire comme cadre de solution du différend. Cette attitude doit beaucoup à la fameuse distinction entre « différends juridiques » et « différends politiques », que l'article 36 paragraphe 3 de la Charte des Nations Unies a reprise, dans la mesure où il parle des *« différends d'ordre juridique »* qui ont vocation à être *« soumis par les parties à la Cour Internationale de Justice ».*Or, chaque fois que cet argument a été brandi devant la Cour, il a été écarté, au point qu'il n'est pas illégitime de se demander, aujourd'hui, et à l'aune de la pratique même de cette Cour, si cette distinction garde encore une portée pratique. La Cour affirme non seulement sa compétence à connaître des litiges qui lui sont soumis, mais se fait porteuse de quelque chose de beaucoup plus important, de beaucoup plus symbolique : elle affirme, ce faisant, une sorte de justiciabilité substantielle des agissements des États et, partant, la possibilité d'un règne du droit dans une société réputée anarchique et rebelle à la canalisation des conduites de ses sujets. Cette jurisprudence qui promeut l'intégrité de la fonction juridictionnelle porte donc la promesse de la régulation juridique de la société internationale. Sur cette question, v. notre article paru en 2012 à la revue en ligne *Afrilex,* dont on s'excuse d'avoir repris quelques lignes ici, « Le juge international et la politique. Réflexions sur l'incidence du facteur politique dans la juridiction de la Cour de La Haye ».

réalisation de ce souhait est largement tributaire du caractère démocratique des États et de leurs régimes politiques. Cela étant, et pour l'heure, la Cour s'attache à rejeter systématiquement cette forme de récusation de sa compétence, ainsi qu'il ressort de sa jurisprudence :

- **Arrêt du 8 novembre 2010, « Monsieur Mamadou Tandja contre SE Gén Salou Djibo et l'État du Niger » (ECW/CCJ/JUD/05/10) :**

  §17.1 b) : Les autorités de l'État du Niger « soutiennent que la nature politique de l'affaire justifie la détention de Monsieur Mamadou Tandja, et que la détention politique ne nécessite pas un formalisme tel que l'exige la détention judiciaire.

  Or, l'article 9.4 du Protocole additionnel de 2005 relatif à la Cour stipule que : « La Cour est compétente pour connaître des cas de violation des droits de l'homme dans tout État membre ».

  L'article ainsi libellé ne fait aucune distinction quant à la compétence entre la violation des droits de l'homme du fait politique et les autres violations des droits de l'homme ; en tout état de cause (...) la simple invocation de violations qui entrent dans le domaine de compétence de la Cour suffit à établir cette compétence (...)

  Considérant aussi que les violations de ces droits de l'homme alléguées auraient été commises sur le territoire du Niger, État membre de la CEDEAO

  La Cour, dès lors, est compétente pour connaître de la présente affaire »

- **Arrêt du 23 mars 2012, « Bathelemy Dias contre République du Sénégal » (ECW/CCJ/JUD/05/12) :**

  §16 : « Barthélémy Dias allègue que son arrestation et sa détention ont été guidées par des motifs politiques et sont donc arbitraires ; il soutient également que la juridiction saisie de la procédure suivie contre lui a été et est encore sous l'influence des plus hautes autorités politiques de l'État sénégalais, en l'occurrence le président de la République, le premier ministre et le ministre de l'Intérieur, et n'est donc pas en conséquence indépendante et impartiale »

  §21 : « La Cour observe aussi que les propos tenus par les autorités politiques de l'État du Sénégal, sur les faits à la base des poursuites suivies contre le requérant sont des opinions personnelles qui n'engagent que leurs auteurs, et non des actes d'autorité intervenus dans le cadre officiel des fonctions exercées par ces autorités »

§22 : « La Cour est d'avis que de telles opinions, même émanant d'autorités de premier plan comme c'est le cas en l'espèce, ne sont pas de nature à compromettre l'indépendance et l'impartialité du juge en charge du dossier du requérant en dehors de tout indice d'injonction non équivoque pour orienter la justice »

- **Arrêt du 22 février 2013, « Simone Ehivet et Michel Gbagbo contre République de Côte d'Ivoire » (ECW/CCJ/JUD/03/13) :**

L'État de Côte d'Ivoire a argué l'existence de « circonstances exceptionnelles » et la paralysie des institutions au cours de la période en cause. La Cour répond en s'intéressant au Pacte international sur les droits civils et politiques, dont les articles 4 et 12.3 se rapportent aux cas de « circonstances exceptionnelles », ainsi que l'Observation générale n°29 (72ème session du Comité des droits de l'homme) relative aux dérogations en période d'état d'urgence. Elle se livre d'autre part à un examen assez minutieux de la jurisprudence de la Cour Européenne des Droits de l'Homme en la matière (§66 à 69), pour conclure à la violation des droits des requérants par l'État de Côte d'Ivoire :

§70 : « A la lumière de ces principes, la Cour est d'avis que la République de Côte d'Ivoire, même en invoquant les circonstances exceptionnelles, n'a pas agi conformément aux dispositions de l'article 4 du PIDCP et de l'article 48 de la Constitution ivoirienne »

§77 : « La Cour est d'avis que ces faisceaux d'éléments solidement établis sont de nature à l'amener à conclure que la copie du décret produite par la République de Côte d'Ivoire ne peut en aucun cas être admis comme l'acte juridique pris sur les fondements invoqués et destinés à produire les effets de droit dont se prévaut la défenderesse (…) »

§78 : « La Cour relève que la République de Côte d'Ivoire ne montre pas par ailleurs qu'en se conformant à la légalité, elle n'aurait pas pu atteindre les fins politiques légitimes qu'impose la gestion d'une crise politique de cette nature, à savoir : sauvegarder l'intérêt public et ramener la paix et la sécurité en Côte d'Ivoire. En effet, même dans le cadre des circonstances exceptionnelles, l'assouplissement du principe de légalité se fait dans le respect des lois nationales ; au demeurant, au regard de l'article 6 de la Charte (africaine des droits de l'homme et des peuples), l'interdiction de l'arrestation et de la détention arbitraires étant absolue, l'État de Côte d'Ivoire ne peut détenir un citoyen de façon arbitraire »

- **Arrêt du 23 avril 2015, « Convention Démocratique et Sociale Rahama contre République du Niger » (ECW/CCJ/JUD/03/15) :**

Le requérant est un parti politique, qui saisit la Cour pour divers actes prêtés aux autorités nigériennes, et qui seraient contraires à un certain nombre de droits dont il se prévaut.

§ 33, 34, 35, 37,38 : « On trouve également, aussi bien dans la requête à fin de soumettre l'affaire à une procédure accélérée que dans la requête à fin d'ordonner le sursis à exécution, des références au caractère éminemment politique du dossier. On lit ainsi dans la première que « pour récompenser cette dissidence au sein du parti (la CDS Rahama), certains ont été nommés ministres et conseillers à la présidence pour services rendus » (p 1), et dans la seconde requête qu'il ya « un risque sérieux que le fonctionnement du parti soit compromis » (p 2).

Dans ses écritures, la CDS Rahama invoque également, au soutien de sa thèse d'un procès non équitable et d'une justice non impartiale, l'ajournement, par le Conseil Supérieur de la Magistrature, de l'avancement de deux conseillers composant la Cour de cassation, motif pris de ce qu'ils seraient « de moralité douteuse ». Le requérant évoque enfin le fait que le conseiller rapporteur de la première décision de cassation a été « relevé de ses fonctions et affecté au ministère de la Justice pour assurer des fonctions administratives ».

La Cour a bien conscience qu'étant saisie par une formation politique, cette saisine comporte nécessairement un arrière –plan politique. Elle doit cependant rappeler, comme elle l'a fait dans d'autres décisions, que les motivations ou déclarations d'ordre politique des uns et des autres n'ont aucune incidence sur sa juridiction. Plus précisément, elle a pour mission, dans le cadre d'un contentieux relatif à la violation de droits de l'homme, de se limiter à examiner s'il a été réellement, concrètement porté atteinte à des droits définis, et ne pas s'attacher outre mesure auxdites motivations ou déclarations.

En d'autres termes, l'office et la démarche de la Cour ne sont nullement remis en cause par le fait qu'elle est saisie par un parti politique, la CDS Rahama, ou par le fait que son arrêt pourrait objectivement produire des conséquences sur la scène politique nigérienne. Elle ne saurait tirer une quelconque conséquence du fait même que l'exercice de sa mission, dans la présente affaire, pourrait avoir des répercussions dans le champ politique ou électoral.

Il en résulte qu'elle ne peut pas entrer dans les considérations que soulève à ce stade la CDS Rahama, et qu'elle ne peut en tenir compte pour voir si des violations de droits de l'homme ont été commises ».

- **Arrêt du 24 avril 2015, « Bodjona A Pascal contre République du Togo » (ECW/CCJ/JUD/06/15) :**

Le requérant, accusé d'être mêlé à une tentative de déstabilisation politique, a été arrêté, détenu et a fait l'objet de procédures judiciaires nombreuses et enchevêtrées.

§ 35 – 36 : « la Cour doit d'abord rappeler le cadre général d'analyse qui est le sien, pour d'emblée écarter un certain nombre de considérations évoquées ou soulevées par les parties.

Il en est ainsi, en premier lieu, d'un certain nombre de considérations politiques, comme les raisons pour lesquelles M. Bodjona a été évincé du Gouvernement togolais à la suite du remaniement intervenu le 31 juillet 2012. Le requérant écrit que cette sortie a été décidée « dans l'unique dessein de contourner, et l'article 422 du code de procédure pénale togolais, et l'exécution de l'arrêt n° 48/12 de la cour suprême » (p. 4 de la requête). Plus loin, on lit qu' « à la vérité, Monsieur le Ministre Bodjona Akoussoulélou Pascal est tout simplement judiciairement persécuté pour des raisons politiques inavouées » (p 38 de la requête). Enfin, le requérant fait part de la « perte d'une chance » au titre des préjudices qu'il a subis, en vertu du fait qu'il « est destiné à une longue et brillante carrière politique aujourd'hui fortement hypothéquée ». (p 25 de la requête).

Il ne saurait être question, pour la Cour, de porter son analyse sur ce terrain. Elle doit réaffirmer, comme l'atteste une jurisprudence établie, qu'elle n'a nullement égard aux considérations ou sous- entendus politiques qu'un dossier comporte, mais qu'elle a juste à apprécier, de façon factuelle, si des violations des droits des requérants ont été commises. Par conséquent, elle doit écarter des débats les éléments d'ordre purement politique que M. Bodjona soulève dans sa requête ».

- **Arrêt du 23 octobre 2015, Mamadou Baba Diawara contre République du Mali » (ECW/CCJ/JUD/22/15) :**

§ 28, 29, 30, 31 : « Le requérant, dans ses écritures, se réfère régulièrement aux propos qui auraient été tenus par le Président de la République du Mali lui-même, au lendemain de la décision par laquelle les deux accusés, MM. Diawara et Haïdara, auraient dû être remis en liberté (arrêt de cassation du 27 mai 2009). Le requérant a même produit la cassette contenant les déclarations du chef de l'État, suivant lesquelles, aux termes de la requête, il s'engageait « à user de tous ses pouvoirs pour maintenir le requérant en prison ». Pour le requérant, « tous ces éléments constituent un faisceau d'indices sérieux de l'intervention injustifiée du pouvoir exécutif dans le fonctionnement de la justice, des pressions exercées sur les juges et de la partialité de la justice ».

A l'appui de cet argument, il cite encore l'arrêt de la Cour suprême du 13 septembre 2012, qui annule les décrets présidentiels relevant le Procureur Général et l'Avocat Général de leurs fonctions. Selon la Cour suprême, les deux hauts magistrats « ont été relevés de leurs fonctions en réaction à un arrêt rendu par la Chambre criminelle de la Cour suprême qui a cassé sans renvoi les arrêts de condamnation de Mamadou Baba Diawara et Ismael Haïdara dans l'affaire Ministère Public et BHM contre les susnommés comme en font foi les propos du Président de la République rapportés par la presse ».

Il ne viendrait pas à l'esprit de la Cour de nier l'arrière-plan éventuellement politique du procès pénal qui a eu lieu devant les juridictions maliennes, ne serait-ce que parce que celui-ci était relatif à un détournement de fonds publics, portant de surcroît sur des sommes colossales (plus de six (6) milliards de francs CFA). L'intervention du Président de la République du Mali et l'implication des autorités publiques de cet État s'insèrent sans doute dans un tel contexte.

Cet engagement du pouvoir politique est indéniable, mais la Cour doit rappeler ici que sa mission est de se prononcer sur des actes concrets de violation des droits de l'homme, sur des mesures qui touchent des personnes dans leurs droits, ou qui affectent ceux-ci. Elle ne peut pas s'attarder outre mesure sur de simples déclarations, fussent-elles éventuellement en contradiction avec le principe d'indépendance de la justice ; elle ne juge pas des propos ou des intentions, mais bien des actes juridiques ou des actions matérielles qui portent atteinte aux droits de la personne. Dans ces conditions, elle ne peut inférer de simples déclarations une transgression des droits, elle attend de toute partie qui lui soumet une requête, qu'elle établisse que l'atteinte portée à son droit a été réelle, concrète, effective, bref, que d'éventuelles déclarations ont été suivies de faits, ont été corroborées de violations précises dans le chef des droits de la personne »

- **Arrêt du 1er juillet 2016, « Hama Amadou contre République du Niger » (ECW/CCJ/JUD/21/16) :**

pp.6-7 : « Il est d'abord prétendu que les motivations des poursuites engagées contre M. Hama Amadou trouvent leur explication dans la politique intérieure au Niger.

La Cour a toutefois toujours rejeté l'argument de la donnée politique. Institution judiciaire appelée à n'aborder que les aspects légaux des dossiers qu'elle traite, même si elle n'ignore ni le contexte ni les retombées éventuellement politiques de tels dossiers, la Cour a toujours refusé de voir dans ces aspects politiques un facteur décisif dans l'exercice de sa juridiction.

Dans la requête qui lui est soumise, il fait référence, au moins par deux fois, à la nature « politique » de l'affaire et donc, au caractère critiquable de la procédure déclenchée contre M. Hama Amadou.

A la page 9 de la requête, il est écrit qu' « à la lecture des faits, on peut tenter de rechercher la motivation du Bureau de l'Assemblée Nationale (...) dans la décision souveraine du parti dont le requérant est le président, de quitter la coalition des partis au pouvoir ». Plus loin, à la page 20, la requête fait état d'une déclaration du ministre de l'Intérieur faite au magazine « Paris Match », en date du 7 septembre 2015, aux termes de laquelle « dès que Hama Amadou mettra les pieds au Niger, il sera arrêté ». Enfin, l'argumentation du requérant repose, en grande partie, sur le fait que c'est pour éliminer un adversaire politique ou l'empêcher de se présenter à l'élection qui motive les poursuites dont il fait l'objet.

Il est certes toujours regrettable que des déclarations émises par des autorités politiques puissent donner le sentiment que celles-ci se mêlent de la procédure judiciaire. Mais la Cour doit rappeler qu'à chaque fois que de tels arguments ont été brandis devant elle, elle a toujours répondu que des considérations d'ordre politique n'entravaient ni le principe de sa juridiction, ni sa démarche méthodologique traditionnelle ».

La thèse de l'incompétence de la Cour en raison du caractère « militaire » d'une affaire a été soutenue – et rejetée – dans les arrêts suivants :

- **Arrêt du 28 janvier 2014, « Monsieur Alimu Akeem contre République fédérale du Nigéria » (ECW/CCJ/JUD/01/14) :**

§31 : « (…)La République fédérale du Nigéria soutient l'incompétence de la Cour aux motifs que le requérant, en raison de son statut de soldat de l'armée du Nigéria, est tenu d'exercer les recours prévus aux sections 148,178 et 183 de la loi sur les forces armées. Il ajoute que Alimu Akeem doit épuiser tous les recours que prévoit ladite loi avant d'entreprendre toute action, et que, en tant que fonctionnaire, il disposait d'un délai de trois mois pour faire appel de la décision, conformément à la section 2 a de la Loi sur la protection des officiers publics »

§33 : « Suivant sa jurisprudence constante, la Cour est compétente dès lors que la requête dont elle est saisie tend substantiellement à lui faire constater la violation des droits de l'homme. A cet effet, il suffit que des allégations de violation des droits de l'homme soient contenues dans la requête (…) En conséquence, la Cour se déclare compétente pour connaître de la requête de Monsieur Alimu Akeem »

- **Arrêt du 1er juillet 2016, « Djibril Yepené Bassolé contre État du Burkina Faso» (ECW/CCJ/JUD/22/16) :**

pp.9-10 : « Ce dernier point conduit du reste la Cour à se pencher sur un autre aspect de l'argumentation du Burkina Faso, également développé au cours de l'audience de 7 juin 2016. Il consiste à mettre en exergue la particularité de la procédure en question – initiée en vertu du Code de justice militaire, appliquée à une personne qui est un militaire et pour des infractions touchant la « sûreté de l'État » - pour prétendre que les règles processuelles normales ne sauraient s'y appliquer ; bref, que la nature « militaire » et « politique » de l'affaire exclut l'application de la procédure pénale ordinaire et peut justifier des restrictions aux droits de la défense. C'est en vertu de ce point de vue particulariste, fondé sur le caractère exceptionnel du contexte dans lequel les faits se sont déroulés, que l'État défendeur a pu ainsi soutenir que certains instruments invoqués par le requérant « ne contiennent pas de dispositions relatives aux juridictions militaires »(…).

D'autre part, dans sa propre jurisprudence, la Cour de la CEDEAO a toujours estimé que la particularité d'une procédure, notamment fondée sur des considérations politiques, ne constitue nullement un facteur propre à fonder son incompétence ou pouvant « excuser » des violations des droits de l'homme. C'est donc à tort que l'État défendeur invoque le caractère exceptionnel du contexte politique d'alors pour justifier des actes qu'il a pu poser ».

Enfin, dans une autre affaire, c'est le particularisme du secteur économique en cause – la filière café cacao – qui a été mis en avant pour dénier à la Cour toute compétence. Mais contre le Gouvernement ivoirien qui estime que la Cour ne peut apprécier la légalité des mesures juridiques – fiscales, précisément - qu'il a prises dans la filière café cacao, celle-ci déclare :

- **Arrêt du 17 décembre 2009, « Coordination Nationale des délégués départementaux de la filière café cacao » (CNDD) contre République de Côte d'Ivoire » (ECW/CCJ/JUD/05/09) :**

§41 La Cour « ne peut partager un tel argumentaire visant à exclure du domaine de sa compétence une violation des droits de l'homme qui se produirait même dans un secteur réglementé par une loi nationale, fût-elle fiscale (...) ».

## SECTION 2

## LA RECEVABILITÉ

Relativement à la recevabilité des requêtes en violation de droits de l'homme, il apparaît que les règles en vigueur se répartissent en deux catégories. Les unes trouvent leur source dans les textes eux-mêmes, alors que d'autres sont le fruit de « découvertes » judiciaires. Il faut donc distinguer le « donné » (Paragraphe 1) du « construit » (Paragraphe 2).

### Paragraphe 1

### Le donné

Il s'agit de tout ce qui touche la forme des requêtes (A) – dont l'identification du requérant, laquelle renvoie au caractère non anonyme de l'acte introductif d'instance – et la litispendance, cause possible d'irrecevabilité (B).

#### A.- La forme des requêtes

C'est en principe par requête que la Cour est saisie. Adressée au greffe de la Cour, cet acte doit, aux termes de l'article 12 du Protocole

A/P1/7/91, énoncer l'objet du différend, les parties en cause ainsi qu' « un exposé sommaire des moyens invoqués ainsi que les conclusions du requérant ». Selon encore l'article 33 du Règlement de la Cour, doivent figurer sur la requête « les noms et domicile du requérant, la désignation de la partie contre laquelle la requête est formée, l'objet du litige et l'exposé sommaire des moyens invoqués, les conclusions du requérant, les offres de preuve s'il y a lieu ». Il est également indiqué que cet acte doit énoncer l'élection de domicile du plaideur, « au lieu où la Cour a son siège », ainsi que l'identité de la personne habilitée à recevoir les significations. Il est prévu qu'une requête irrégulière en la forme peut être « régularisée » à la demande du greffe de la Cour, et qu'à défaut de régularisation dans le délai imparti, « la Cour décide, le juge rapporteur entendu, si l'inobservation de ces conditions entraîne l'irrecevabilité formelle de la requête ».

De façon générale, la jurisprudence de la Cour en matière de régularité des requêtes se caractérise plutôt par son libéralisme, la juridiction n'inclinant pas à adopter une conception extrêmement formaliste à cet égard. Ce n'est que lorsqu'une requête renferme des carences assez graves qu'elle conclut à son irrecevabilité, ainsi qu'il ressort des quelques arrêts rendus sur le sujet :

- **Arrêt du 17 février 2010, « Daouda Garba contre l'État du Bénin » (ECW/CCJ/JUD/01/10)**

L'État béninois soulevait deux exceptions portant sur la forme de la requête : l'absence d'indication du domicile du requérant dans la requête - remplacée par une simple adresse professionnelle – et l'absence de signature du requérant, ce qui, selon lui rendait la requête « anonyme »

> §26 : « La Cour sur ces deux points estime pour sa part que la seule absence de la mention sur la requête du domicile du requérant ne peut constituer un obstacle à la recevabilité de la requête et qu'à ce titre, elle rejette cet argument ».
>
> §28 : « L'article 10 (d) i. du protocole additionnel relatif à la Cour exige certes que la requête ne doit pas être anonyme pour être reçue, mais l'anonymat d'une requête suppose que son auteur n'est pas identifié ; cela implique que ni le nom, ni la qualité, ni la profession ou la nationalité du requérant ne sont connus ».
>
> §29 : «Or, la Cour pour sa part constate que la requête de M Daouda Garba contient toutes les mentions de son identification.

Par ailleurs, la Cour relève que M. Daouda Garba ayant commis un avocat pour assurer sa défense, a rempli les conditions exigées pour cette représentation ».

- **Arrêt du 8 novembre 2010, « Monsieur Mamadou Tandja contre SE Gén Salou Djibo et l'État du Niger » (ECW/CCJ/JUD/05/10) :**

Le défendeur s'est fondé sur le fait que la requête principale et la requête en procédure accélérée n'ont pas été déposées concomitamment, comme semble l'exiger l'article 59.2 du Règlement de la Cour. Mais la Cour répond que ledit article ne mentionne nullement la concomitance mais seulement la nécessité que ce soient des actes séparés. On rappelle que cet article énonce :

> « La demande tendant à soumettre une affaire à une procédure accélérée doit être présentée par acte séparé lors du dépôt de la requête ou du mémoire en défense ».

Pour la Cour,

> §18.1 c) : « L'exigence principale de l'article 59.2 est le dépôt par un acte séparé de la demande principale de la demande de la soumission à la procédure accélérée, qu'il n'est pas nécessaire que le dépôt des deux demandes soit concomitant, la notion de concomitance ne figurant pas dans l'article 59.2 et ne correspondant pas à son esprit »

- **Arrêt du 31 janvier 2014, « Georges Constant Amoussou contre État du Bénin » (ECW/CCJ/JUD/02/14) :**

Dans une affaire où il était encore question de l'omission d'une signature au bas de la requête, la Cour exprime derechef sa conception libérale et peu formaliste :

> §25 : « La Cour note également que le requérant Constant Amoussou est suffisamment identifié au sein de sa requête, et que l'absence de sa signature au bas de cette requête ne rend pas sa demande anonyme au sens de l'article 10 d i du Protocole additionnel »

- **Arrêt du 23 avril 2015, « Georges Constant Amoussou contre État du Bénin » (ECW/CCJ/JUD/05/15) :**

L'article 33.2 du Règlement de la Cour exige que le requérant fasse élection de domicile au siège de la Cour. Or, le mémoire de l'État du Bénin fait élection de domicile à l'Ambassade du Bénin au Nigéria, à Abuja, et l'avocat du Bénin a consenti à recevoir les significations par mail et télécopie (article 33.3 du Règlement) ; dès lors, la Cour conclut :

§ IV.9, p.11 : « Il s'ensuit que la prescription de l'article a été satisfaite ».

- **Arrêt du 30 juin 2015, « Association des Travailleurs Partant Volontaires à la Retraite ATVR contre République du Mali » (ECW/CCJ/JUD/14/15) :**

A propos de la malencontreuse omission d'un mot, la Cour doit rectifier et décide de ne pas accorder d'importance à une telle erreur :

« La Cour relève que par l'expression « violation de l'homme » contenue dans ladite requête, l'ATVR a voulu dire « violation des droits de l'homme » comme cela résulte des développements subséquents ;

Au demeurant, il s'agit d'un lapsus calami qui est sans incidence sur la compétence de la Cour à connaître de l'affaire à elle soumise en vertu des dispositions de l'article 9.4 du Protocole additionnel de 2005 (…) ».

Le libéralisme de la Cour a cependant des limites. Lorsque la requête omet certaines mentions essentielles, elle est déclarée irrecevable.

- **Arrêt du 30 juin 2015, « 167 ex agents de la SONIDEP représentés par Eli Haggar et B Kanfideni contre État du Niger et SONIDEP » (ECW/CCJ/JUD/15/15) :**

Dans cette affaire, la Cour va déclarer la requête irrecevable pour anonymat et absence de mandat pour agir – le mandat étant censé révéler l'identité des requérants - :

§IV.12 : « Les 167 ex- agents de la SONIDEP ayant saisi la Cour n'ont pas été formellement identifiés dans la requête ;

La liste intitulée « liste des agents bénéficiaires du départ volontaire SONIDEP » jointe en annexe ne comporte que quarante- cinq (45) noms sans autre précision (…)

A ce jour, aucune pièce du dossier n'a permis d'identifier individuellement les requérants (…)

Une requête qui ne comporte pas les mentions essentielles exigées par l'article 33.1 a) du Règlement de la Cour de justice de la Communauté CEDEAO à savoir les noms et domiciles du ou des requérants doit être considérée comme anonyme (…) ».

## B.- La litispendance : heurs et malheurs de l'usage d'un concept

Le maniement du concept de litispendance par la Cour de justice de la CEDEAO a longtemps posé problème, dans la mesure où la compréhension que le juge en a eue est restée très discutable. Fort heureusement, depuis quelques temps, cette compréhension semble s'être stabilisée, et la juridiction y recourt, à notre sens, dans des conditions beaucoup plus conformes à l'orthodoxie. Pour mieux comprendre le problème posé, il faut passer en revue toutes ses facettes.

Tout d'abord, la règle en question est énoncée par l'article 10 c) et d) du Protocole additionnel A/SP.1/7/91 de 2005. Celui-ci dispose que peut saisir la Cour « toute personne victime de violations de droits de l'homme », et que « la demande soumise à cet effet i) ne sera pas anonyme » et « ne sera pas portée devant la Cour de justice de la Communauté lorsqu'elle a déjà été portée devant une autre Cour internationale compétente ». Cette disposition est claire. Elle énonce deux conditions traditionnelles de la saisine des instances juridictionnelles ou semi-juridictionnelles en matière de droits de l'homme.

La première règle, qui est la prohibition de l'anonymat, va en quelque sorte de soi car il est clair que pour statuer sur les mérites d'une requête, il faut savoir non seulement qui l'a introduite, mais il faut connaître celui qui prétend avoir été victime – car le demandeur sera souvent celui qui a subi la violation alléguée -. La seconde règle repose sur des considérations moins factuelles, plus systémiques, dans la mesure où elle traduit des contraintes du système international lui-même.

Ce système se caractérise en effet, dans une très large mesure, par l'absence d'une autorité centrale et tutélaire, et ce qui est vrai des États – qui sont pour l'essentiel les membres de cette société – l'est aussi des juridictions internationales puisqu'il n'existe pas, en principe, de rapport hiérarchique entre celles-ci. C'est précisément l'absence d'une autorité unificatrice de la jurisprudence de ces cours et tribunaux qui explique l'évitement maximal des contrariétés de jurisprudence. En cas de divergences entre instances juridictionnelles, on pourrait donc facilement se retrouver devant une situation insoluble. C'est pour éviter d'en arriver à ces fâcheuses extrémités que la règle de l'interdiction des saisines parallèles ou simultanées a été posée.

De l'usage qui a été fait de l'article 10 par la Cour de justice de la Communauté, plusieurs constats se dégagent.

Le premier est que dans un certain nombre de cas, la juridiction a correctement interprété le texte en rejetant les exceptions d'irrecevabilité fondées sur la saisine concomitante soit d'une instance semi-juridictionnelle internationale, soit d'une juridiction nationale. La première occurrence s'est produite dans l'affaire « Hissène Habré contre État du Sénégal ». Dans ce différend, l'État défendeur a soulevé l'exception d'irrecevabilité tenant à ce que l'affaire était pendante devant le Comité des Nations Unies contre la torture, au moment où la Cour devait se prononcer. Par un arrêt avant-dire droit du 14 mai 2010, la Cour a rejeté l'exception (**arrêt du 18 novembre 2010, « Hissène Habré contre État du Sénégal », §5 et 6, ECW/CCJ/JUD/06/10).**

Il convient d'approuver cet arrêt car l'idée de litispendance pouvait être contestée à un double égard : non seulement l'article 10 précité du Protocole de 2005 évoque une « Cour internationale compétente » - et le Comité des Nations Unies n'est déjà pas une « Cour » -, mais les enjeux du litige étaient loin d'être les mêmes devant les deux instances – alors que le concept de litispendance renvoie à une similitude des enjeux et des débats sur laquelle nous reviendrons - : dans un cas, était en jeu la responsabilité d'un État signataire de la convention contre la torture et redevable de l'obligation d'organiser des procès à ce titre, dans un autre la responsabilité d'un État à l'égard d'une personne privée se plaignant de la violation par celui-ci de ses droits, et demandant en conséquence une réparation pécuniaire.

De la même manière, la Cour de justice de la CEDEAO doit être approuvée quand, dans une série d'affaires, elle a écarté l'exception de litispendance fondée sur la saisine parallèle du juge national. Là également, l'interprétation littérale du texte pertinent conduisait à une telle solution, une juridiction nationale n'étant pas une « Cour internationale » :

- **Arrêt du 26 janvier 2012, *« El Hadji Mame Abdou Gaye contre République du Sénégal »* (ECW/CCJ/JUD/03/12) :**

§28 : « L'État du Sénégal a soulevé l'exception d'incompétence de la Cour au motif que la procédure dans laquelle le requérant est poursuivi est pendante devant les juridictions sénégalaises et que des décisions ont été rendues en la cause.

A ce propos, la Cour fait observer effectivement qu'elle n'a pas compétence pour apprécier les décisions rendues par les juridictions des États membres, mais note que la saisine d'une juridiction d'un État membre n'a aucune influence sur sa compétence en matière de droits de l'homme, et rappelle que la seule limite à cette compétence est précisée par l'article 10.d)ii) du Protocole additionnel relatif à la Cour qui lui interdit de connaître d'une affaire qui a déjà été portée devant une autre Cour internationale ».

§29 : « La Cour rappelle également sa jurisprudence relativement à sa compétence qui indique que les allégations de violations de droits de l'homme dans une requête suffisent à faire admettre sa compétence formelle sans préjuger de la véracité des faits allégués ».

Dans deux autres affaires dont elle a eu à connaître il y a quelques années, la Cour a cependant eu de la notion de litispendance comme cause d'irrecevabilité une compréhension assez discutable.

La première était l'affaire « Aziablévi et autres ». Dans ce litige, les requérants se plaignaient de l'impossibilité d'exécuter un jugement rendu le 21 avril 2001 par le Tribunal du Travail de Lomé, confirmé par la Cour d'appel de Lomé le 10 juillet 2003 et condamnant la société Togo Telecom à leur payer diverses sommes au titre de réparation pécuniaire. Le prétexte qui leur était opposé était l'impossibilité d'exécuter ce jugement en raison de l'immunité d'exécution forcée dont bénéficiait ladite société.

Ils sont saisi la Cour Commune de Justice et d'Arbitrage (CCJA) de l'OHADA, laquelle a rejeté leur pourvoi, après que diverses autres décisions de justice togolaises ont constaté cette immunité.

La Cour va critiquer cette immunité au nom de l'égalité devant la loi et de l'égale protection de la loi (article 3 de la Charte africaine des droits de l'homme et des peuples), mais ne va pas se prononcer sur le fond car la CCJA a été saisie :

- **Arrêt du 31 janvier 2012, « Mme Aziablévi Yovo et 31 autres contre Société Togo Telecom et État Togolais » (ECW/CCJ/JUD/04/12) :**

§18 : « Les défendeurs expliquent que les requérants ayant déjà saisi la Cour Commune de Justice et d'Arbitrage de l'OHADA qui a déjà statué, l'article 10 d ii) du Protocole additionnel qui dispose en substance que « la Cour a compétence sur tous les différends en matière de violations de droits de l'homme lorsque la demande n'a pas été portée devant une autre Cour internationale compétente », doit être appliqué et conduire à déclarer irrecevable la requête de Aziablévi Yovo et de ses co-requérants.

§19 : « La Cour relève qu'effectivement la Cour Commune de Justice et d'Arbitrage de l'OHADA, qui est une Cour internationale, a été saisie par les requérants pour obtenir l'exécution de l'arrêt n°27 du 10 juillet 2003 rendue par la Cour d'appel de Lomé.

§20 : « La Cour note que la Cour Commune de Justice et d'Arbitrage de l'OHADA a retenu sa compétence et a déjà statué en cette cause »

§22 : « La Cour, constatant ces faits et rappelant les éléments qui précèdent, d'une part, mais d'autre part constatant que les conditions d'application de l'article 10 d.ii) du Protocole additionnel sont réunies, déclare par conséquent qu'elle se doit de décliner sa compétence à statuer au fond sur la requête à elle soumise par Aziablévi Yovo et ses co-requérants ».

Dans la seconde affaire, la Cour a également conclu à une forme d'impossibilité de connaître du litige tant que la Cour Pénale internationale (CPI) était susceptible de statuer sur la responsabilité individuelle de Mme Simone Ehivet Gbagbo. La Cour évite toute référence à l'exception d'irrecevabilité pour litispendance, et se contente de parler de « sursis à statuer », au nom de « l'intérêt de la justice » mais le résultat reste, de notre point de vue, le même : elle estime que la saisine d'une juridiction internationale l'empêche de connaître de la même affaire, au moins temporairement. Ne serait-ce que parce qu'elle donne l'impression que l'ombre de la notion de litispendance a plané sur la décision qu'elle a rendue, il est important de rapprocher cette jurisprudence de celles qui ont été précédemment citées :

- **Arrêt du 22 février 2013, « Simone Ehivet et Michel Gbgbo contre République de Côte d'Ivoire » (ECW/CCJ/JUD/03/13) :**

§25 et 26 : « La Cour observe que l'affaire concernant Madame Simone Gbagbo a été portée également devant la Cour Pénale Internationale et qu'en raison de l'émission d'un mandat d'arrêt contre elle, sa situation s'apparente à celle de Monsieur Laurent Gbagbo dans laquelle, au demeurant, elle avait décidé qu'il résultait du transfèrement de ce dernier devant la CPI, « un changement de circonstances » qui commande, « dans l'intérêt de la justice », la suspension de la

> procédure jusqu'à la fin de l'instance devant la CPI (décision du 23 mars 2012, « Laurent Gbagbo contre République de Côte d'Ivoire ») ».
>
> La Cour dit alors qu'en l'espèce, elle ne trouve aucun motif pour se départir de sa position antérieure. En conséquence, elle dit qu'il y a lieu de suspendre la procédure à l'encontre de Madame Simone Ehivet Gbagbo jusqu'à la fin de l'instance devant la CPI ».

Sans doute serait-il quelque peu déplacé de faire dire à la Cour ce qu'elle n'a pas dit, aussi bien dans son arrêt 23 mars 2012 que dans celui qui vient d'être cité, du 22 février 2013. Elle ne parle pas, répétons-le, de litispendance proprement dite pour ne pas trancher. Tout indique que c'est du reste pour des raisons pratiques (« intérêt de la justice », « changement de circonstances »…) que la Cour renonce à se saisir des deux affaires.

Néanmoins, il convient, ne serait-ce que du point de vue de l'autre arrêt cité (« Mme Aziablévi Yovo et 31 autres… »), de dire un mot de la conception de la litispendance qui semble se dégager des décisions de la Cour. Il s'agit, on l'a dit, d'une compréhension assez discutable de la notion. Il convient de se demander si la position affichée par la Cour dans cette affaire en particulier ne vire pas à la révérence, voire, à une forme d'obséquiosité déplacée. Dans cette affaire en effet, plusieurs éléments peuvent nous amener à douter de l'existence d'une litispendance, et donc, de l'applicabilité de l'article 10 d ii du Protocole de 2005, disposition expressément citée par le juge communautaire.

La litispendance suppose en effet une concomitance des saisines. Si elle fait problème, au point de devoir conduire une des juridictions à décliner sa compétence, c'est précisément parce qu'elle introduit une forme de suspens, de trouble potentiel qu'il faut au plus vite désamorcer. C'est donc à un stade préliminaire, au niveau de la compétence ou de la recevabilité qu'il faut opérer ce dénouement. Or, dans le cas présent, il est dit, par la Cour de la CEDEAO elle-même, que la CCJA « a retenu sa compétence et déjà statué en cette cause ».

Il en résulte que la simultanéité des saisines fait défaut, alors qu'elle constitue un élément constitutif de la litispendance. Rappelons la définition que donne de ce concept le Dictionnaire de droit international public de J Salmon : « état d'un litige déjà effectivement porté devant une juridiction qui ne l'a pas encore tranché (il est pendant) et qui est porté devant une autre juridiction également compétente pour en connaître »[19].

Un deuxième sujet d'interrogation renvoie toujours à la compréhension de la notion de litispendance. Celle-ci ne suppose en effet pas seulement la concomitance des saisines, elle renvoie aussi à l'identité des parties. Or, en l'espèce, si le litige devant la CCJA oppose certainement les requérants à la société « Togo Telecom », le différend en cause devant la Cour de la CEDEAO ne peut opposer que les requérants et l'État togolais, la jurisprudence constante de la Cour indiquant clairement qu'en matière de contentieux de la violation des droits de l'homme, seul l'État, et personne d'autre, peut être défendeur. Nous n'avons donc pas, en principe, les mêmes plaideurs devant les deux Cours. De ce point de vue aussi, on peut douter de l'existence d'une litispendance et donc, de la pertinence de l'application de l'article 10 d ii) du Protocole de 2005. Rappelons, là également, que c'est la Cour Permanente de Justice Internationale, dans son arrêt du 25 août 1925, « Certains intérêts allemands en Haute Silésie polonaise », qui nous précise que pour qu'il y ait litispendance, il faut, outre « deux demandes identiques » -on y reviendra -, que « les plaideurs » soient « les mêmes »[20].

Enfin, le doute sur la litispendance surgit encore lorsqu'il s'agit d'envisager l'objet même des deux demandes. On vient de voir, selon la CPJI elle-même, que pour qu'il y ait litispendance, il faut que les deux requêtes en concurrence doivent tendre au même but, ou avoir le même objet. Or, devant la CCJA, il est seulement question de l'exécution d'une décision judiciaire nationale, titre de compétence spécifique de cette juridiction, à côté de sa compétence de cassation en général. Mais devant la juridiction de la CEDEAO, la requête tend à la satisfaction d'un « droit de l'homme ». L'objet du litige, du point de vue des *principes*, n'est donc pas le même de part et d'autre. Certes, on dira toujours qu'*en fait*, que les demandes tendent toutes deux à l'exécution, mais le débat ici est surtout un débat sur les principes. Quand on évoque l'identité de l'objet de deux procès, on veut précisément viser l'hypothèse où les deux demandes sont *rigoureusement* les mêmes. Dès lors que devant une instance juridictionnelle il est question de l' « exécution » - titre de compétence spécifique tiré des instruments régissant la CCJA – et devant une autre de « violation des droits de l'homme » - titre résultant d'un autre

[19] Bruxelles, Bruylant, p 670 ; c'est nous qui soulignons.

[20] *Ibid*, p 671.

instrument de la CEDEAO et impliquant des normes de droit international public, liant exclusivement les États -, il est permis de se demander si l'on est en face du même débat, si les enjeux, de part et d'autre, sont les mêmes. Pour cette troisième raison aussi, il est permis de douter de la pertinence du recours à la notion de litispendance et à l'application subséquente de l'article 10 d) ii) du Protocole de 2005.

A côté des règles explicites, que sont les mentions formelles des requêtes et l'exception d'irrecevabilité pour litispendance, il existe des principes « construits » par le juge, qu'il faut à présent voir.

## Paragraphe 2

## Le construit

Ces règles relatives à la recevabilité des demandes sont élaborées soit à partir de rien – ou, si l'on préfère, de la logique ou du bon sens –, comme c'est le cas pour l'exception de chose jugée (A), soit à partir des textes eux-mêmes, à l'image du principe de non-épuisement des voies de recours internes (B).

### A.- Une règle construite *ex-nihilo* : l'exception de chose jugée

Il peut arriver – et c'est arrivé ! – qu'une affaire déjà jugée, soit par un juge national, soit, plus rarement, par la Cour elle-même, soit de nouveau déférée à celle-ci.

Il est difficile, a priori, de donner une seule et unique raison à ce cas de figure assez curieux. L'on peut imaginer, d'abord, que cette saisine nouvelle s'explique par des difficultés d'exécution, qu'un plaideur s'imagine donc que c'est en réussissant à faire de nouveau condamner un État qu'il pourrait parvenir à vaincre l'indifférence ou l'inertie de celui-ci, en faisant le pari plus ou moins avoué que la sentence d'une juridiction internationale est plus «impressionnante » que celle d'une juridiction locale. Il est tout aussi imaginable qu'un requérant, veuille, par ce procédé, « gagner deux fois » le même procès et, ainsi, être par exemple indemnisé aussi bien devant le juge national que devant la Cour, un tel procédé restant bien entendu « déloyal ». Mais peu importent les motivations de cette « saisine sur saisine » : la Cour déclare systématiquement, et quel que soit le cas de figure, la requête irrecevable.

Au reste, qu'il s'agisse du refus de s'instituer juridiction d'appel ou de celui de juger une affaire déjà vidée, le comportement de la Cour de justice de la CEDEAO obéit à la même profonde motivation : respecter les arrêts rendus nationalement, éviter soigneusement d'y 'toucher ». Voilà pourquoi on peut rattacher cette position à différents crédos de la juridiction communautaire : refus d'être une instance de ré examen des décisions nationales, respecter des autres ordres juridiques ou judiciaires, ou tout simplement observation de la règle de procédure plus générale « non bis in idem » suivant lequel on ne peut être jugé deux fois pour le même motif. La réponse de la Cour est logique et irréprochable. Elle oppose toujours l'exception de chose jugée :

- **Arrêt du 12 juin 2012, « Aliyu Tasheku contre République fédérale du Nigéria » (ECW/CCJ/RUL/12/12) :**

Le requérant se plaint d'arrestation et de détention arbitraires, depuis le 20 septembre 2010, en dépit de l'ordonnance de mise en liberté du président du « Magistrate Court » d'Abuja.

Le problème, c'est que la même affaire a été jugée au plan national, et que les demandes du requérant ont été entièrement satisfaites. La Cour va donc déclarer irrecevable la requête introduite devant elle (exception de chose jugée au plan national), non sans avoir correctement posé le problème auparavant.

> §15 : « L'on pourrait s'interroger de savoir si une requête visant à la sauvegarde des droits fondamentaux constitutionnellement reconnus et garantis devant un juge national peut être identifiée à une autre visant la sauvegarde des droits de l'homme internationalement reconnus et garantis devant la Cour de justice de la Communauté Économique des États de l'Afrique de l'Ouest (CEDEAO) »
>
> Le juge va y répondre :
>
> § 11 : « La Cour relève qu'il ressort des pièces versées au dossier par le conseil de la République fédérale du Nigéria, notamment de la décision du 19 mai 2011 précitée, qu'il a été fait droit aux prétentions du requérant lorsque la « High Court » a jugé qu'il y a eu violation (...), a ordonné aux autorités de la police nigériane de présenter Monsieur Aliyu Tasheku à la Cour (« High Court ») le 23 mai 2011 à 2 heures de l'après-midi et lui a accordé une compensation de cinq millions de nairas du fait de la détention illégale (...) »
>
> §19 : « La Cour déduit alors que la requête de Monsieur Aliyu Tasheku contre le Nigéria est essentiellement la même que la requête qu'il a formée devant le juge nigérian et qui a fait l'objet d'un règlement que le requérant ne conteste pas ou ne juge pas insatisfaisant puisqu'il n'a pas interjeté appel devant une autre juridiction nigériane (...). Il ne

soulève également aucun grief nouveau, aucune demande nouvelle susceptible d'emporter l'exercice de la compétence de la Cour des céans. Celle-ci ne saurait juger à nouveau une affaire dans laquelle est déjà intervenue la décision d'une juridiction nationale d'un État membres et contre laquelle n'est élevée aucune contestation. En conséquence, elle juge la requête de Monsieur Aliyu Tasheku irrecevable ».

- **Arrêt du 14 décembre 2012, « Sa'Adatu Umar contre République fédérale du Nigéria » (ECW/CCJ/JUD/17/12) :**

Comme dans l'affaire *« Aliyu Tasheku »* précitée, le requérant cherche à faire rejuger par la Cour une affaire déjà tranchée par le juge nigérian :

§20 : « The Court therefore concludes that, the instant case brought before it, is essentiealy the same as the one earlier taken before the Nigerain judge, wchich was adjudicated upon, and whose settlement, if unsatisfactory, could have led Applicant to file an appeal ; but, this was not the case"

§22: "Consequently, the Court declares that there is no need to consider the case brought before it by Mrs Sa'Adatu Umar on its merit".

Si la Cour fait jouer l'exception de chose jugée au plan national, a fortiori le fait elle lorsque c'est elle-même qui a déjà jugé, comme dans les deux cas qui suivent :

- **arrêt du 23 avril 2015, « Georges Constant Amoussou contre Etat du Bénin » (ECW/CCJ/JUD/05/15) :**

Le requérant a saisi la Cour une première fois, au cours de l'année 2014, il la saisit à nouveau pour l'entendre dire et juger que la rétention exercée sur sa personne en 2010 était une arrestation arbitraire.

L'État défendeur soulève l'irrecevabilité eu égard au fait que la Cour de la CEDEAO a déjà statué sur la question de l'arrestation, par un arrêt du 6 mars 2014.

La Cour va statuer dans le même sens :

§19, 21, 22, 23 p.14 : « Les sollicitations du requérant dans la présente procédure ne sont pas nouvelles pour la Cour ; en effet, elles font partie de celles que la Cour a déjà appréciées en 2014 (…) et pour lesquelles elle a eu à rendre un arrêt en date du 6 mars 2014 (…)

Il est légitime de se poser la question suivante : la Cour, peut-elle connaître d'une affaire qu'elle a déjà jugée ? Les règles générales de droit veulent que la réponse ne soit que négative (...) L'action du requérant ne s'inscrit dans aucune des voies de recours (prévues).

Incontestablement, en l'espèce, il y a autorité de la chose jugée ; or, ce principe interdit aux parties de renouveler devant le juge le différend qui a été déjà tranché ;

Dans ces conditions, il y a lieu de déclarer l'action de M. Amoussou irrecevable ».

- **Arrêt du 24 avril 2015, « Gnassingbe Kpatcha et autres contre République Togolaise » (ECW/CCJ/JUD/08/15) :**

Les requérants se plaignent de ce qu'un arrêt déjà rendu par la Cour (arrêt du 3 juillet 2013) n'ait pas changé leur situation, ils restent tous détenus alors que la Cour avait ordonné leur libération.

La requête sera déclarée irrecevable. Pour la Cour,

§IV.13, 18, 19,20 : « Il ressort (du premier arrêt rendu) que les chefs de demande formulés par les requérants figurent parmi ceux qui ont déjà été appréciés par la Cour et qui ont abouti à l'arrêt (...) en date du 3 juillet 2013 (...)

Il est enfin établi que les faits invoqués sont ceux résultant des événements d'avril 2009 et des suites qui leur ont été réservées (...)

Aussi la Cour doit-elle se poser la question qui suit (...) : peut-elle connaître d'une affaire qu'elle a déjà jugée contradictoirement entre les mêmes parties ?

La Cour a déjà répondu dans une précédente décision (Arrêt (...) du 23 avril 2015, Affaire Georges Constant Amoussou contre État du Bénin) (...)

Il s'ensuit que les requérants à la procédure ayant abouti à l'arrêt (...) en date du 3 juillet 2013 ne peuvent plus valablement attraire l'État du Togo devant la Cour dans la même cause et pour le même objet ».

Les deux cas qui viennent d'être évoqués ont une particularité. La Cour y a soulevé l'exception de chose jugée – d'office dans l'un des cas – pour déclarer la requête irrecevable. Mais elle aurait pu tout autant poser le problème sur le terrain de l'exécution, et aboutir alors à une déclaration d'incompétence. En effet, en saisissant derechef la juridiction communautaire, les requérants ont voulu tout simplement porter à la connaissance de la Cour que l'arrêt qui a été déjà rendu n'avait pas été exécuté, ou avait fait l'objet d'une exécution peu satisfaisante. Rien n'empêchait évidemment la Cour de se placer sur ce terrain de l'exécution, mais le résultat, pour le demandeur, aurait de toute façon été le même, et il n'aurait eu aucune chance de voir la Cour se pencher sur sa requête.

Irrecevabilité ou incompétence, une requête qui revient sur une affaire déjà jugée ne saurait être examinée au fond par les juges.

## B.- Une règle construite à partir des textes : le non-épuisement des voies de recours internes

Il s'agit bien d'une règle induite des textes car, en tant que telle, elle ne figure nulle part, elle n'est pas positivement énoncée. C'est plutôt parce que le Protocole de 2005 notamment n'exige nulle part l'épuisement des voies de recours internes comme préalable à la saisine de la Cour que, logiquement, la Cour affirme régulièrement que sa saisine n'est nullement liée à d'éventuelles procédures nationales pendantes. Les arrêts de la Cour énoncent régulièrement ce trait distinctif du recours en violation de droits de l'homme devant la juridiction de la CEDEAO. Dans un contexte où n'existait ni une solide tradition de protection judiciaire des droits de l'homme, ni même un accès direct des personnes privées à la juridiction internationale – le Protocole de 1998 adopté dans le cadre de l'Organisation de l'Unité Africaine et relatif à la Cour africaine des droits de l'homme et des peuples ne prévoyant de possibilité, pour les personnes privées, de saisir ladite Cour que sous réserve d'une acceptation préalable des États dont elles sont ressortissantes -, l'omission de la règle de l'épuisement des voies de recours internes avait quelque chose de révolutionnaire.

De façon régulière, les conseils des États attraits devant la Cour invoquent cette règle, soit parce qu'ils la considèrent comme une sorte de principe fondamental du contentieux international des droits de l'homme – et témoignent ainsi d'une méconnaissance des règles en vigueur devant la juridiction de la CEDEAO -, soit parce que, dans certaines configurations – notamment dans l'hypothèse où l'affaire, ou des éléments y relatifs sont pendants devant le juge national -, l'épuisement des voies judiciaires nationales leur paraît être une règle de bonne administration judiciaire ou d'évitement d'une potentialité de contrariétés jurisprudentielles, toujours fâcheuses.

Quelles que soient les motivations de ceux qui l'invoquent, la règle de l'épuisement des voies de recours internes demeure cependant systématiquement rejetée par la Cour :

- **Arrêt du 27 octobre 2008, « Dame Hadijatou Manou Koraou contre république du Niger » ECW/CCJ/JUD/06/08) :**

L'État du Niger, pourtant conscient du fait que cette condition de l'épuisement des voies de recours internes ne figure pas dans les textes, demande néanmoins à la Cour de « combler une lacune » en restaurant cette condition. La Cour répond :

> §41 : « Le législateur communautaire CEDEAO s'est sans doute conformé à cet appel en ne faisant pas de la règle de l'épuisement préalable des voies de recours internes, une condition de recevabilité devant la Cour ; le renoncement à une telle règle s'impose à tous les États membres de la CEDEAO et la République du Niger ne saurait s'y soustraire ».
>
> §45 : « En définitive, il n y a donc pas lieu de considérer que l'absence d'épuisement préalable des voies de recours internes comme une lacune que la pratique de la Cour de justice de la Communauté doit combler ; car celle-ci ne saurait, sans violer les droits des individus, leur imposer des conditions et des formalités plus lourdes que celles prévues par les textes communautaires »

- **Arrêt du 8 juillet 2011, « Oceanking Nigeria Ltd contre République du Sénégal » (ECW/CCJ/JUD/07/11) :**

C'est le Sénégal qui a soulevé l'exception préliminaire liée à l'épuisement des voies de recours internes, pour estimer que la Cour était incompétente. Le requérant avait entamé une procédure judiciaire au plan national, et n'a pas épuisé celle-ci.

> §41 : « La Cour a décidé dans une pléthore de jurisprudence, notamment dans les affaires « Prof Etim Moses Essien c République de Gambie (…décision du 29 octobre 2007), « Musa Saidykhan c République de Gambie (…arrêt du 19 décembre 2010) et « Hadidjatou Mani Koraou c République du Niger » que l'épuisement des voies de recours internes n'est pas une condition préalable à la saisine de la Cour pour les cas de violation des droits de l'homme. Par conséquent, le requérant n'a pas besoin d'épuisement des voies de recours internes avant de saisir la Cour »

- **Arrêt du 28 janvier 2014, « Monsieur Alimu Akeem contre République fédérale du Nigéria » (ECW/CCJ/JUD/01/14) :**

> §35 : « La République fédérale du Nigéria se fonde essentiellement sur les dispositions des sections 148,178 et 183 de la loi sur les forces

armées. La section 158 consacre une procédure de nature pénale devant les juridictions militaires ; la section 183 vient en complément et prévoit des mécanismes d'appel (…) »

§39 : « (…) Il est de jurisprudence constante que l'épuisement des voies de recours internes n'est pas une condition de recevabilité des requêtes en violation des droits de l'homme devant la Cour des céans »

- **Arrêt du 23 avril 2015, « Azali Abla et Anor contre République du Bénin » (ECW/CCJ/JUD/01/15) :**

Les requérantes, dont les dossiers ont été « perdus » dans les juridictions béninoises, sollicitent la condamnation de l'État du fait de l'incurie et de l'inertie de ses services judiciaires. L'État défendeur soutient qu'il convient d'attendre que les juges nationaux se prononcent avant toute saisine de la Cour, laquelle répond en ces termes :

§ 25 : « De façon plus précise encore, la Cour estime que la question de l'épuisement des voies de recours internes ne se pose pas devant elle. Elle a eu, dans le passé, à faire justice des thèses qui tendaient à réintroduire cette règle, par le biais d'interprétations diverses, mais qui avaient toutes en commun de ne pas être pertinentes ».

- **Arrêt du 20 avril 2016, « Samba Barry contre République de Côte d'Ivoire » (ECW/CCJ/JUD/06/16) :**

De nationalité burkinabé, le requérant est établi en Côte d'Ivoire. Il a attrait cet État devant la Cour pour inertie de ses autorités administratives et judiciaires contre de présumés responsables de méfaits (vols de troupeau et actes de violence) dont il aurait été victime, les juridictions saisies n'ayant pas agi, et l'État défendeur soutenant qu'il convient d'attendre que celles-ci se prononcent avant toute saisine de la Cour de justice de la CEDEAO :

§IV-6, p.10 : « La Cour réitère cette position en faisant remarquer que le principe de l'épuisement des voies de recours internes avant toute saisine d'une juridiction internationale n'est pas opérant devant elle ;

Par ailleurs, concernant spécifiquement le cas d'espèce, elle souligne que la non-expiration des délais de prescription de l'action publique sur le plan interne ne peut non plus constituer un obstacle à sa saisine ;

Monsieur Samba Barry n'est nullement tenu par les délais de prescription de l'action publique pour donner suite devant la Cour aux violations de droits de l'homme dont il serait victime ;

Il apparaît que la demande de la République de Côte d'Ivoire tendant à déclarer la saisine de Monsieur Barry prématurée ne peut prospérer »

- arrêt du 1er juillet 2016, « Djibril Yepene Bassolé contre État du Burkina Faso » (ECW/CCJ/JUD/22/16) :

p.6 : « En second lieu, l'Etat défendeur a soulevé une exception de litispendance, en faisant valoir que la Cour doit décliner sa compétence dans la mesure où au moment où elle est saisie, des juridictions nationales le sont également.

Sur ce point, il est loisible à la Cour, compte tenu des circonstances de la cause, d'apprécier dans quelle mesure elle doit vider sa saisine. Il reste qu'en principe la saisine du juge national n'empêche nullement la Cour de connaître de la même affaire. Aux termes de l'article du Protocole additionnel de 2005 la régissant, la juridiction communautaire ne voit sa saisine empêchée que par l'introduction de la même demande devant une « autre Cour internationale » (article 10 du Protocole).

Il suit de là que le fait que des juridictions burkinabé connaissent, en tout ou partie, de l'affaire, ne constitue pas un obstacle à la juridiction de la Cour. Dans le même sillage, il faut rappeler que la règle de l'épuisement des voies de recours internes ne s'applique pas devant la Cour ».

# CHAPITRE 3

# L'EXAMEN DU CAS

Au moment même où il doit statuer, le juge est inséré dans un contexte, son intervention vient prendre place dans un certain environnement circonstanciel. Ce contexte est forcément pris en compte (Section 1), avant le déploiement proprement dit de l'office du juge, sur le fond de l'affaire (Section 2).

## SECTION 1

## LE CONTEXTE

L'acte de juridiction demeure toujours un acte éminemment contextuel. Au-delà des données froides des règles juridiques, le juge a le devoir de prêter attention à cet environnement factuel, au cadre général dans lequel son intervention va s'insérer. L'acte de juridiction n'est jamais posé *in* abstracto ; il doit toujours se plier à une nécessité, qui est celle de la pertinence de la décision rendue, de l'impératif de son actualité, de son adéquation aux circonstances qu'elle trouve quand elle survient. La décision du juge doit être opportune, c'est-à-dire être appropriée aux circonstances, de temps notamment. Dans ces conditions, il sera amené à hâter le pas car le cas soumis requiert célérité ou, au contraire, à se faire discret, à renoncer même à sa *juris-dictio* parce les circonstances ont cessé de s'y approprier. Dans le premier cas, il est question d'urgence (Paragraphe 1), et dans le second, de « non-lieu à statuer » ou de « sursis à statuer » (Paragraphe 2) ; la Cour se trouve ainsi soit devant la nécessité de statuer, soit devant celle de ne pas statuer.

### Paragraphe 1

### La nécessité de statuer : l'urgence

La notion d'urgence devant la Cour de justice de la CEDEAO va trouver à s'appliquer principalement dans le cadre de la « procédure accélérée » (A) et dans celui de la demande de mesures conservatoires (B)[21].

## A.- La procédure accélérée

Elle fait l'objet de l'article 59 du Règlement de la Cour. Aux termes de celui-ci,

> « 1. A la demande soit de la partie requérante, soit de la partie défenderesse, le président peut exceptionnellement, sur la base des faits qui lui sont présentés, l'autre partie entendue, décider de soumettre une affaire à une procédure accélérée dérogeant aux dispositions du présent Règlement, lorsque l'urgence particulière de l'affaire exige que la Cour statue dans les plus brefs délais ».

Les dispositions suivantes précisent que la demande tendant à soumettre une affaire à la procédure accélérée est présentée dans un acte séparé de la demande principale ou du mémoire en défense. Le recours à une duplique ou une réplique peut ne pas s'avérer nécessaire, ainsi que l'admission d'une intervention.

Dans sa jurisprudence, la Cour a tantôt admis, tantôt rejeté les demandes qui lui étaient soumises. Au-delà de cette première discrimination, on observe que la jurisprudence est, de façon générale, inégalement démonstrative, expliquant parfois pourquoi elle estime que l'urgence est constituée, omettant allègrement une telle explication dans d'autres cas, ainsi qu'il ressort des énonciations des arrêts rendus.

### 1.- Cas dans lesquels la Cour n'a pas fait droit à la demande

**- Arrêt du 7 octobre 2011, « Cheikh Abdoulaye Mbengue contre République du Mali » (ECW/CCJ/JUD/08/11) :**

> §28 : « La Cour note que cette demande obéit aux conditions formelles déterminées par l'article 59 de son Règlement intérieur ; cependant elle relève l'absence de pertinence des arguments du requérant tendant à justifier une urgence particulière liée à sa situation personnelle, ou familiale et/ou aux faits soumis à l'appréciation de la Cour

---

[21] Ce ne sont pas à vrai dire les seules occurrences de l'urgence. Il existe une troisième figure de l'urgence, qui est celle du sursis à statuer et qui est prévu par l'article 85 du Règlement de la Cour, en ces termes : *La demande tendant à surseoir à l'exécution d'une décision de la Cour ou d'un acte d'une autre institution, présentée en vertu du présent Règlement, est régie par les dispositions du présent chapitre. L'ordonnance qui fait droit à la demande fixe, le cas échéant, la date à laquelle la mesure provisoire cesse ses effets ».*

Aussi la Cour conclut- elle au rejet de la demande tendant à soumettre la requête à la procédure accélérée prévue à l'article 59 de son Règlement intérieur ».

- **Arrêt du 7 octobre 2011, « Madame Ameganvi Manavi Isabelle et autres contre État du Togo » (ECW/CCJ/JUD/09/11) :**

§51 : « (...) La Cour note que les requérants ont respecté la forme de dépôt prescrite par l'article 59, elle relève toutefois que l'urgence particulière prescrite par ce texte n'est pas établie car la simple indication par les requérants de la date des élections pour le renouvellement de l'Assemblée nationale prévues pour septembre 2012 n'est pas pertinente dans la mesure où rien n'empêche les requérants de présenter leur candidature à ces élections à titre personnel ou dans le cadre de leur nouveau parti politique ; aussi la Cour est d'avis qu'il échet de rejeter la demande tendant à soumettre la présente cause à la procédure accélérée »

- **Arrêt du 11 juin 2013, « Agba Sow Bertin contre République du Togo » (ECW/CCJ/JUD/05/13) :**

§ 20 : « La procédure accélérée est accordée lorsque l'urgence particulière de l'affaire exige que la Cour statue dans les plus brefs délais ; le requérant sollicite cette mesure d'urgence compte tenu de sa détention qu'il estime arbitraire et illégale. Mais au moment où la Cour se prononce, la détention du requérant a cessé, puisqu'il a recouvré sa liberté (...)

Que l'urgence qui nécessitait la procédure accélérée a disparu ; qu'il n y a pas lieu de statuer sur la question »

- ***Arrêt du 23 avril 2015, « Tidjani Abdoukarim, Amadou Aly Djibo, Saidou Bakari, Boubacar Mossi contre République du Niger » (ECW/CCJ/JUD/02/15) :***

§ 24 : « Attendu que dans le cas d'espèce, les requérants ne justifient nullement l'urgence nécessitant que la Cour soumette la présente affaire à la procédure accélérée ; que l'argument tiré de l'absence du Président de l'Assemblée nationale ne constitue pas une situation caractérisant une urgence particulière ; qu'il ne s'agit pas là d'un péril grave et irrémédiable pouvant compromettre les droits des requérants »

- **Arrêt du 17 mai 2016, « Monsieur Nguessan Yao contre État de Côte d'Ivoire » (ECW/CCJ/JUD/15/16) :**

§3 : « Par ordonnance n° ECW/CCJ/ORD/03/16 en date du 15 février 2016, le président du panel rejetait ladite demande de procédure accélérée faute d'urgence »

2.- Cas dans lesquels la Cour a fait droit à la demande

- **Arrêt du 8 novembre 2010, « Monsieur Mamadou Tandja contre SE Gén Salou Djibo et l'État du Niger » (ECW/CCJ/JUD/05/10) :**

§18.2 c) : « Que Monsieur Mamadou Tandja, malgré qu'il ait indiqué que ses conditions de détention sont satisfaisantes, a évoqué ses problèmes de santé qui nécessiteraient une visite médicale hors du Niger (…)

Que cette urgence est liée en l'espèce à l'état de santé du requérant indépendamment d'ailleurs du fait de savoir s'il doit être traité au Niger ou à l'extérieur.

Qu'ainsi, la seule mention des problèmes de santé de Monsieur Mamadou Tandja justifie l'application de la procédure accélérée et la Cour y fait droit »

- **Arrêt du 26 janvier 2012, « ElHadji Mame Abdou Gaye contre République du Sénégal » (ECW/CCJ/JUD/03/12) :**

§3 : « A l'audience hors siège de la Cour tenue le 14 novembre 2011 à Porto Nove en République du Bénin, la Cour, après avoir entendu le conseil du requérant sur le bénéfice de la procédure accélérée, et la République du Sénégal en ses observations écrites sur la même question, a rendu l'arrêt avant dire droit en son dispositif ci-après :

« - La Cour ordonne le bénéfice de la procédure accélérée et dit que les parties devront comparaître le 1er décembre 2011 à Abuja à 10 heures pour audition

Dit toutefois qu'elles devront déposer toutes conclusions et échanges d'écritures au plus tard le vendredi 25 novembre 2011 ;

Renvoie cause et parties à cette date ;

Réserve les dépens »

- **Arrêt du 13 juillet 2015, Congrès pour la Démocratie et le Progrès (CDP) et autres contre État du Burkina Faso » (ECW/CCJ/JUD/16/15) :**

§ 15, 16, 17, 18 : « Au sujet de l'incompétence alléguée par le Burkina Faso et tirée du caractère non effectif des violations prétendues, la Cour a toujours considéré qu'elle ne devait, en principe, sanctionner que des violations des droits de l'homme effectives, réelles, avérées, et non des violations possibles, éventuelles ou potentielles. L'on pourrait alors être tenté, dans le cas présent, de s'interroger sur le bien-fondé de son intervention puisqu'au moment où elle est saisie, aucune violation n'est encore commise, aucun cas de rejet effectif de candidature ne lui a été rapporté, aucune candidature individuelle n'a été écartée en vertu des nouvelles dispositions, bref, il n'existe aucun préjudice réel.

Ce serait oublier, comme elle a au demeurant eu à le dire dans le passé, qu'elle peut valablement se préoccuper de violations non encore réalisées, mais très imminentes. En l'espèce, la violation prétendue n'a pas encore été accomplie, mais elle pourrait l'être très prochainement. Le processus électoral, si l'on se fie aux indications données à la Cour, devrait s'ouvrir près de soixante - dix (70) jours avant la date du scrutin, soit, pour des élections prévues le 11 octobre 2015, la date fatidique du 1er août 2015. La Cour est donc saisie dans l'urgence. Dans la configuration présente, si elle devait attendre que des dossiers de candidature soient éventuellement rejetés pour agir, si elle devait attendre l'épuisement des effets d'une transgression pour dire le droit, sa juridiction dans un contexte d'urgence n'aurait aucun sens, les victimes présumées de telles violations se retrouvant alors inexorablement lésées dans la compétition électorale ».

Il ressort de ces diverses jurisprudences un sentiment de contraste, voire d'impressionnisme dans le travail de la Cour. Les cas de figure sont nombreux et divers. Parfois, la Cour accorde ou refuse le bénéfice de la procédure accélérée sans vraiment motiver sa décision, d'autres fois, elle s'épanche un peu plus dans l'explication de son arrêt, et d'autres fois encore, elle escamote le raisonnement en établissant une sorte de présomption de l'existence de l'urgence (affaire « Mamadou Tandja contre État du Niger », s'agissant de l'invocation d'un état de santé) ou de son inexistence (affaire « Madame Ameganvi et autres », s'agissant des ressources dont disposent les requérants en cas de rejet de leur demande). Il serait souhaitable dans tous les cas, que le traitement de l'urgence ne soit pas passé par pertes et profits, et que la Cour prenne soin de justifier amplement le recours à la procédure accélérée quand elle décide d'appliquer celle-ci. L'arrêt rendu dans l'affaire « CDP et autres contre Burkina Faso » constitue toutefois une exception à cette tendance à escamoter la démonstration de l'urgence.

## B.- Les mesures conservatoires

L'urgence est encore présente lorsque, en considération de circonstances données, la Cour décide, avant de se prononcer sur le fond, d'ordonner des mesures « conservatoires » ou « provisoires ».

Les dispositions applicables trouvent alors leur source dans le Protocole A/P1/7/91 et dans le Règlement de la Cour. Au titre du premier instrument, il faut se référer à l'article 20, titré « Ordonnances et instructions provisoires », et qui pose que « la Cour peut, toutes les fois qu'elle est saisie d'un différend, ordonner toutes mesures ou toutes instructions provisoires qu'elle estime nécessaires ou opportunes ». Mais c'est dans le Règlement que se trouvent précisément les références à l'urgence, l'article 79 §1 indiquant que « les demandes visées à l'article 20 du Protocole spécifient l'objet du litige, les circonstances établissant l'urgence, ainsi que les moyens de fait et de droit justifiant à première vue l'octroi de la mesure sollicitée ». Suivent alors les diverses dispositions pratiques que la Cour – et surtout son président – doivent prendre en conséquence. A ce jour, trois arrêts rendus par la Cour au sujet des mesures conservatoires peuvent être cités :

- **Arrêt du 22 février 2013, « Simone Ehivet et Michel Gbagbo contre République de Côte d'Ivoire » (ECW/CCJ/JUD/03/13) :**

§3 et 4 : « Sur demande des requérants et après avoir entendu les parties à l'audience du 22 novembre 2011 tenue à Porto Novo, la Cour a décidé de soumettre l'affaire à une procédure accélérée, en application de l'article 59 de son Règlement.

Le 23 mars 2012, sur requête de Monsieur Michel Gbagbo arguant de menace objective à sa vie, notamment à sa santé, et vu l'urgence, la Cour, en avant-dire-droit, a ordonné à l'État de Côte d'Ivoire, de prendre toutes les mesures nécessaires et appropriées qui s'imposent pour sauvegarder la vie et la santé physique de l'intéressé »[22].

---

[22] En fait, ces deux paragraphes rendent compte de la prise en compte de deux modalités sous lesquelles cette urgence est prise en compte par la Cour. L'une est le recours à la procédure accélérée, conformément à l'article 59 de la Cour. Il va de soi que le motif déterminant d'un tel recours reste l'urgence, ainsi que cet article l'indique expressément : *« lorsque l'urgence*

- **Arrêt du 19 juillet 2013, « Karim Meissa Wade contre République du Sénégal » (ECW/CCJ/JUD/09/13) :**

Le requérant, qui faisait partie du groupe ayant saisi la Cour dans l'affaire « Abdoulaye Baldé et autres contre État du Sénégal », sollicite à nouveau le juge communautaire pour la raison que les autorités sénégalaises n'auraient pas exécuté l'arrêt du 22 février 2013 à travers l'empêchement à quitter le territoire dont il a été victime de la part des autorités sénégalaises, alors qu'il s'apprêtait à quitter le pays. On rappelle que dans un premier temps, la Cour avait ordonné au Sénégal de lever la mesure d'interdiction de quitter le territoire. Au cours des débats, le Sénégal estimera cependant avoir rétabli la légalité en procédant à la notification de la mesure d'interdiction de sortie du territoire aux requérants (§48).

Le requérant, qui estime que le Sénégal a méconnu ses obligations communautaires, sollicite la suspension de celui de toutes les instances de la CEDEAO, entre autres, ainsi que l'indication par la Cour de « toute mesure propre à assurer l'exécution par le Sénégal de l'arrêt rendu par la Cour de justice de la CEDEAO » (§54 ii).

Pour la raison qu'une action en manquement déclenchée par une personne privée est irrecevable, la Cour n'aura pas l'opportunité de se prononcer sur les mesures qui étaient demandées par le requérant. Elle n'évoque donc que subrepticement la question, en rappelant les principes, et même si la formulation choisie aurait sans doute pu être plus heureuse[23] :

> § 34 : « la Cour relève que l'octroi des mesures conservatoires tel qu'il ressort des dispositions de l'article 79 et suivants du Règlement et de la jurisprudence est conditionné tant par la survenance d'un préjudice

---

*particulière de l'affaire exige que la Cour statue dans les plus brefs délais ».* Les requérants, dans la présente affaire, ont bénéficié de cette procédure accélérée. Mais l'urgence peut se traduire par l'indication de mesures données – « mesures d'urgence » précisément -. Dans la présente affaire, les requérants ont également bénéficié de ces dispositions puisque ordre avait été donné aux autorités ivoiriennes de prendre les mesures d'urgence pour préserver l'intégrité physique et la vie de Simone Ehivet et Michel Gbagbo.

23 A vrai dire, la formulation n'est pas très satisfaisante. Il est d'abord clair que l'indication de mesures conservatoires n'est pas *« conditionnée ...par la survenance d'un préjudice grave et irrémédiable... ».* Au contraire, allait-on dire, c'est justement pour éviter que ne survienne un tel préjudice que les mesures conservatoires sont prises par la Cour. C'est ce risque-là qui crée l'urgence à statuer. L'urgence n'est donc pas un facteur autre que le risque de survenance du préjudice ; les deux se confondent en quelque sorte. L'extrait que voilà est également critiquable de ce chef, il présente l'urgence comme une donnée à part, à côté du risque de survenance du préjudice.

grave et irrémédiable résultant des circonstances liées à l'objet du litige que par l'urgence à y statuer provisoirement »

- **Arrêt du 31 janvier 2014, « Association avocats sans frontières – France, Thankgod Ebohs contre République fédérale du Nigéria et Gouvernement de l'État d'Edo » (ECW/CCJ/JUD/18/14) :**

M. Thankgod est de nationalité nigériane. Il été condamné à mort par un tribunal spécial mis en place en 1995 par le Gouvernement militaire de l'époque, et se trouve, au moment des faits, dans le « couloir de la mort ». Alors qu'il n'a pas épuisé ses recours, puisqu'il en a exercé un devant la Cour d'appel de Kaduna, il a été menacé d'exécution (le 24 juin 2013 exactement). Il fait valoir qu'il existe des résolutions de la Commission africaine des droits de l'homme et de l'Assemblée générale des Nations Unies appelant les États à adopter un Moratoire sur l'exécution de la peine de mort. Il sollicite de la Cour qu'elle prenne une « injonction provisoire » suspendant l'exécution de la peine qui le frappe.

La Cour se prononce dans les termes suivants :

§41 : « Il est maintenant bien établi en droit concernant l'application des mesures conservatoires, que certains facteurs doivent être pris en compte pour l'octroi de ces mesures. Tout d'abord, il incombe au tribunal d'examiner si les raisons invoquées (...) indiquent que la situation dans laquelle se trouve le requérant est urgente et d'une extrême gravité au point où il serait nécessaire, pour prévenir des dommages irréparables chez la personne concernée, d'accorder la mesure provisoire (...) »

§45 : « (...) Il y a un besoin urgent pour que la Cour se prononce sur la demande du requérant (...). Son exécution entraînerait une violation de son droit d'interjeter appel de sa condamnation, tel que garanti par l'article 7 de la Charte africaine »

§53 : « (...) La Cour ordonne (...) de surseoir à l'exécution de la peine de mort et le retrait du nom du 2ème requérant de la liste des détenus dans le couloir de la mort »[24].

[24] Le cas de figure fait bien entendu songer à l'affaire *« Lagrand »* devant la Cour Internationale de Justice, dans laquelle il était aussi question de l'imminence de l'exécution de la peine capitale. V. ordonnance en indication de mesures conservatoires de la CIJ, en date du 3 mars 1999 et arrêt du 27 juin 2001.

## Paragraphe 2

## La nécessité de ne pas statuer : le non-lieu ou le sursis (à statuer)

La Cour, à l'instar de beaucoup d'autres juridictions internationales, peut éprouver la nécessité de ne pas juger, de déclarer qu'il n y a pas lieu à trancher les prétentions qui lui sont soumises. Ce cas de figure *a priori* curieux se présente dans deux hypothèses : lorsque les circonstances ayant scellé le différend ont disparu, au point qu'un éventuel arrêt n'aurait aucune prise sur la réalité (A), et lorsqu'un règlement amiable a eu lieu entre temps, rendant évidemment toute intervention judiciaire hors de propos (B). On le voit, dans les deux cas, c'est la dimension sociale de la décision judiciaire, ainsi que sa vocation – mettre fin au trouble que constitue toute action en justice, retourner à la paix d'avant – procès – qui est en cause[25].

### A.- Circonstances litigieuses dépassées

Lorsque l'état de fait qui a donné naissance à l'action en justice disparaît, il n y a plus de raison de juger l'affaire. Cette appréciation opportuniste de l'office du juge a été celle de la Cour dans plusieurs affaires :

- **Arrêt du 9 mai 2011, « Center for Democracy and Development et Center for Defence of Human Rights and Democracy contre Mamadou Tandja et République du Niger » (ECW/CCJ/JUD/05/11) :**

La Cour avait été saisie par une association qui entendait faire condamner le président Tandja pour violation des droits de l'homme, du fait de sa volonté de modifier la Constitution pour se maintenir au pouvoir. Compte tenu cependant de l'évolution de la situation politique au Niger au moment où la Cour se prononce –coup d'État contre le président Tandja, programme de transition politique et de restauration de la démocratie, adoption de la nouvelle Constitution, - l'État du Niger a demandé à la juridiction de mettre fin à l'instance. Il convient de noter que malgré l'évolution de la situation politique au Niger, les requérants

[25] V. sur le sujet l'article intitulé « Le non-lieu à statuer devant la Cour de justice de la CEDEAO », infra, 2ème partie de l'ouvrage.

avaient maintenu leurs demandes « au motif que la décision de la Cour contribuera à dissuader d'autres dirigeants qui auraient l'intention de manipuler les constitutions de leur pays pour s'éterniser au pouvoir » (§34).

Après avoir précisément relevé les différents développements de la situation politique nationale, la Cour conclut :

> §37 : « Au regard de ces événements ultérieurs intervenus et exposés ci-dessus, la Cour conclut que les prétentions formulées par les requérants tendant à la prise de diverses ordonnances interdisant à Monsieur Mamadou Tandja d'organiser un referendum, de modifier la Constitution et de réprimer les marches de protestation sont devenues sans objet, conformément à l'alinéa 2 de l'article 88 précité de son Règlement ».

La Cour a donc souverainement décidé de prononcer un non - lieu à statuer[26].

- **Arrêt du 23 mars 2012, « Laurent, Simone et Michel Gbagbo contre République de Côte d'Ivoire et Alassane Ouattara » (ECW/CCJ/RUL/07/12)**

Les requérants ont saisi la Cour pour contester la validité de leur arrestation et détention à la suite de la crise politique qui a secoué la Côte d'Ivoire en 2010-2011.

Le dépôt de la requête a eu lieu le 20 juillet 2011, une première audience ayant eu lieu à Porto Novo le 22 novembre 2011 a ordonné la jonction des deux instances (celle concernant M Laurent Gbagbo d'une part, et celle de Simone et Michel Gbagbo d'autre part) ; mais le 30 novembre 2011, la Côte d'Ivoire, en exécution du mandat d'arrêt international lancé contre M Gbagbo Laurent par la Chambre

---

[26] L'article 88 alinéa 2 du Règlement de la Cour, à laquelle la Cour s'est référée dans cette décision, est ainsi libellé : *« La Cour peut, à tout moment, d'office, examiner les fins de non-recevoir d'ordre public, ou constater, les parties entendues, que le recours est devenu sans objet et qu'il n y a plus lieu de statuer ; la décision est prise dans les conditions prévues à l'article 87, paragraphes 4 et 5 du présent Règlement ».* Cette disposition semble en effet donner toute latitude à la Cour pour juger de la nécessité de poursuivre ou non l'instance, de juger de la péremption des données qui lui sont soumises. Il est évident que cet imperium ne remet nullement en cause le droit des parties de formuler ou de subséquemment contester une demande de non- lieu à statuer. Au demeurant, il est exigé que la Cour entende les parties avant de prononcer une telle mesure, et on peut raisonnablement supposer que c'est en cette occasion que les plaideurs donneront leur sentiment sur ce point.

préliminaire de la CPI, a décidé de transférer l'ancien chef d'État à La Haye.

Eu égard à ce que la Cour appelle un « fait nouveau », elle va alors ordonner la disjonction des deux instances et ordonner « la suspension de la procédure dans l'affaire Laurent Gbagbo contre Côte d'Ivoire » jusqu'à la fin de l'instance devant la CPI ».

Ici, la « suspension de la procédure » s'analyse bien en une sorte de « non-lieu à statuer provisoire ». La Cour :

> § 36 : « Ordonne la suspension de la procédure dans l'affaire Laurent Gbagbo c Côte d'Ivoire (...) jusqu'à la fin de l'instance devant la CPI ;
>
> Réserve l'examen de l'applicabilité de l'alinéa ii) de l'article 10 d nouveau du Protocole relatif à la Cour pour instruction et décision jusqu'à la reprise de la procédure dans l'affaire Laurent Gbagbo c Côte d'Ivoire (...) »

- **Arrêt du 11 juin 2013, « Agba Sow Bertin contre République du Togo » (ECW/CCJ/JUD/05/13) :**

> § 20 : « La procédure accélérée est accordée lorsque l'urgence particulière de l'affaire exige que la Cour statue dans les plus brefs délais ; le requérant sollicite cette mesure d'urgence compte tenu de sa détention qu'il estime arbitraire et illégale. Mais au moment où la Cour se prononce, la détention du requérant a cessé, puisqu'il a recouvré sa liberté (...)
>
> Que l'urgence qui nécessitait la procédure accélérée a disparu ; qu'il n y a pas lieu de statuer sur la question »

- **Arrêt du 3 juillet 2013, « Monsieur Kpatcha Gnassingbe et autres contre République Togolaise » (ECW/CCJ/JUD/06/13) :**

Au moment où la Cour de justice de la CEDEAO est saisie, la Chambre pénale de la Cour suprême du Togo a rendu un arrêt le 15 septembre 2010, condamnant les requérants, mais la Commission nationale des droits de l'homme, saisie par le Gouvernement, a confirmé que des actes de violence, des traitements cruels, inhumains ou dégradants ont été commis sur les personnes des requérants. L'Etat togolais a par la suite admis l'existence de ces actes de violence mais a contesté la violation de droits comme le droit à la visite, à la santé etc.

> §42 : « La Cour sur ce point donne acte à l'État défendeur de sa reconnaissance des faits et de sa disposition à engager le processus d'indemnisation des victimes des tortures. La Cour retient que cette

reconnaissance par l'État des actes de torture infligés par ses agents et les dispositions prises pour l'indemnisation des victimes emportent la pleine et entière responsabilité de l'État défendeur (...) »

p. 25 : La Cour (...) donne acte à l'État togolais de ce qu'il offre de réparer les dommages subis par les victimes de ces actes de torture »

- **Arrêt du 19 juillet 2013, *« Karim Meissa Wade contre République du Sénégal »* (ECW/CCJ/JUD/09/13) :**

§35 : « La Cour constate en outre que dans le cadre du recours principal dont elle est saisie, les mesures provisoires concrètes sollicitées sont toutes devenues sans objet. En conséquence, la Cour dit qu'à cette étape, il n y a plus lieu à statuer sur les mesures provisoires et écarte des débats tous les arguments, conclusions et demandes du requérant »[27].

- **Arrêt du 14 octobre 2015, « Hope Democratic Party contre République fédérale du Nigéria » (ECW/CCJ/JUD/19/15) :**

Le requérant, un parti politique, saisit la Cour au cours du processus électoral nigérian, qui verra la défaite du Président Goodluck Jonathan et la victoire de M Buhari. Il critique les conditions dans lesquelles le parti de l'ex président aurait été financé. Mais au moment où la Cour se penche sur l'affaire, les élections sont déjà passées. La Cour estime donc qu'il n y a pas lieu de juger l'affaire, en dépit de la volonté persistante du demandeur de voir juger l'affaire, afin de « dissuader », pour l'avenir, d'autres dirigeants politiques. Comme dans l'affaire « Center For Democracy and Development et autres contre État du Niger » précitée, dans laquelle les requérants avaient maintenu leurs demandes « au motif que la décision de la Cour contribuera à dissuader d'autres dirigeants qui auraient l'intention de manipuler les constitutions de leur pays pour s'éterniser au pouvoir » (§34), le requérant, dans ce cas-ci, avait également souhaité que la Cour se prononce malgré tout, pour la même

[27] On aurait certes aimé voir la Cour moins elliptique sur les mesures en question et sur le contexte du litige au moment où elle se prononce. Mais on constate, une fois encore, la liberté de la Cour dans l'appréciation de l'opportunité de sa *juris dictio*. On peut même aller plus loin : c'est sans doute parce qu'elle estime qu'il n y a plus aucun intérêt à parler du passé qu'elle ne donne même pas au lecteur de plus amples informations sur les mesures initialement demandées et sur leur caractère à présent inapproprié.

raison. Mais, souveraine dans l'appréciation des faits et de l'opportunité de juger, la Cour estime qu'il n y a justement pas lieu de juger[28] :

> p.33 : « As for the Plaintiffs, they declared that they wanted their applications to be maintained, on the grounds that the decision of the Court will contribute towards dissuading others leaders who may have the intention of tampering with the Constitution of their country, so as to perpetuate themselves in power ».
>
> p.34: "Therefore, just as this Court determined in the Mamadou Tandja case, this present case is devoid of purpose since President Goodluck Jonathan and his PDP did not win the elctions, hence this instant case has lost its meaning and is hereby ruled to be devoid of purpose, and hence dismissible"

- **Arrêt du 20 octobre 2015, « La Rencontre Africaine pour la Défense des Droits de l'Homme (RADDHO) contre République du Sénégal » (ECW/CCJ/JUD/20/15) :**

La RADDHO a saisi la Cour pour qu'elle ordonne diverses mesures à l'État du Sénégal à la veille de l'élection présidentielle de 2012, marquée par des violences (notamment après la validation de la candidature du Président Wade par le Conseil constitutionnel). Il est entre autres sollicité que la Cour ordonne la suspension de cette élection.

Mais au moment où la Cour statue, les élections sont passées et le Président Wade a été battu. En outre, quelques-unes des mesures sollicitées avaient été déjà adoptées par les nouvelles autorités.

La Cour va décider qu'il n y a plus lieu à statuer[29].

> §33 : « (…) La Cour constate d'une part que la question de la validité de la candidature de Monsieur Abdoulaye Wade et, d'autre part, celle de la demande de suspension de l'élection présidentielle prévue le 26 février 2012 ne sont plus d'actualité ;
>
> §40 : « (…) les actes posés par l'État du Sénégal sont en phase avec les mesures sollicitées par la requérante » ;

---

[28] En fait, il est permis de se demander si la Cour n'aurait tout simplement pas pu déclarer son incompétence, car celle-ci semblait manifeste, et la lecture de l'arrêt rendu le fait bien apparaître…

[29] On peut cependant se demander si elle n'aurait pas conclu à une incompétence ou une irrecevabilité de la demande compte tenu du fait que non seulement on ignore le type de recours dans lequel s'insère la démarche de la RADDHO (violation des droits de l'homme ou recours en manquement ?) mais, à supposer qu'il s'agisse d'un recours en violation des droits de l'homme, la RADDHO ne pouvait prétendre avoir « personnellement » subi un préjudice.

§41 : « (…) Au regard de ce qui précède, la Cour constate que l'action de la RADDHO est devenue sans objet et qu'en conséquence, il échet de dire qu'il n y plus lieu de statuer (…) »

## B.- Règlement amiable

Il s'agit de la seconde occurrence dans laquelle la juridiction communautaire considère qu'il n y a pas lieu de statuer. Une telle conclusion va de soi. La Cour l'a adoptée dans les cas suivants :

- **Arrêt du 9 octobre 2012, « Harouna Warkani, Dr Gueye Abdoulat contre Président de la Commission de la CEDEAO et Commission de la CEDEAO » (ECW/CCJ/JUD/12/12) :**

Un règlement amiable étant intervenu entre les parties – retrait plainte des requérants contre ré- admission de ceux-ci avec levée des sanctions et retour aux avantages d'avant la procédure disciplinaire -, la Cour en prend acte [30]:

« DÉCISION

Les affaires en l'espèce, introduites devant la Cour par les requérants contre le défendeur sont radiées du rôle. La présente décision est rendue conformément aux termes du règlement à l'amiable déposés le 3 octobre 2012, à l'audience publique par l'avocat des requérants et approuvés par les requérants et l'avocat des défendeurs. Les termes du règlement sont joints en annexe. Il n y a pas lieu à dépens.

Ainsi fait, jugé et prononcé par la Cour en son audience publique du mardi 9 octobre 2012 »

- **Arrêt du 30 juin 2015, « Association des Travailleurs Partant Volontaires à la Retraite ATVR contre République du Mali » (ECW/CCJ/JUD/14/15) :**

---

30 Les signatures du juge – unique – et du greffier figurent en bas du document. En annexe, le règlement amiable, signé des avocats des deux parties. Il est toutefois curieux que la décision rendue par la Cour ne cite aucun texte relatif à la procédure qui s'est déroulée. En fait, deux dispositions du Règlement de la Cour étaient pertinentes, toutes deux relatives aux « désistements » : l'article 72 : *« Si, avant que la Cour ait statué, les parties s'accordent sur la solution à donner au litige et si elles informent la Cour qu'elles renoncent à toute prétention, le président ordonne la radiation de l'affaire du rôle et statue sur les dépens conformément aux dispositions de l'article 66 (8), le cas échéant au vu des propositions faites en ce sens par les parties »*, et l'article 73 : *« Si le requérant fait connaître par écrit à la Cour qu'il entend renoncer à l'instance, le président ordonne la radiation de l'affaire du rôle et statue sur les dépens conformément à l'article 66 »*.

Avec la Banque Mondiale, l'État du Mali avait mis en place un programme de départ volontaire de fonctionnaires et pris quelques engagements (paiement de sommes diverses). En 2000, les requérants avaient assigné l'État malien devant le juge interne afin d'obtenir la production de l'Accord - cadre signé avec la Banque mondiale, en vain. Les requérants assignent l'État malien devant la Cour car celui-ci n'aurait pas respecté ses engagements découlant de l'Accord cadre.

La Cour va déclarer l'action irrecevable du fait d'un règlement amiable déjà intervenu :

> p.5 : « Considérant que l'État malien soulève une fin de non-recevoir tirée de la transaction intervenue entre les parties ; qu'en effet (...) il a été décidé d'un commun accord de mette un terme au litige suivant protocole d'accord en date du 18 juillet 200è signé des parties (...) ; qu'ainsi, il y a lieu de faire application des dispositions du code civil malien qui considèrent la transaction comme un mode d'extinction des obligations ».

La Cour ira même assez loin dans son analyse car elle va vérifier le contenu de l'accord ainsi que son exécution. Elle relève alors que le protocole d'accord est bien « le fruit d'une négociation menée à la fois entre le Gouvernement malien, le Conseil national du patronat du Mali agissant ès-qualité de représentante de l'ATVR, dans le but de mettre un terme aux revendications de cette dernière ». Puis, que des sommes ont déjà été versées par le Gouvernement, au profit de 1073 partants à la retraite d'abord. La Cour note également que des lettres de désistement des conseils de l'ATVR en date du 31 janvier 2007 ont été versées au dossier, « que l'État malien a exécuté ses engagements et que 1206 partants volontaires civils et militaires ont bénéficié de la liquidation de leur pension, soit au total 1.208.227.572 F CFA ».

- **Arrêt du 16 février 2016, « Kagbara Bassabi et Babale Philomène contre État du Togo » (ECW/CCJ/JUD/04/16) :**

Les requérants avaient saisi la Cour pour violation de leur droit de propriété et arrestation arbitraire. Mais avant que la Cour ne statue, un règlement amiable est intervenu, il a été porté à la connaissance de la Cour, et les parties l'ont confirmé à l'audience. En conséquence, l'affaire a été radiée, conformément à la demande des parties et en vertu de l'article 72 du Règlement de la Cour.

> §5 à 11 : « Par une correspondance reçue au Greffe de la Cour le 21 janvier 2016, les parties demandaient la radiation de l'affaire

conformément à l'article 72 du Règlement de la Cour, et de dire et juger que partie supportera les dépens ;

(...) L'article 72 du Règlement de la Cour dispose : « Si, avant que la Cour ait statué, les parties s'accordent sur la solution à donner au litige et si elles informent la Cour qu'elles renoncent à toute prétention, le président ordonne la radiation de l'affaire du rôle et statue sur les démens conformément aux dispositions de l'article 66 (8), le cas échéant au vu des propositions faites en ce sens par les parties » ;

(...) En l'espèce les parties, par leur correspondance en date du 11 janvier 2016, informaient la Cour que dans le cadre du litige qui les oppose, un règlement amiable est intervenu entre elles ;

(...) ce règlement a été matérialisé par la signature d'un procès – verbal de conciliation homologué par le Président du Tribunal de première instance de première classe de Lomé le 3à décembre 2015, mettant ainsi fin aux prétentions des requérants ;

(...)Ledit procès – verbal indique que les parties ont convenu ce qui suit : « Pour le règlement de l'affaire qui oppose les parties, la caisse Nationale de Sécurité Sociale (CNSS) accepte de verser au sieur Kagbara Bassabi et à dame Babale Philomène épouse Kagbara, pour solde de tout compte, la somme de vingt millions (20.000.000) FCFA à la signature du présent procès – verbal de conciliation... » ;

(...) A l'audience du 16 avril 2016, les conseils de la CNSS et celui de l'Etat du Togo ont confirmé les termes de la correspondance ci-dessus citée ;

(...) Il échet en conséquence et conformément à l'article 72 du Règlement d'ordonner la radiation de l'affaire du rôle de la Cour ».

Après avoir examiné le contexte dans lequel intervient la saisine de la Cour, et qui peut induire tantôt la nécessité de hâter l'étude du cas, tantôt, au contraire, d'élaguer celui-ci, il faut se pencher sur le sujet même de la saisine.

## SECTION 2

## LE SUJET

Au stade de l'examen au fond, le juge veillera notamment à ce que la requête qui lui est soumise ne confonde pas les genres, et ne se mue pas en un recours contre un État qui aurait violé ses engagements d'États membre de la Communauté. Une chose est en effet d'avoir méconnu un droit invocable par un particulier- sur la base d'une large gamme de textes internationaux -, une autre d'assigner un État pour transgression d'une norme édictée par la CEDEAO. Le procès en violation des droits de l'homme diffère également, sur le plan de ses enjeux et de son objet, du procès national. De ce double point de vue, la particularité de l'instance doit être rappelée par la Cour (Paragraphe 1). Ce préalable posé, la juridiction communautaire pourra alors se prononcer sur les mérites des demandes et, au fur et à mesure, échafauder une œuvre jurisprudentielle dont quelques lignes de force peuvent d'ores et déjà être présentées (Paragraphe 2).

## Paragraphe 1

## La double autonomie du procès : spécificité du recours et objet du litige

La Cour de justice de la CEDEAO, quand elle se penche sur une requête en violation des droits de l'homme, s'attache à insister sur deux principes, qui convergent dans la mesure où ils mettent tous les deux en exergue l'autonomie ou la spécificité du procès en violation des droits de l'homme. Ces principes pouvaient être subsumés dans deux assertions : le recours en violation des droits de l'homme est un recours spécifique, qui ne se confond notamment pas avec le recours en manquement (A), en outre, le procès devant le juge national et le procès devant la Cour n'ont pas le même objet (B). Ce sont ces deux affirmations qu'il faut passer en revue.

### A.- Le recours en violation des droits de l'homme n'est pas le recours en manquement

On l'a indiqué plus haut : le recours en violation des droits de l'homme, dans le contexte de la juridiction de la CEDEAO, reste un contentieux à haute teneur politique. Sans doute est-ce d'abord pour des raisons logiques. En effet, dès lors que, *par principe,* seuls les États sont susceptibles d'être défendeurs dans de tels différends – car eux seuls sont redevables des normes internationales qu'applique alors le juge -, le procès risque de très vite tourner à la mise en accusation politique, surtout si le requérant est, par exemple, un opposant politique, comme cela se produit régulièrement. Cette politisation est incontestablement génératrice de tension, voire de personnalisation du litige soumis à la Cour[31].

Elle a aussi un autre effet dans le déroulement de l'instance. Puisque l'État et ses services, voire son chef, sont perçus comme les responsables, ou même les organisateurs des violations des droits de l'homme, le procès va vite se muer en une mise en cause de la bonne foi - en général - de cet État. La transgression critiquée devant la Cour ne s'analyse plus, comme ce doit être le cas dans un État respectueux d'un minimum de règles, comme un acte pathologique ponctuel, une anomalie passagère, mais plutôt comme une conduite révélatrice d'une tendance à la délinquance, le signe d'une psychologie essentiellement hors-la-loi. Cette disposition d'esprit est accentuée lorsque – c'est également arrivé – l'État condamné par la Cour rechigne à s'exécuter. Ce que le requérant a alors tendance à solliciter de la juridiction, dans un tel contexte général, c'est une forme de stigmatisation de l'État, la reconnaissance par la Cour que celui-ci « n'exécute pas » ou « refuse d'exécuter » ses obligations de membre de la Communauté en général. L'on voit bien comment on passe ainsi de l'évaluation d'un acte ou d'une action – qui est en principe l'enjeu du procès – à la mise à l'index de l'État lui-même.

S'il ne fait pas de doute qu'un État qui persiste à violer des droits de l'homme finit forcément par poser le sérieux problème de son appartenance même à la Communauté, ainsi qu'en témoigne la possibilité de prendre des sanctions contre lui[32], la Cour tient toujours à rappeler l'autonomie de l'instance en violation des droits de l'homme, à rappeler que le recours en violation de droits de l'homme n'est pas un recours en manquement et qu'en tout état de cause, les personnes privées ne sont pas admises à exercer ce dernier :

---

[31] Un fait peut être relevé à cet égard : les requêtes visent parfois individuellement le chef de l'État lui-même, cité alors comme défendeur - dans des affaires qui concernaient le Niger ou la Côte d'Ivoire par exemple -, ce qui constitue évidemment une hérésie juridique au regard des principes que la Cour n'a de cesse de rappeler. Cette subjectivisation du litige révèle bien entendu les arrières – pensées des requérants : ce serait bien le premier magistrat du pays qui serait, de près ou de loin, derrière des violations commises par les services de l'État. Accessoirement, la personnalisation des enjeux du procès traduit aussi le caractère très « présidentialiste » de maints régimes politiques.

[32] Ainsi qu'en témoigne l'Acte additionnel A/SA.13/02/12, adopté le 17 février 2012 par la Conférence des chefs d'État de la Communauté et portant régimes des sanctions à l'encontre des États membres qui n'honorent pas leurs obligations vis-à-vis de la CEDEAO. L'article 1er de l'acte cite l'exécution des décisions de la Cour de justice au titre des obligations des États membres.

- **Arrêt du 18 novembre 2010, « Hisséne Habré contre État du Sénégal » (ECW/CCJ/JUD/06/10) :**

> §33 : « Sur ce point, la Cour estime que s'agissant de manquement à une obligation communautaire par un État membre, le requérant étant une personne physique, n'est pas habilité à saisir la Cour aux termes de l'article 10 du Protocole additionnel ; qu'il échet de rejeter le grief allégué par Monsieur Hissène Habré ».

- **Arrêt du 6 juillet 2012, « Kemi Pinheiro contre République du Ghana » (ECW/CCJ/JUD/11/12) :**

Le requérant, de nationalité nigériane, souhaitait ouvrir un second cabinet d'avocat à Accra mais se voit opposer l'obstacle de la nationalité. Il assigne le Ghana devant la Cour, pour entrave à la liberté de circulation et d'établissement.

> §55 : « La Cour, après avoir entendu les parties en audience publique, dit que le requérant n'a pas la capacité juridique d'intenter une action contre un État membre en manquement à ses obligations découlant de textes communautaires ».

Cette affaire illustre par ailleurs la difficulté dans laquelle peut se trouver un individu, lésé par un manquement d'un État, mais se trouvant dans l'impossibilité de contester judiciairement un tel comportement, précisément parce que le recours en manquement, auquel on songe immédiatement, lui est fermé. Dans le cas présent, et dans un souci pédagogique louable, la Cour va tenter d'esquisser les solutions qui se présentent dans un tel cas de figure :

> §49 : « Par conséquent, le citoyen de la Communauté qui a été victime d'une violation alléguée par un État membre d'un droit inscrit dans le Protocole communautaire ne dispose que de deux alternatives :
>
> a. Demander à son propre État d'assumer la défense de ses intérêts et de déposer un recours devant la Cour de justice de la Communauté contre l'État membre défaillant, conformément à l'article 10 a) ;
>
> b. Décider d'intenter contre l'État membre défaillant une action à propos de la juridiction interne de l'État où la violation alléguée de ses droits a eu lieu »
>
> §50 : « A cette étape, il convient de garder à l'esprit que les tribunaux nationaux sont également des juridictions communautaires, étant donné qu'ils sont compétents pour appliquer le droit communautaire qui fait partie de l'ordre interne »

Cela étant, cette affaire était plus complexe qu'il n'y paraît et recélait de redoutables et stimulantes questions[33].

---

[33] Il faut d'abord commencer par se féliciter du fait que la Cour, dans ce litige, va être amenée à se prononcer sur des normes qui relèvent, authentiquement, de l'intégration. On se plaint souvent que la Cour ne soit pas saisie de questions directement liées à sa vocation originelle, qui est celle d'un juge de l'intégration économique. Elle devrait donc, plus souvent, être amenée à se prononcer sur les questions à soubassement économique, comme la liberté de circulation et d'établissement des personnes et acteurs économiques. Il est certes arrivé que de telles questions fussent soulevées devant le prétoire de la Cour, mais à vrai dire, elles se nichaient derrière la question, plus générale et plus attractive, de violation des droits de l'homme. De sorte que le juge communautaire lui-même ne se prononçait pas vraiment sur cet aspect des requêtes qui lui étaient soumises. On peut citer à cet égard des affaires comme « Afolabi contre Nigéria » (2004) - premier arrêt rendu par la Cour, mais la demande était irrecevable -, « Laurent Gbagbo contre Côte d'Ivoire » (2012) ou « Baldé et autres contre État du Sénégal » (2013 ?). Dans la présente affaire, nous sommes en présence d'une instance qui met véritablement et directement en cause la liberté de circulation et d'établissement dans l'espace communautaire, un avocat nigérian se voyant opposer le critère de la nationalité par les autorités du Ghana qui lui refusent ainsi la possibilité de s'installer aussi dans ce pays.

L'autre aspect de la décision, on l'a dit, porte sur les possibilités procédurales qui étaient offertes à M. Pinheiro pour obtenir satisfaction. La réponse de la Cour, on l'a vu, est axée sur le recours en manquement et sur les conditions de sa mise en œuvre. Il était alors dit que la requête serait vouée à l'irrecevabilité, une telle action en manquement ne pouvant être menée que par un État membre ou par le président de la Commission de la CEDEAO. La Cour ne se contente pas cependant de rejeter la requête, elle indique au passage, les possibilités qui s'offrent à une personne privée désireuse de faire sanctionner un État qui ne respecte pas ses engagements communautaires, abstraction faite du contentieux de violation des droits de l'homme, pour lequel l'individu peut en effet directement saisir la Cour. Au paragraphe 49 de l'arrêt, précité, elle a indiqué ces deux voies. Il convient d'appuyer ces indications et de les nuancer à la fois.

Il ne fait pas de doute, d'abord, et comme le dit la Cour, qu'une personne privée souhaitant assigner en justice un État pour méconnaissance de ses obligations communautaires peut saisir le juge national. Le rappel confine au truisme, mais il est essentiel. L'on a en effet tendance à oublier que le premier juge de la légalité communautaire – et internationale d'ailleurs, plus généralement -, est bien le juge national. Comme la Cour l'indique, le droit communautaire est partie intégrante de l'ordre juridique interne des États membres, dans des conditions au demeurant facilitées par rapport aux règles du droit international général, puisque les mécanismes traditionnels de réception des normes CEDEAO n'existent pas en principe ici – sous réserve qu'il ne soit pas question, notamment, de traités conclus dans le cadre de la Communauté -. Les actes de droit dérivé en particulier, manifestations de volonté unilatérale de l'organisation internationale, entrent directement dans l'ordre juridique des États membres, sous quelques réserves. Tout plaideur est donc admis à en réclamer l'application. L'État membre qui voudrait contrarier cette application de la législation communautaire pourrait bien entendu voir sa responsabilité engagée.

En l'espèce, et faute d'avoir saisi le juge national – mais ne lui aurait-il pas opposé, même à tort, l'exception de nationalité ghanaenne ?- la question se pose de savoir quels recours utiliser devant la Cour de la CEDEAO.

A l'évidence, le recours en manquement est exclu, pour les raisons évoquées plus haut.

La première tentation serait alors de visiter les textes qui stipulent la liberté de circulation et d'établissement. Mais là, deux questions se posent immédiatement : ces textes, existent-ils, on veut dire, existent-ils pour la profession d'avocat, qui est ici en cause ? Cela est un

On retiendra de cette affaire qu'une fois de plus, la Cour a énoncé l'impossibilité pour un particulier de mettre en mouvement le recours en manquement. Elle le fera dans d'autres arrêts :

- **Arrêt du 19 juillet 2013, « Karim Meissa Wade contre État du Sénégal » (ECW/CCJ/JUD/09/13) :**

§83 : « La Cour relève qu'aux termes de l'article 10 précité, le recours en manquement ne peut être introduit que par un État membre ou le président de la Commission de la CEDEAO. EN conséquence, la requête introduite sur un tel objet par une personne physique ou morale autre qu'un État membre et/ou le président de la Commission, doit être déclarée irrecevable pour défaut de qualité »

- **Arrêt du 23 octobre 2015, *« Alternative citoyenne et Roch Gnaoui David contre République du Bénin »* (ECW/CCJ/JUD/21/15) :**

Le requérant a saisi la Cour aux fins de dire que le Bénin a violé les dispositions du Protocole de 2001 sur la démocratie et la bonne gouvernance, en ne prenant pas des mesures relatives à la liste électorale informatisée en vue des élections locales. Il reproche également à la Cour constitutionnelle d'avoir rendu une décision ayant violé le principe de l'interdiction de tout mode de maintien non démocratique des

premier sujet d'interrogation car, on le sait, si les libertés en cause sont des données consubstantielles aux processus d'intégration, s'ils ne fait même de doute que certains d'entre eux existent au sein de la CEDEAO – protocoles de 1979,1986, 1990, sans oublier le Protocole de 1982 sur la citoyenneté -, on sait que la réglementation spécifique de certaines professions, souvent libérales, peut être différée, et intervenir plus tard. Au moment où la Cour est saisie, cette réglementation existe- t- –elle pour les avocats ? La seconde question qui se pose est de savoir, à supposer même que ces textes spéciaux existent, s'ils prévoient la possibilité, pour les particuliers, de saisir la Cour. Aujourd'hui, ce droit individuel de saisine directe n'est prévu, de façon claire, qu'en matière de violation des droits de l'homme. Si les textes en question ne le prévoient pas, il sera évidemment impossible de saisir la Cour dans l'hypothèse qui est la nôtre.

Si cette première piste s'avère, pour une raison ou pour une autre peu féconde, il ne reste plus qu'à insérer l'action dans le contentieux de la violation des droits de l'homme. La question qui surgit alors immédiatement est la suivante : la liberté en cause, s'analyse-t-elle en « droit de l'homme » ? Le débat, contrairement aux apparences, n'est pas théorique ou philosophique. On veut dire par là que la réponse à cette interrogation est purement factuelle : il suffira au plaideur de voir si, dans un texte pertinent, adopté dans le cadre de la CEDEAO ou hors d'elle, il existe une disposition prévoyant ce droit pour le particulier. C'est, à notre avis, le texte qui devrait trancher le débat. Si la liberté en question fait partie d'un catalogue de droits invocable devant la Cour, il ne fait pas de doute, pensons-nous, que le requérant pourra l'invoquer, sans préjudice de la décision finale de la Cour bien entendu.

gouvernements (article 1er et 22 du Protocole précité). D'autres griefs sont articulés contre le Gouvernement et le Parlement.

La Cour va déclarer la requête irrecevable pour défaut de qualité (à intenter un procès en manquement).

§15 et 16 : « (...) Dans le cas d'espèce, le recours des requérants tend à faire constater par la cour de céans, que l'État du Bénin a manqué à ses obligations résultant du Protocole sur la démocratie et la bonne gouvernance ; (...) il s'agit donc d'un recours en manquement ;

(...) Il résulte de l'article 10 a du Protocole additionnel du 19 janvier 2005 que seul un État membre ou le Président de la Commission de la CEDEAO peut saisir la Cour d'un tel recours ;

(...) en application de l'article 10-a ci-dessus cité, il échet de déclarer le présent recours irrecevable pour défaut de qualité des requérants »

- **Arrêt du 17 mai 2016, « Bodjona Pascal A contre République Togolaise » (ECW/CCJ/JUD/10/16) :**

Le requérant, qui avait obtenu satisfaction dans une première décision rendue en 2015 par la Cour, revient pour saisir celle-ci face à la lenteur manifestée par le Togo pour exécuter la sentence du 24 avril 2015. La requête risquait donc d'entraîner la Cour dans l'appréciation de l'exécution des arrêts qu'elle a rendus. Le cas posait aussi en filigrane, on le devine, le problème de la mise en mouvement du recours en manquement par une personne privée.

§23 : La Cour renvoie aux arrêts du 24 avril 2015, rendu dans l'affaire « Gnassingbe Kpatcha et autres contre République Togolaise » (ECW/CCJ/APP/15/14) et du 19 juillet 2013, rendu dans l'affaire « Karim Meissa Wade contre République du Sénégal » (ECW/CCJ/JUD/09/13).

Ces arrêts affirmaient qu'il n'appartient pas à une personne privée de déclencher l'action en manquement.

## B.- Le procès national et le procès devant la Cour n'ont pas le même objet

Il s'agit là d'un point de doctrine très important, aux dimensions et implications multiples, que nous tenterons de passer en revue. Mais il convient d'éviter toute compréhension dogmatique ou figée de cette règle capitale, car nous verrons que si tout rapport hiérarchique entre les juridictions internationale et nationale reste exclu, il peut arriver que la seconde tienne compte d'une décision rendue par la première. Cette interférence sera abordée dans les développements relatifs à la question de l'autonomie des deux procès (chapitre 3, section 2, § 2, A). Pour l'heure, il est seulement question de voir les déclinaisons du principe suivant lequel la Cour de la CEDEAO n'est ni une Cour d'appel, ni une Cour de cassation.

Le cas de figure visé dépasse l'hypothèse, déjà étudiée, dans laquelle le requérant voudrait, de façon directe, faire rejuger l'affaire déjà tranchée par le juge interne. Nous sommes ici dans une configuration plus large et plus subtile, celle dans laquelle le plaideur voudrait reproduire le modèle processuel national, en demandant par exemple à la Cour de dériver son appréciation sur le cas personnel du requérant plutôt que sur la seule question qui vaille : le respect par un État de ses engagements internationaux. Il est assez rare, il faut le reconnaître, que les requêtes s'en tiennent à ce se seul axe de débat. C'est sans doute pourquoi le rappel de la différence d'objet entre le procès national et celui qui a lieu devant la Cour revient comme une ritournelle dans la jurisprudence :

- **Arrêt du 28 janvier 2014, « Monsieur Alimu Akeem contre République fédérale du Nigéria » (ECW/CCJ/JUD/01/14) :**

§40 : « La Cour relève qu'il appartient à la juridiction pénale militaire devant laquelle Alimu Akeem comparaît de déterminer la culpabilité de ce dernier pour les faits survenus dans le cadre de l'exercice de ses fonctions. La Cour de céans n'est pas saisie des mêmes faits. Elle l'est plutôt à l'égard, d'une part, de sa détention, ordonnée dans le cadre de ladite procédure pénale, que le requérant juge longue, illégale, contraire à la dignité humaine et surtout contraire à l'article 6 de la charte africaine des droits de l'homme et des peuples et, d'autre part, de tortures physiques alléguées qui seraient contraires à l'article 5 de ladite Charte »

§41 : « De même, pour la Cour de céans, dans les circonstances actuelles, les constats ou les conclusions établis ou à établir par les juridictions militaires nigérianes saisies pour déterminer la culpabilité et condamner Alimu Akeem ne présentent pas un caractère déterminant dans l'appréciation des griefs et des demandes du requérant formulés dans le cadre de la requête qu'elle examine, une telle requête n'ayant au demeurant aucune connotation pénale. Dans ces conditions, la nature pénale de l'action engagée contre Alimu

Akeem au Nigéria ne peut être accueillie comme motif d'irrecevabilité de la requête dont elle est saisie »

§42 : « (…) En l'espèce, la Cour n'est pas saisie pour ré examiner les jugements de la General Court Martial qui a déterminé la culpabilité d'Alimu Akeem ; elle est plutôt saisie des violations des droits de l'homme alléguées dans le cadre de cette procédure »

- **Arrêt du 23 avril 2015, « Georges Constant Amoussou contre État du Bénin » (ECW/CCJ/JUD/05/15) :**

Le requérant a été arrêté à la suite d'un scandale financier, et incarcéré. Il a saisi la Cour une première fois, au cours de l'année 2014 ; il la saisit à nouveau pour l'entendre dire et juger que la rétention exercée sur sa personne en 2010 était une arrestation arbitraire. Auparavant, il avait saisi la Cour constitutionnelle du Bénin (septembre 2010).

§ IV.20, p.14 : « Par ailleurs, les appréciations qu'une juridiction nationale, fût-elle constitutionnelle, donne des faits sur lesquels la Cour de céans s'est déjà prononcée, ne s'imposent pas à elle au point de remettre en question sa jurisprudence ».

- **Arrêt du 30 juin 2015, « Monsieur Bourama Sininta et 119 autres contre État du Mali » (ECW/CCJ/JUD/13/15) :**

IV.13, p.10 : Le Mali estime que l'abrogation de la loi nationale sur laquelle se fonde la requête doit constituer, pour la Cour, un motif d'irrecevabilité de celle-ci.

« La Cour fait remarquer que la recevabilité d'une requête devant elle n'est pas déterminée par les normes nationales des États membres ;

Les conditions de recevabilité d'une requête en matière de violation des droits de l'homme devant la Cour de justice de la Communauté CEDEAO sont fixées par les dispositions de l'article 10.d du Protocole additionnel (A/SP.1/01/05)(…) »

- **Arrêt du 30 juin 2015, « 167 ex agents de la SONIDEP représentés par Eli Haggar et B Kanfideni contre État du Niger et SONIDEP » (ECW/CCJ/JUD/15/15) :**

Les requérants se sont vus proposer un programme de départ négocié par la SONIDEP, mais estimant avoir été abusés par celle-ci, et après avoir vainement saisi le juge national, ont décidé de porter leur action devant la Cour.

§IV.4, 6, 7 : « La saisine des juridictions nationales est-elle source d'irrecevabilité d'une requête ? (...)

L'accès préalable à une juridiction nationale ne peut (...) constituer un motif d'irrecevabilité devant la Cour de justice de la Communauté (...)

Au demeurant, la Cour a toujours reçu les requêtes et retenu sa compétence même en cas de saisine préalable d'une juridiction nationale. Il en a été ainsi dans la procédure El Hadji Mame Abdou Gaye contre la République du Sénégal (...) ».

- **Arrêt du 13 juillet 2015, « Congrès pour la Démocratie et le Progrès (CDP) et autres contre État du Burkina Faso » (ECW/CCJ/JUD/16/15) :**

§ 27 : « La Cour (...) continue à considérer que, pas plus dans cette affaire que dans d'autres qui l'ont précédée, sa fonction ne consiste à découvrir l'intention du législateur national, ou de concurrencer les juridictions nationales sur leur propre terrain, qui est celui de l'interprétation des textes nationaux précisément. Mais la Cour retrouve sa compétence dès lors que l'interprétation ou l'application d'un texte national a pour objet ou pour effet de priver des citoyens de droits tirés d'instruments internationaux auxquels le Burkina Faso est partie ».

- **Arrêt du 6 octobre 2015, « Maître Djelou Kodjovi, Maître Akumani Koffi et Madame Alipui Ablavi contre Etat du Togo » (ECW/CCJ/JUD/17/15) :**

§22 : « Sur ce point, la Cour rappelle que si, par principe, elle n'a pas pour vocation de revoir les motifs d'une décision rendue au sein d'un Etat, dans la mesure où elle n'est ni juge de la légalité nationale au sens large, ni instance d'appel ou de cassation, il n'en demeure pas moins qu'il lui incombe (de) tirer (de l'application de ce droit national) un certain nombre de conséquences sur le terrain des droits de l'homme »

- **Arrêt du 30 novembre 2015, « Stella Ifeoma Nnalue et 20 autres contre République fédérale du Nigéria » (ECW/CCJ/JUD/24/15) :**

p. 5 : « Dans ses écritures datées du 18 décembre 2012 et déposées devant la Cour le 19 décembre 2012, la partie défenderesse, c'est-à-dire l'Etat du Nigéria, soulève une exception préliminaire aux termes de laquelle l'action entreprise devant la Cour de justice de la CEDEAO serait irrecevable puisque les demandeurs ont déjà saisi la juridiction nigériane (Federal High Court), laquelle aurait rejeté la demande qui lui a été soumise. Pour leur part, ces demandeurs soutiennent que les deux procès – celui qui a eu lieu devant la juridiction nigériane et celui qui est porté devant la Cour de la CEDEAO- seraient différents et qu'il ne saurait donc être question que la Cour rejette leur demande au motif qu'une même affaire ne peut être jugée deux fois.

La Cour considère alors que son devoir consiste à examiner si les deux instances ont le même objet. Il apparaît à cet égard que si les faits en cause restent indubitablement les mêmes, les fondements des deux actions en justice diffèrent fortement. Devant le juge national nigérian, il s'agissait de solliciter la répression d'une infraction pénale (meurtres ou assassinats présumés de personnes), alors qu'il est question, devant la Cour de la Communauté, de reconnaître la violation de droits humains et, dans l'hypothèse où de telles violations seraient reconnues, d'obtenir réparation du préjudice subi.

Les fondements textuels des deux actions diffèrent également. Devant la juridiction nigériane, il s'agissait de demander l'application de dispositions pénales nationales réprimant le crime alors qu'il est question, devant la Cour de la CEDEAO, de la violation présumée de droits humains, lesquels sont tirés essentiellement, de la Charte africaine des droits de l'homme et des peuples à laquelle le Nigéria est partie.

Les deux actions entreprises sont donc autonomes, elles ne se chevauchent pas, ne confondent pas. De la même manière, la Cour considère qu'en connaissant de la présente affaire, elle ne se comporte pas en juge d'appel, puisqu'elle n'est pas saisie sur le même fondement que le juge nigérian. La notion d' « appel » suppose que la même affaire soit transférée à une juridiction supérieure, qui serait appelée à juger les mêmes faits et à apprécier les mêmes arguments des parties. Tel n'est pas le cas ici.

La Cour considère donc qu'on ne peut sérieusement soutenir la thèse d'une identité complète des deux procès, et qu'on ne peut, dès lors, contester le droit des requérants à s'adresser à elle. Pour cette raison, elle considère l'exception préliminaire soulevée par l'État du Nigéria comme mal fondée et admet l'action menée par les requérants comme recevable ».

- **Arrêt du 4 octobre 2016, « Col. Mohammed Sambo Dasuki (RTD) v. The Federal Republic of Nigeria » (ECW/CCJ/JUD/23/16):**

Le requérant, ancien conseiller à la sécurité du Président G Jonathan, battu aux élections de 2015, a été arrêté pour « corruption ». Cependant, faute de notification légale des charges qui pèsent sur lui, des juridictions nationales ont ordonné sa libération.

La Cour va juger dans le même sens :

> p.23 : "It is a well-established fact that this Court does not have criminal jurisdiction as has been held in a plethora of its decisions. The allegation misappropriation of funds and unlawful possession of ammunition is not before this Court and even it is, the Court lacks jurisdiction to entertain same.
>
> We are therefore not deciding on the guilty or otherwise of the Applicant on the charges before the National Court and has only assumed jurisdiction based on the facts before it to establish whether the human rights of the Applicant as alleged has been violated."

Cela étant, il convient de faire une précision très importante au sujet de l'autonomie du procès international par rapport à l'instance nationale. Il serait en effet certainement excessif d'entrevoir ces deux champs comme deux parallèles condamnés à ne jamais se rencontrer, comme deux sphères séparées de façon rigoureusement étanche. Par le jeu de la règle déjà vue du non épuisement des voies de recours internes, une décision de la Cour de la CEDEAO veut en effet interférer sur une procédure judiciaire nationale en cours ou même à venir, télescopage que le système classique d'épuisement des voies de recours internes ne connaît pas, par définition.

Dans une telle hypothèse, le principe d'autonomie des deux procès subsiste, mais il faut l'assortir de deux réserves.

D'un point de vue *législatif* d'abord, rien n'interdit à une autorité nationale d'estimer qu' une décision de la Cour de la CEDEAO nécessite un réaménagement législatif, précisément parce que c'est la loi nationale qui est la source de la violation et que, tant que celle-ci subsiste, il existe de fortes probabilités de violations ultérieures. Nous sommes ici dans la configuration qui a justifié le recours à la technique récente des « arrêts-pilotes » bien connus du système européen de protection des droits de l'homme. L'on est donc dans le cas où des changements législatifs souhaitables dérivent directement d'une jurisprudence internationale. Nous avons même plaidé pour qu'à terme, la Cour exerce un contrôle sur les législations nationales problématiques, ce qui ne se fait pas à l'heure actuelle.

D'un point de vue *judiciaire ou jurisprudentiel* ensuite, un arrêt de la Cour communautaire peut imprégner une décision judiciaire nationale, en ce que le juge interne choisira précisément de tenir pleinement compte de l'arrêt en question. Le principe d'autonomie des procès ne s'oppose pas, tant s'en faut, à cette autre modalité de prise en considération de la jurisprudence communautaire. Cette prise en compte -là développe des effets drastiques dans la mesure où, reposant sur une espèce de théorie de l'effet utile de la décision judiciaire internationale, elle tire l'intégralité des conséquences de celle-ci. Cette approche drastique est aussi prophylactique et c'est cela sa principale vertu : en neutralisant les toxines de la violation dénoncée par la Cour supra nationale, elle purge le procès national de ses vices ou faiblesses et, en dernière analyse, assainit l'ordre juridique en même temps qu'elle démontre la volonté de l'Etat et de ses organes de porter la sauvegarde des droits de l'homme à un certain niveau d'exigence qualitative.

Il résulte de tous ces développements que la doctrine de la séparation des instances nationale et internationale doit être relativisée. Elle doit d'autant plus l'être que, s'agissant de la Cour de la CEDEAO, l'absence de la classique règle de l'épuisement des voies de recours internes est fortement susceptible de créer des chevauchements ou des interférences entre les deux.

Il existe donc un moyen radical d'éviter de telles interactions qui peuvent être fâcheuses pour le principe de la séparation des rôles du juge national et du juge international. Ce serait d'établir le principe de l'épuisement des voies de recours internes, bien connu de beaucoup de systèmes internationaux de protection des droits de l'homme.

## Paragraphe 2

## Inventaire de quelques constantes

Au bout de quelques années de pratique, en tant que juridiction internationale chargée de sanctionner la violation de droits de l'homme, il est possible de dégager quelques lignes de force dans la jurisprudence de la Cour de la CEDEAO. A vrai dire, les éléments jurisprudentiels choisis ici résultent d'un choix personnel, - mais qu'on a voulu, dans la mesure du possible, non arbitraire -. Au demeurant, ce travail de recension reste « historiquement situé », donc sujet à remaniement, eu égard aux potentialités d'évolution de la jurisprudence. Il est possible – il est même souhaitable – que dans quelques temps, d'autres lignes de force jurisprudentielles se fassent jour, ce qui serait la meilleure preuve que la protection judiciaire des droits connaît des avancées et que, des terres ayant été conquises, la sauvegarde judiciaire des droits s'est assignée de nouvelles tâches, s'est tournée vers d'autres horizons. L'on a bien évoqué, dans le propos introductif de cet ouvrage, quelques marges de progrès, quelques virtualités de conquête qui pouvaient être celles de la jurisprudence communautaire.

Cela étant, il importe de relever que dans une jurisprudence relativement jeune, les acquis - qui ne sont pas nécessairement des apports révolutionnaires ou très originaux mais qu'il ne faut pas négliger dans le contexte d'une juridiction naissante -, pourraient, sous quelques réserves[34], être regroupés en deux catégories : ceux qui sont de portée formelle et ceux qui sont de portée substantielle, ceux qui ressortent d'une sorte de discours de la méthode judiciaire, impératifs en vigueur devant la Cour et que les plaideurs gagneraient à connaître (A) et, d'autre part, quelques droits affirmés à l'intention des justiciables, fait très intéressant, mais à l'égard duquel il faut rester lucide et éviter, pour l'heure, de s'illusionner l'ancrage ou l'irréversibilité (B).

### A.- Prolégomènes d'un discours de la méthode judiciaire

Trois éléments peuvent être relevés à ce titre : l'affirmation d'un pouvoir judiciaire de requalification des faits et des recours, d'un contrôle de finalité ou de proportionnalité des mesures restrictives des droits et la nécessité d'étayer les griefs de violation des droits de l'homme.

Le pouvoir de requalification des faits et des recours a pu être observé dans les décisions suivantes :

---

[34] La dichotomie choisie est, il faut le concéder, quelque peu discutable dans la mesure où ce qui est présenté au titre du d »discours de la méthode » peut tout aussi bien relever de « droits acquis » ou en voie d'acquisition. Il est clair, par exemple, que le contrôle de finalité ou de proportionnalité peut tantôt être qualifié de règle méthodologique (du juge), tantôt rattaché à des droits de la personne (car il s'agit toujours de réduire le pouvoir ou la liberté de l'auteur de la mesure litigieuse). On voudra donc bien pardonner les limites de la distinction proposée.

- **Arrêt du 13 mars 2012, « Mme Isabelle Manavi Ameganvi et autres contre État du Togo » (ECW/CCJ/JUD/06/12) :**

Cette requête fait suite à l'arrêt déjà rendu par la Cour de la CEDEAO le 7 octobre 2011. Elle se présente sous la forme d'un « recours en révision », car la Cour n'aurait pas statué sur une des demandes formulées par les requérants : leur réintégration à l'Assemblée nationale. La Cour commence par rectifier :

> §10 : Elle qualifie la requête de « demande en omission de statuer », et non de « recours en révision »
>
> §19 : « Dit qu'il n y a pas omission de statuer, et que la Cour n'a pas à ordonner la réintégration des requérants à l'Assemblée nationale togolaise dont la perte des sièges de député a été constatée par la Cour constitutionnelle »

- **Arrêt du 23 avril 2015, « Georges Amoussou Constant contre État du Bénin » (ECW/CCJ/JUD/05/15) :**

Il s'agit d'une requête en interprétation, mais la Cour, usant de son pouvoir souverain de qualification, déclare la demande mal fondée :

> § IV.5, 8,11 : « C'est donc dans le but de contourner la forclusion édictée par l'article 63 du Règlement de la Cour de justice de la Communauté CEDEAO que le requérant a cru devoir initier une procédure en interprétation (...) ;
>
> Les motivations de la Cour sont (...) on ne peut plus claires et précises ;
>
> Elles n'ont certainement pas emporté la conviction de Monsieur Amoussou mais elles ne peuvent revêtir d'autres sens que ceux indiqués dans l'arrêt ;
>
> Dans tous les cas, la Cour n'est pas tenue d'avoir la même appréciation des faits que Monsieur Amoussou (...)
>
> (...) En l'espèce, le requérant n'a indiqué aucune partie du dispositif de l'arrêt à interpréter ;
>
> La demande de Monsieur Amoussou tend à amener la Cour à revenir sur les motivations de l'arrêt du 6 mars 2014, à adopter les siennes et ainsi à remettre en question la décision ;
>
> Mais cela ne peut être la finalité d'un recours en interprétation ».

Quant au contrôle de la finalité ou de la proportionnalité des mesures litigieuses, il a été exercé par la Cour dans les arrêts suivants :

- **Arrêt du 31 octobre 2012, « Badini Salfo contre République du Faso » (ECW/CCJ/JUD/13/12) :**

§21 : « ...La détention arbitraire est toute forme de privation de liberté intervenue sans motifs légitimes ou raisonnables et en violation des conditions prévues par la loi. L'un ou la totalité de ces éléments peut venir à manquer lorsque la détention au départ non arbitraire se prolonge. Elle débouche ainsi sur une détention abusive » (§21).

- **Arrêt du 22 février 2013, « Simone Ehivet et Michel Gbagbo contre République de Côte d'Ivoire » (ECW/CCJ/JUD/03/13)** :

L'Etat de Côte d'Ivoire a argué l'existence de « circonstances exceptionnelles » et la paralysie des institutions au cours de la période en cause. La Cour répond en s'intéressant au Pacte international sur les droits civils et politiques, dont les articles 4 et 12.3 se rapportent aux cas de « circonstances exceptionnelles », ainsi que l'Observation générale n°29 (72$^{ème}$ session du Comité des droits de l'homme) relative aux dérogations en période d'état d'urgence. Elle déclare :

§70 : « A la lumière de ces principes, la Cour est d'avis que la République de Côte d'Ivoire, même en invoquant les circonstances exceptionnelles, n'a pas agi conformément aux dispositions de l'article 4 du PIDCP et de l'article 48 de la Constitution ivoirienne »

§77 : « La Cour est d'avis que ces faisceaux d'éléments solidement établis sont de nature à l'amener à conclure que la copie du décret produite par la République de Côte d'Ivoire ne peut en aucun cas être admis comme l'acte juridique pris sur les fondements invoqués et destinés à produire les effets de droit dont se prévaut la défenderesse (...) »

§78 : « La Cour relève que la République de Côte d'Ivoire ne montre pas par ailleurs qu'en se conformant à la légalité, elle n'aurait pas pu atteindre les fins politiques légitimes qu'impose la gestion d'une crise politique de cette nature, à savoir : sauvegarder l'intérêt public et ramener la paix et la sécurité en Côte d'Ivoire. En effet, même dans le cadre des circonstances exceptionnelles, l'assouplissement du principe de légalité se fait dans le respect des lois nationales ; au demeurant, au regard de l'article 6 de la Charte (africaine des droits de l'homme et des peuples), l'interdiction de l'arrestation et de la détention arbitraires étant absolue, l'Etat de Côte d'Ivoire ne peut détenir un citoyen de façon arbitraire ».

- **Arrêt du 22 février 2013, « Messieurs Abdoulaye Baldé et autres contre État du Sénégal » (ECW/CCJ/JUD/04/13) :**

Les requérants, dignitaires du régime défait par les urnes en mars 2012, ont fait par la suite l'objet de poursuites judiciaires, avec une mesure d'interdiction de sortie du territoire. Ils contestent ces charges devant la Cour, ainsi que l'application de la législation relative à la Cour de répression de l'enrichissement illicite, ce à quoi les juges répondent :

> §58 : « La Cour estime sur ce point que même si la mesure de restriction s'avère nécessaire, elle doit être prise en vertu d'une loi ou d'une décision judiciaire ; et que même prise dans ces conditions, elle ne doit pas être disproportionnée par rapport au but recherché ».

- **Arrêt du 6 novembre 2013, « M. Chude Mba contre République du Ghana » (ECW/CCJ/JUD/10/13) :**

Le requérant, de nationalité nigériane et britannique, saisit la Cour pour se plaindre du préjudice consécutif à l'injonction d'arrêter les travaux de deux tours jumelles, injonction venant de l'Autorité de l'Aviation civile du Ghana, alors que les travaux étaient exécutés à près de 80%. Les autorités ghanaennes procéderont plus tard à l'arrestation du requérant pour « blanchiment d'argent ». Pour la Cour,

> §89 : « Le but d'une détention aux fins d'interrogatoire est d'approfondir une enquête (...) en confirmant ou en levant des soupçons à l'origine de la détention. Toutefois, le soupçon doit se fonder sur des motifs plausibles afin d'éviter l'arrestation et la détention arbitraires »

- **Arrêt du 24 avril 2015, « Bodjona A Pascal contre République du Togo » (ECW/CCJ/JUD/06/15) :**

> § 45, 46, 47 et 50 : « La Cour reste bien consciente qu'une plainte pour complicité d'escroquerie vise M. Bodjona, et que dans le cadre des investigations nécessitées par cette plainte, celui-ci peut bien voir sa liberté restreinte, voire, que lui-même fasse l'objet d'une détention. Mais il est impératif que ces contrariétés aient lieu dans le respect des procédures légales et la garantie des droits du justiciable. Il est surtout fondamental que la procédure soit menée de façon à réduire les délais de jugement, et à fixer définitivement le prévenu ou le suspect sur son sort. Sur ce point, la Cour constate qu'aucun élément précis et décisif n'est versé au dossier, qui soit de nature à justifier la prolongation de la détention de M. Bodjona. Tout au long de ses écritures, l'Etat du Togo se borne à affirmer que celui-ci « a été inculpé et cette mise en examen

a été motivée par l'existence des indices graves et concordants de culpabilité » (p 8 du mémoire en réponse), ou encore qu'il existe « des raisons plausibles qu'il a commis une infraction » (p 9 du mémoire en réponse), sans jamais spécifier ces « indices » ou ces « raisons ».

La Cour ne peut, des mois après la mise en détention du requérant, se satisfaire d'éléments aussi imprécis pour justifier la prolongation de cette dernière. Elle doit à ce stade rappeler sa jurisprudence en la matière.

Dans l'affaire « M. Chude Mba et République du Ghana » (arrêt du 6 novembre 2013), la Cour, qui conclut à la violation des droits du requérant, a noté que « le but d'une détention aux fins d'interrogatoire est d'approfondir une enquête d'ordre criminel en confirmant ou en levant des soupçons à l'origine de la détention. Toutefois, le soupçon doit se fonder sur des motifs plausibles afin d'éviter l'arrestation et la détention arbitraires » (§ 88 et 89). La Cour, renvoyant à la jurisprudence de la Cour européenne des droits de l'homme sur la notion de « soupçon plausible », ajoutait que « certains faits ou renseignements doivent au moins être disponibles à la Cour, propres à la convaincre que l'individu en cause peut avoir réellement accompli l'infraction » (§90). Enfin, la Cour, se référant toujours la jurisprudence européenne, a ajouté que « soupçon plausible signifie l'existence de faits ou renseignements susceptibles de persuader un observateur objectif que l'individu en cause peut avoir commis l'infraction » (§91).

(…)

Mais lorsque l'enquête perdure indument, lorsque les procédures se succèdent sans que, sur le fond, des éléments à charge soient apportés au dossier, il y a un risque sérieux qu'une détention pourvue au départ d'une base légale, finisse par devenir arbitraire… »

- **Arrêt du 16 février 2016, « Konso Kokou Parounam contre République du Togo » (ECW/CCJ/JUD/02/16) :**

Le requérant, ancien militaire, avait été interpellé pour disparition de deux armes à la suite d'une passation de service. Il a, en vain, essayé d'expliquer qu'au moins l'une des armes ayant disparu était la propriété personnelle d'un officier supérieur ; il a été transféré et détenu à l'Agence nationale de renseignements et interrogé. Pendant deux ans (décembre 2009-décembre 2011), il est resté détenu. Pour les juges :

§40 : « Il apparaît manifeste que la détention du requérant dans les locaux de la SRI est abusive en ce sens que l'État togolais n'a fourni aucun élément pouvant justifier que la gendarmerie puisse, sur la base d'un simple soupçon d'infraction, garder une personne dans ses locaux pendant plusieurs mois avant de se résoudre à la présenter devant un juge ».

Il n'est certainement pas déplacé de voir dans le traitement que la Cour de justice de la CEDEAO a réservé aux lois d'amnistie une manifestation supplémentaire du contrôle de finalité ou de proportionnalité. Les juges ont en effet borné cette sorte de pouvoir d'abolir le passé qui est celui des gouvernants quand ils décident d'amnistier des faits donnés, ils l'ont fait dans deux arrêts, le second étant plus systématique et plus circonstancié que le premier :

- **Arrêt du 8 février 2011, « Sidi Amar Ibrahim et autres contre république du Niger » (ECW/CCJ/JUD/02/11) :**

Il était demandé à la Cour d'ordonner à l'État du Niger de rechercher et juger les auteurs des faits en cause. Celui-ci a opposé à cette demande la loi d'amnistie résultant de l'ordonnance du 23 octobre 2009 (notamment ses articles 1er, 2 et 3). La réponse judiciaire est la suivante :

> §51 : « Toutefois, la Cour se doit de rappeler que la doctrine et la jurisprudence internationales en la matière, admettent exceptionnellement que pour les violations graves et massives des droits fondamentaux de l'homme, tels que consacrés par la coutume et les instruments pertinents des droits de l'homme, retenir l'application de la loi d'amnistie équivaut à supprimer le droit à un recours effectif devant les tribunaux compétents » (Chambre d'appel de la Special Court of Sierra Leone, décision du 14 mars 2004, aff Kallon et Kamara, SCLS-04-15-060-1SCSL-04-15-PT-060-II, 14 mars 2004) ; Affaire Barious Altos, Cour interaméricaine des droits de l'homme, judgment of november 30 2002 (séries C n°87 cases Barious Altos Vs Peru)
>
> §52 : « A cet égard, la Cour relève que les faits de l'espèce, bien que constituant des violations graves des droits fondamentaux attachés à la personne humaine, sont loin d'être massifs et ne remplissent donc pas par conséquent les critères retenus en la matière par la doctrine et la jurisprudence internationales ; aussi la Cour convient –elle de dire que la loi d'amnistie invoquée par le Niger a vocation à s'appliquer aux faits de l'espèce, et conséquemment opte pour le rejet de la demande des requérants tendant à ordonner à l'État du Niger de rechercher , poursuivre et faire juger les auteurs, co auteurs, complices, des faits au

cours desquels Sidi Amar et Ousmane Sidi Ali ont trouvé la mort le 9 décembre 2007 dans la région d'Agadez »

- **Arrêt du 23 octobre 2015, « Les ayants droits Ibrahim Baré Mainassara contre République du Niger » (ECW/CCJ/JUD/23/15)** :

Les requérants ont essuyé plusieurs fins de non-recevoir – ou de simples silences – à chaque fois qu'ils ont saisi les autorités politiques ou judiciaires du Niger pour être édifiés sur les conditions dans lesquelles le défunt, Ibrahim Baré Mainassara, (ancien chef d'État victime d'un coup d'État), a été assassiné. Invariablement, les autorités leur ont opposé des lois d'amnistie dont les effets ont toujours été présentés comme ayant comme effacé et « aboli » les faits en cause. La Cour va préciser les effets d'une loi d'amnistie :

§51 à 58 : « Dans la mesure où chaque fois qu'une réponse a été donnée aux ayants droit Baré, celle-ci a consisté à invoquer les effets de la loi d'amnistie, la Cour estime que c'est sur ce point précis qu'il faut porter le débat. La question qui se pose à elle est dès lors assez simple et peut être formulée comme suit : une mesure légale d'amnistie, ferme -t- elle la porte à toute investigation judiciaire, constitue-t-elle une fin de non-recevoir à toute entreprise à vocation purement informative, consistant à rechercher la vérité ou à enquêter sur des faits ?

La Cour ne saurait partager une conception aussi tyrannique des effets d'une mesure d'amnistie. Elle rappelle qu'elle a eu, dans le passé, à se pencher, s'agissant du même État – le Niger – sur la portée d'une telle loi. En effet, dans l'affaire « Sidi Amar Ibrahim et autres contre République du Niger » (arrêt du 8 février 2011), elle avait eu à apprécier les effets de l'ordonnance n° 2009-19 du 23 octobre 2009 portant amnistie pour des faits ayant eu lieu entre 2005 et 2009. Si elle avait pris acte de l'existence de cette ordonnance, et accepté la décision prise par les autorités nigériennes d'écarter toute poursuite judiciaire relativement aux faits en cause, elle avait cependant énoncé l'inefficacité d'une loi d'amnistie en cas de « violations graves et massives des droits fondamentaux de l'homme » (§51).

La Cour considère aujourd'hui qu'il convient d'élever les exigences, de hisser le niveau d'acceptabilité d'une loi d'amnistie.

Les lois d'amnistie ne sauraient constituer un voilage forcené du passé, une fin de non - recevoir péremptoirement opposée à toute entreprise légitimement curieuse de connaître la vérité. La loi d'amnistie laisse intact le droit à la vérité des victimes, droit d'autant plus important qu'il est, dans le cas présent, porté par des personnes qui entretenaient avec la victime des liens affectifs particuliers. La famille Baré Maïnassara n'a vu aucune de ses multiples demandes d'enquête prise en compte, la Cour déplore que sa douleur et son désir de savoir, qui sont ceux de n'importe quelle autre victime dans des conditions similaires, n'aient pas été correctement traités.

Il convient donc, dans un tel contexte, d'affirmer un droit à la vérité pour les victimes. Concrètement, celui-ci se traduit par le devoir des autorités étatiques de mener des enquêtes et investigations relativement aux faits et événements en cause et à assurer, sinon une publication des résultats de la recherche, du moins le libre accès à ceux-ci. Il s'agit là d'une obligation minimale, à laquelle l'État du Niger n'a jamais satisfait en l'espèce. Ce faisant, l'État défendeur a méconnu le droit des requérants à accéder à la justice. C'est donc à juste raison que les requérants ont visé, à l'appui de leurs prétentions, les dispositions suivantes, toutes opposables à l'État du Niger :

a. Article 2 paragraphe 3 a), b), c) du Pacte international relatif aux droits civils et politiques, précité ;
b. Article 7.1 de la Charte africaine des droits de l'homme et des peuples, également précité.

## Une précision capitale doit cependant être faite à ce stade.

La Cour est d'avis que si la nécessité d'un oubli ou d'un pardon collectif peut s'imposer pour une société à un moment donné de son histoire, cette nécessité ne saurait faire litière du droit de savoir, du droit d'accéder à la vérité que les victimes des faits en cause peuvent avoir. Elle n'ignore nullement le droit souverain d'un État d'adopter, dans une conjoncture donnée, des mesures d'amnistie ; la Cour ne cherche pas non plus à paralyser tous les effets attachés à de telles mesures, mais elle estime que celles-ci n'ont de portée que relativement aux aspects pénaux des faits en cause, et ne devraient nullement affecter la réparation civile due aux victimes de ces faits. Elle considère, en d'autres termes, que la loi d'amnistie n'efface que les incriminations pénales, mais laisse intact le droit à la réparation des victimes, quelles que soient les formes que cette réparation puisse prendre. Devant la Cour, il faut donc ramener les lois d'amnistie dans leur périmètre exact : celui des incriminations et des poursuites pénales, à l'exclusion des droits civils des individus.

Une telle position de principe respecte l'impératif de l'apaisement social, qui est la visée des mesures d'amnistie, et prend en compte le sort des victimes des faits amnistiés. Il serait en effet inique d'ignorer complètement la situation des personnes ayant souffert des événements en cause, sous prétexte que les autorités étatiques auraient décrété que ces événements sont rayés d'un trait de plume, ou sont, en fait, censés n'avoir jamais existé. Pour la Cour, l'amnistie ne justifie pas l'inertie, et le respect du droit des victimes n'est pas incompatible avec la nécessité de la réconciliation sociale ».

Le troisième et dernier apport jurisprudentiel, au titre de la méthodologie, est la nécessité d'étayer les griefs articulés devant la Cour. Elle revient dans une longue série de décisions, parmi lesquelles :

- **Arrêt du 17 février 2010, « Daouda Garba contre l'État du Bénin » (ECW/CCJ/JUD/01/10) :**

§34 : « Les cas de violation des droits de l'homme doivent être étayés par des éléments de preuve qui permettent à la Cour de les constater et d'en sanctionner la violation s'il y a lieu »

§39 : « En effet, pour permettre à la Cour de constater des violations en particulier dans le cas d'espèce, le requérant se devait de présenter des preuves suffisamment convaincantes et non équivoques ».

§ 41 : « La Cour estime ainsi que le seul élément de preuve fourni n'est ni suffisante ni convaincante pour la convaincre de la véracité de l'agression supposée commise par les agents de l'immigration béninois et engager la responsabilité de leur État ».

- **Arrêt du 7 octobre 2011, « Cheikh Abdoulaye Mbengue contre République du Mali » (ECW/CCJ/JUD/08/11) :**

§32 : « La Cour note que l'examen minutieux des griefs appuyant les violations de tous ces droits de l'homme alléguées par Monsieur Cheikh Abdoulaye Mbengue montre qu'aucun de ces griefs n'est pertinent (…) »

§36 : « La Justice malienne a donné suite, dans des délais raisonnables, aux demandes de mainlevée du mandat d'arrêt et de desaisissement du juge d'instruction (…) »

§37 : « Au total, aucune violation des droits de l'homme n'ayant pu être établie à la charge de l'État du Mali, la Cour rejette les demandes de réparation financière formulées par le requérant et qu'il lie aux violations des droits de l'homme qu'il n'a pu établir ».

- **Arrêt du 26 janvier 2012, « El Hadji Mame Abdou Gaye contre République du Sénégal » (ECW/CCJ/JUD/03/12) :**

§34 : « La Cour note à ce niveau donné que le requérant n'a fait état ni de violence à son égard, ni de procédés de nature à porter atteinte à sa dignité ou à son intégrité physique ; et que le fait pour des agents de police enquêtant de se faire passer pour des agents d'un opérateur téléphonique, ou d'user de tout autre procédé similaire pour des raisons évidentes de discrétion exigées par la nature de l'enquête, ne peut constituer à lui seul une atteinte à la dignité de la personne interpellée ».

§41 : « La Cour relève également que le requérant a été assisté par ses conseils à tous les stades de cette procédure judiciaire, et a exercé différentes voies de recours contre les décisions prises par les autorités judiciaires, notamment l'appel et la demande de mise en liberté »

§42 : « Aussi la Cour estime qu'au vu des motifs sus exposés, que l'arrestation et la détention de Mame Abdou Gaye ont des bases légales, que cette détention (…) n'est pas arbitraire (…) »

- **Arrêt du 23 mars 2012, « Barthélémy Dias contre République du Sénégal » (ECW/CCJ/JUD/05/12) :**

§19 : « La Cour note que l'ensemble des griefs de violation des droits de l'homme portés contre l'État du Sénégal, se situent dans le cadre d'une procédure judiciaire criminelle qui a débuté et qui continue conformément aux principes légaux en vigueur dans l'État du Sénégal »

§20 : « La Cour relève que cette procédure judiciaire, tant à l'enquête préliminaire qui a abouti à l'ouverture d'une information par le Procureur de la République pour des faits prévus et punis par les lois sénégalaises, qu'à l'instruction menée par le doyen des juges d'instruction, constitue une base légale suffisante de l'arrestation et de la détention du requérant : arrestation et détention qui ne sont dès lors pas arbitraires (…) »

§27 : « (…) La Cour est amenée à constater que l'État du Sénégal n'a pas commis de violation de droits de l'homme au préjudice du requérant »

- **Arrêt du 31 octobre 2012, « Badini Salfo contre République du Faso » (ECW/CCJ/JUD/13/12) :**

Le requérant, inculpé d'attaques à main armée au Burkina Faso et à l'étranger, se plaint d'arrestation et de détention arbitraires, avec notamment des abus au stade de la garde à vue.

§ 37 : « La Cour observe que le requérant n'étaye cette allégation (de traitement cruel, inhumain et dégradant) d'aucune preuve. Il ne fait même pas une description édifiante des faits de mauvais traitements subis, des personnes impliquées, des circonstances de temps et de lieu dans lesquelles elles seraient intervenues. Plus encore, il n'expose même pas les souffrances qu'il aurait moralement vécues ou les douleurs corporellement ressenties du fait des actes qu'il incrimine… »

- **Arrêt du 21 février 2013, « Carmel Max Savi contre République Togolaise » (ECW/CCJ/JUD/02/13) :**

p. 6 : « La Cour (…) constate que l'interpellation de Monsieur Max Savi le 9 février 2012 à Lomé, et sa conduite pour audition au camp de gendarmerie du Service de renseignement et d'investigation, ont eu lieu dans le cadre légal de l'exécution d'une mission de police judiciaire par l'autorité qui a compétence pour le faire, et ne constituent pas par conséquent une arrestation et une détention arbitraires ».

- **Arrêt du 31 janvier 2014, « Georges Constant Amoussou contre État du Bénin » (ECW/CCJ/JUD/02/14) :**

§43, 44 : La Cour « observe qu'au cours de cette procédure le requérant a été constamment assisté de conseils qui ont assuré sa défense, et qui ont exercé des recours contre les titres de détention délivrés contre leur client et sur lesquels les juridictions de recours ont toujours statué, notamment la Cour constitutionnelle qui a constaté la régularité de la procédure suivie contre le requérant

Aussi la Cour conclut que la détention du requérant a une base légale et n'est donc pas arbitraire »

- **Arrêt du 23 avril 2015, « Tidjani Abdoukarim, Amadou Aly Djibo, Saidou Bakari, Boubacar Mossi contre République du Niger » (ECW/CCJ/JUD/02/15) :**

Les requérants critiquent la composition du Bureau de l'Assemblée nationale du Niger, qui n'aurait pas respecté des dispositions de la Constitution (article 89) et la jurisprudence de la Cour constitutionnelle. La Cour estime :

§ 37 et 38 : « Que pour faire prospérer sa demande, le requérant doit indiquer les droits de l'homme objets de violation et prouver lesdites violations ;

(…) que dans le cas d'espèce, au regard des faits exposés, les requérants ne font non seulement pas état des droits de l'homme spécifiques qui auraient été violés par la République du Niger mais encore ne justifient nullement d'une telle violation ; que la narration des faits relatifs à la mise en place du Bureau de l'Assemblée nationale ne démontre en rien une violation des droits de l'homme ».

- **Arrêt du 30 juin 2015, « Monsieur Bourama Sininta et 119 autres contre État du Mali » (ECW/CCJ/JUD/13/15) :**

Les requérants se prévalent de leurs droits coutumiers sur la terre (pêcheurs bozos installés sur les rives du fleuve Niger depuis longtemps) pour attraire l'Etat du Mali devant la Cour, lequel aurait cédé à un opérateur économique les terres litigieuses, afin qu'il y érige un complexe hôtelier. Ils invoquent des dispositions du code domanial et foncier de 1986.

§IV.20, pp.12-13 : « La Cour note que les requérants n'ont pu exhiber aucun titre administratif reconnaissant leur droit sur la zone dans laquelle se situe la parcelle objet du titre foncier n°16551 de Bamako ;

Or, il est un principe de droit que tout grief articulé par un requérant en matière de violation des droits de l'homme doit être étayé »

- **Arrêt du 6 octobre 2015, « Maître Djelou Kodjovi, Maître Akumani Koffi et Madame Alipui Ablavi contre Etat du Togo » (ECW/CCJ/JUD/17/15) :**

Les requérants ont été arrêtés et déférés pour faux et usage de faux (immatriculation d'un immeuble). Ils seront relaxés en première instance et en appel. Par la suite, ils sont saisi la Cour de la CEDEAO pour qu'elle reconnaisse le caractère arbitraire de leur arrestation et leur accorde une indemnité compensatrice. Ils estiment également avoir été victimes d'actes de torture :

§34 : « En l'espèce, les requérants ne prouvent pas avoir subi des actes de torture ou de traitements inhumains, cruels ou dégradants au sens de la convention internationale contre la torture, mais se bornent à produire des certificats médicaux laconiques (établis en 2011 et 2013) qui ne précisent, du reste, aucun lien de causalité entre leur état de santé et les mauvais traitements auxquels ils font allusion »

- **Arrêt du 7 octobre 2015, « Messieurs Wiayao Gnandakpa et autres contre État du Togo » (ECW/CCJ/JUD/18/15) :**

§10 et 11 : « Considérant qu'en règle générale, il appartient au demandeur de rapporter la preuve de ses prétentions, et qu'en application de ce principe, la Cour de la CEDEAO retient de manière constante (...) que tous les cas de violation des droits de l'homme invoqués devant elle par un requérant, doivent être étayés de manière spécifique, par des preuves suffisamment convaincantes et non équivoques.

En l'espèce, la Cour relève à l'issue des débats et sur la base des pièces de la procédure, que les requérants ne rapportent aucun élément de preuve quant à leur arrestation et leur détention par les autorités judiciaires togolaises ».

§16 : « La Cour relève par ailleurs que les requérants invoquent, au soutien de leurs demandes, un certain nombre de textes nationaux (...). Elle doit cependant écarter d'emblée de telles références conformément à sa jurisprudence selon laquelle elle n'est pas juge de la constitutionnalité ou de la légalité d'actes ou d'actions entreprises par les États. Elle ne se réfère qu'aux normes internationales qui lient ces États, ce qui justifie que seuls ceux-ci puissent, dans le contentieux de la violation des droits de l'homme, être défendeurs devant elle ».

- **Arrêt du 16 février 2016, « Konso Kokou Parounam contre République du Togo » (ECW/CCJ/JUD/02/16) :**

§31 : « La Cour observe cependant que le requérant ne fournit jamais la preuve des actes de torture subis. Il n'existe dans le dossier ni témoignage, ni surtout des constatations d'ordre scientifique ou médical propres à étayer les affirmations contenues dans la requête. Or, en la matière comme en bien d'autres, il incombe au demandeur de soumettre à l'appréciation de la Cour les éléments de preuve attestant la réalité de la violation invoquée ».

- **Arrêt du 16 février 2016, « Ibrahim Sory Touré et Issiaga Bangoura contre République de Guinée » (ECW/CCJ/JUD/03/16) :**

§ 66 et 73 : « Attendu qu'en l'espèce, le requérant Bangoura Issiaga ne produit pas à l'appui de ses déclarations, des actes pouvant fonder les allégations de violation des droits de la défense ; qu'il ne produit en effet ni la décision qui le condamne à un (01) mois d'emprisonnement, ni aucun autre acte d'une autre nature qui pourrait attester d'une part qu'il a été jugé pour désertion, et d'autre part, qu'il a été victime de la violation de ses droits à la défense lors dudit jugement ; qu'il n'existe au dossier aucune pièce qui puisse attester ses déclarations (...) ;

Qu'en tout état de cause, les allégations des requérants relativement au caractère arbitraire de leur arrestation ne sont fondées sur aucun élément de preuve ; qu'aucun acte ne permet à la Cour de constater l'absence de notification des motifs de leur arrestation ; que, comme relevé ci-dessus, la Cour ne peut fonder la violation des droits de l'homme sur des allégations sans fondement ».

- **Arrêt du 18 avril 2016, « Dr Malachi Z. York contre République du Libéria » (ECW/CCJ/JUD/05/16) :**

Le requérant, détenu aux États Unis, se plaint notamment du fait que son État d'origine, le Libéria, aurait négligé de le « soutenir », violant ainsi un « droit de l'homme ».

p.26 : « Similary in « Moussa Léo Keita vs The Republic of Mali (2004), this Court also refused to assume juridicition where the Applicant did not identify the exact violation alleged or specified the particular right allegedly violated.

Applying the principles established in the above cases, this Court is of the view that the Plaintiff in the instant case, has not identify the specific right violated by the Defendant in relation to him".

- **Arrêt du 17 mai 2016, Marie Molmon et 114 autres contre République de Guinée » (ECW/CCJ/JUD/16/16) :**

Les requérants avaient d'abord saisi la Cour, même si le nom des saisissants a changé dans la présente instance ; leur requête avait été déclarée irrecevable en raison de l'absence d'un mandat pour agir au nom des intéressés (arrêt du 25 mars 2015). De nouveau, ils assignent l'État de Guinée et la SOGUIPAH, société des palmiers à huile et d'oléagineux, qui aurait bénéficié de l'expropriation de terres dont ils s'estiment victimes de la part de l'État.

pp.10 et 11 : « Surtout, la Cour estime qu'en dépit de la longue litanie de faits évoqués dans la requête, la demande qui lui est soumise manque cruellement de preuves quant aux faits allégués. Aucun titre de propriété n'est produit ; il n y a rien, absolument rien dans le dossier, qui autorise à penser que les requérants détiennent un titre de propriété sur les terres litigieuses. Demander à la Cour dans ces conditions d'accéder aux sollicitations de la requête revient à exiger d'elle qu'elle croit sur parole les requérants.

Certes, ces derniers ont pu avancer, notamment au cours des plaidoiries, que le mode d'occupation du domaine foncier rural ne permet pas la production d'un titre foncier, mais la Cour estime qu'au moins des commencements de preuve auraient pu être versés au dossier. Or, il n y a ni titre de propriété, ni document foncier quelconque, ni même preuve testimoniale. Les demandeurs se contentent de simples affirmations tout au long de leurs écritures, ils n'ont fait aucun effort de production de preuves (...).

La même observation doit être faite au sujet des violences dont les forces de sécurité se seraient rendues coupables. Les faits allégués sont d'une gravité extrême, puisqu'il est question de viol, de spoliation, d'arrestations arbitraires, et même de meurtre. Mais à aucun moment, là non plus, des preuves ne sont produites : ni certificat de décès, ni même certificat médical, ni déclarations de nature à rendre crédibles ces allégations.

Or, la Cour a toujours estimé que les allégations de violation des droits de l'homme doivent être étayées, prouvées (..).

La réitération de cette logique, fondée sur une exigence probatoire minimale et qui résulte au demeurant d'un principe général de droit processuel, doit conduire la Cour à conclure au caractère infondé des allégations de violation des droits de l'homme imputées à l'État de Guinée ».

- **Arrêt du 17 mai 2016, « Monsieur Nguessan Yao contre État de Côte d'Ivoire » (ECW/CCJ/JUD/15/16) :**

Le requérant conteste le rejet de son dossier de candidat à l'élection présidentielle par la CENI de Côte d'Ivoire (pour non-conformité avec les dispositions du Code électoral national) et par le Conseil constitutionnel (qui s'appuyait sur le caractère incomplet du dossier de candidature). Il estime que son droit à l'éligibilité a été violé.

§17 et 18 : « Considérant qu'en règle générale, il appartient au demandeur de rapporter la preuve de ses allégations et qu'en application de ce principe, la Cour de céans retient, de manière constante (...) que tous les cas de violation des droits de l'homme qui sont invoqués devant elle doivent être étayés de manière spécifique, par des preuves suffisamment convaincantes et non équivoques ;

Qu'en l'espèce, la Cour relève sur la base des pièces de la procédure, que le requérant ne rapporte aucune preuve tangible d'une violation quelconque de son droit d'être candidat à des fonctions électives sans discrimination, ainsi que son droit de prendre part à la gestion des affaires publiques (...) au sens des articles sus- visés du Pacte international relatif aux droits civils et politiques »

- **Arrêt du 1er juillet 2016, « Hama Amadou contre République du Niger » (ECW/CCJ/JUD/21/16) :**

p.8 : « Au regard des données du dossier, la Cour a cependant du mal à apprécier concrètement des atteintes aux droits de la défense.

Elle relève que M. Amadou n'a jamais été effectivement empêché d'intervenir dans la procédure qui le concerne, par l'effet d'un acte formel pris par des autorités politiques ou judiciaires. A aucun moment, la présence de ses avocats n'a été contrariée, et les décisions judiciaires rendues (jugement du tribunal correctionnel du 30 janvier 2015, arrêt de la Cour d'Appel du 13 juillet 2015, divers actes d'instruction, arrêt de la Cour constitutionnelle du 4 septembre 2014) l'ont toujours été de façon contradictoire.

Le requérant a, au surplus, eu le loisir d'exercer les recours qui lui étaient offerts. Il a ainsi eu à écrire au Premier ministre, au premier vice - président de l'Assemblée nationale, membre du Bureau de celle-ci, et surtout, a pu régulièrement saisir la Cour constitutionnelle par lettre du 26 août 2014. C'est au demeurant dans l'intervention du juge constitutionnel qu'il a toujours vu la garantie du respect de ses droits, si l'on en juge par les termes mêmes des courriers précédemment cités. La Cour constitutionnelle a, dans cette affaire, rendu deux arrêts, datés du même jour (4 septembre 2014), sur requête de M. Hama Amadou d'une part, et d'un groupe de 14 députés d'autre part, mais portant dans les deux cas sur les dispositions constitutionnelles relatives à l'immunité du député. L'on ne saurait donc dire que le droit d'accès à la justice, ou le droit au recours, a été méconnu.

Or, la Cour a toujours considéré, dans de telles conditions, qu'aucune violation des droits de l'homme ne pouvait être imputée aux États. Aller au-delà de ce constat la conduirait à porter une appréciation sur la légalité voire sur l'opportunité des poursuites pénales, compétence qu'elle n'a évidemment pas ».

Après les prodromes du discours de la méthode judiciaire, il convient de se pencher sur les droits spécifiquement dédiés aux justiciables, dont il faut nourrir l'espoir qu'ils s'ancrent.

## B.- La lente émergence des droits

Trois séries de droits sont également identifiables ici. Il s'agit du droit général à la protection et à la sécurité – dont l'État est le débiteur – et, dans l'ordre des relations du citoyen avec le système judiciaire, le droit d'accès à la justice – entendu dans un sens très large – ainsi que les droits de la défense.

Le droit à la protection et à la sécurité a été posé dans quelques décisions de la Cour. A vrai dire – et la forme interrogative du titre de cette partie traduit ce doute -, il n'est pas certain que ce droit puisse, à l'avenir, être affirmé avec la même force que dans les arrêts jusqu'à présent rendus. Sans doute, les cas de figure qui étaient en cause invitaient – ils à une certaine audace de la Cour, mais il y a fort à parier que les juges pourraient, à l'avenir, ne pas considérer de façon absolue ou systématique que toute atteinte à la sécurité des citoyens, accomplie dans n'importe quelles circonstances, engage nécessairement la responsabilité de la puissance publique. En d'autres termes, l'idée d'une diligence raisonnable de l'État pourrait faire son chemin, et, avec elle, l'absolution de celui-ci quand il sera démontré qu'il a pris un minimum de mesures préventives pour assurer son devoir de protection. Ce ré ajustement de la responsabilité étatique est par ailleurs dicté par un réalisme que les juges gagneraient à intégrer dans leur raisonnement. La modulation du devoir général de protection s'impose un peu plus dans des contextes où, sans qu'il soit question d'abandonner les citoyens à eux-mêmes, il est aisément remarquable que les États rencontrent des limites objectives à s'acquitter de leurs obligations. Une des voies de salut pourrait alors consister, précisément, à ne pas faire de ce devoir de protection une obligation générale ou absolu, mais de n'en sanctionner l'inexécution que lorsque, compte tenu des circonstances – et notamment de la prévisibilité d'un trouble -, les autorités auraient dû adopter des mesures préventives ou dissuasives.

En attendant, la Cour a affirmé le droit à la sécurité dans quelques décisions.

- **Arrêt du 10 juin 2014, « Mme Modupe Dorcas Afolalu contre République fédérale du Nigéria » (ECW/CCJ/JUD/15/14) :**

La requérante a saisi la Cour à la suite du décès de son mari, victime d'une émeute consécutive aux violences post électorales dans l'État de Kaduna, à Zaria. Le décès du mari a plongé la famille dans une situation de dénuement. La requérante se plaint de ce que l'État du Nigéria n'a rien fait par la suite : ni acte de compassion, ni surtout d'application des conclusions de la commission d'enquête que l'État a lui-même mise en place.

La Cour va déclarer le Nigéria responsable (dans un contexte de tension électorale), lui enjoindre de mener des enquêtes, et accorder une compensation financière à la requérante :

§50 : « La Cour rappelle que cette obligation positive de protection de la vie visée à l'article 4 de la Charte africaine des droits de l'homme et des peuples signifie pour l'État la mise en place d'un cadre juridique et administratif propre à dissuader de commettre des atteintes contre la personne et s'appuyant sur un mécanisme d'application conçu pour prévenir, réprimer et sanctionner les violations »

§51 : « En conséquence, dans un contexte de tension résultant d'élections, la Cour estime que l'État doit prendre les mesures de sécurité qui s'imposent et déployer un effort maximal pour assurer le maintien de l'ordre. Il lui incombe de prévenir toute manifestation susceptible de dégénérer en violences pouvant occasionner des pertes en vies humaines ».

- **Arrêt du 17 mai 2016, « Héritiers de feue Aissata Cissé et autres contre République du Mali » (ECW/CCJ/JUD/13/16) :**

Les requérants ont directement souffert des violences consécutives aux élections locales de 1997. L'explosion d'une grenade dans la demeure des requérants, qui est aussi celle du Vice – président de la Commission régionale électorale indépendante (M Boureima Sidi Cissé) ayant notamment causé la mort de deux membres de sa famille. Près de seize personnes seront ensuite arrêtées par la police, inculpées d'atteinte à la sûreté de l'État, mais un non – lieu interviendra peu de temps après.

Il convient de préciser que dans un précédent arrêt (12 février 2014), la Cour, saisie par M Boureima Sidi Cissé seul, avait condamné l'État du Mali. Dans la présente affaire, elle va également constater que cet État a violé les droits à la protection, à la sécurité et à la justice, en particulier dans un contexte de violences pré ou post – électorales (comme dans l'arrêt précité du 10 juin 2014, « Mme Modupe Dorcas Afolalu… » ) :

§27 : « (…) La Cour observe que des débats et des pièces du dossier, il ressort qu'en organisant des élections municipales dans un climat de haute tension sociale sans aucune garantie de protection de l'ordre public, des populations et surtout de Boureima Sidi Cissé et de sa famille, en tant que Vice - Président de la Commission électorale régionale de Ségou, l'Etat malien a manqué à ses obligations de protection (…) »

- **Arrêt du 15 juin 2016, « SERAP, Nura Adullahi et autres contre République fédérale du Nigéria » (ECW/CCJ/JUD/19/16) :**

Il s'agit de « victimes collatérales » de la « guerre » que le Gouvernement de l'État du Nigéria mène contre les rebelles de « Boko Haram ». Ces requérants ont saisi la Cour afin qu'elle constate que leurs droits à la sécurité et à la vie ont été méconnus, et ils sollicitent une réparation pécuniaire, que la Cour va leur accorder dans son principe :

> p.6: « SERAP is seriously concerned about the policy of government that there will be no compensation paid to victims of Boko Haram attacks. This policy is clear violation of the Country's international human rights obligations and commitments to provide effective remedies, including compensation and reparation to victims of serious human rights abuses such as those perpetrated by Boko Haram".

Le droit d'accès à la justice, qui est le deuxième droit que nous avons évoqué, doit être entendu dans un sens large, comme intégrant ses corollaires que sont, entre autres, le droit au recours – recours effectifs et efficaces –, le droit d'être jugé dans un délai raisonnable ou encore le droit à l'exécution des décisions de justice :

- **Arrêt du 8 février 2011, « Sidi Amar Ibrahim et autres contre république du Niger » (ECW/CCJ/JUD/02/11) :**

Les requérants sont les ayants – droits de deux personnes qui ont voulu se rendre dans la région d'Agadez, zone d'insécurité. Pour cette raison, elles avaient pris soin d'aviser le haut commandement des forces de sécurité. Ils vont cependant trouver la mort au cours de leur voyage, dans des circonstances assez obscures, mais liées, semble-t-il, à l'insécurité ambiante. Les héritiers des personnes décédées ont tenté plusieurs démarches pour obtenir des informations fiables auprès des autorités, mais en vain : deux lettres au ministre de la défense, au Procureur de la République, qui finit par leur notifier le classement sans suite du dossier, celui-ci relevant, à son avis, de la justice militaire. C'est dans ces conditions que la Cour de Justice de la CEDEAO, saisie, s'est prononcée :

> §44 et 45 : « La Cour note qu'en dépit de cette demande réitérée des requérants et valant plainte, les autorités de l'État du Niger compétentes pour saisir la justice militaire pour que justice soit rendue comme le lui demandaient les ayants droit de Sidi Amar et de Ousmane Sidi Ali, se sont abstenus d'agir et de mettre en mouvement l'action publique.

Aussi la Cour estime - t-elle que cette abstention des autorités de l'État du Niger s'analyse en une violation du droit des requérants à un recours effectif devant les juridictions nationales compétentes de l'État du Niger tel que prévu par les articles 7 de la Charte africaine des droits de l'homme et des peuples et 8 de la Déclaration universelle des droits de l'homme »

- **Arrêt du 31 janvier 2012, « Mme Aziablevi Yovo et 31 autres contre Etat Togolais (ECW/CCJ/JUD/04/12) :**

§ 21: « La Cour relève également que la demande qui lui est soumise par les requérants (...) concerne exactement l'inexécution de l'arrêt de la Cour d'appel (...) et que ce fait conforte les allégations de violation des droits de l'homme des requérants »

- **Arrêt du 31 octobre 2012, « Badini Salfo contre République du Faso » (ECW/CCJ/JUD/13/12) :**

Le requérant, inculpé d'attaques à main armée au Burkina Faso et à l'étranger, se plaint d'arrestation et de détention arbitraires, avec notamment des abus au stade de la garde à vue. Selon la Cour,

§40 : « (...) Les autorités judiciaires nationales ont donc l'obligation d'agir avec toute la diligence requise afin qu'à toutes les étapes de la procédure pénale (phases d'enquête, d'instruction, de jugement) il n'y ait pas de retard inconsidéré, excessif ou injustifié. Ainsi, tout retard excessif ou injustifié qui survient à l'une des phases de la procédure affecte inéluctablement le droit d'être jugé dans un délai raisonnable »

- **Arrêt du 3 juillet 2013, « Aziagbede Kokou et 33 autres, Atsou Komlavi et 4 autres, Tomekpe A Lanou et 29 autres contre République Togolaise » :**

§ « La Cour est d'avis que l'inaction des autorités togolaises pour instruire les plaintes des requérants et examiner leur cause conformément au droit togolais, depuis 3 ans et 4 ans pour certains, voire 7 ans pour d'autres, a abouti à une situation dans laquelle il est patent de dire que le droit des requérants à voir leur cause examinée dans un délai raisonnable a été violé » ;

- **Arrêt du 28 janvier 2014, « Monsieur Alimu Akeen contre République fédérale du Nigéria » (ECW/CCJ/JUD/01/14) :**

> § 45 et 47 : La Cour estime que l'inaction des autorités judiciaires sur une période de six (6) années a « privé Alimu Akeem du droit à être jugé dans un délai raisonnable »

- **Arrêt du 10 juin 2014, « Mme Modupe Dorcas Afolalu contre République fédérale du Nigéria » (ECW/CCJ/JUD/15/14) :**

La requérante a saisi la Cour à la suite du décès de son mari, victime d'une émeute consécutive aux violences post électorales dans l'État de Kaduna, à Zaria. La requérante se plaint de ce que l'État du Nigéria n'a rien fait par la suite, relativement à l'application des conclusions de la commission d'enquête que l'État a lui-même mise en place :

> §64 : « La Cour constate qu'à ce jour, soit trois ans après le meurtre du sieur Felix Afolalu, l'État défendeur n'a ni produit le rapport de la commission d'enquête établie, ni entrepris des démarches pour traduire devant ses juridictions les personnes coupables du meurtre et indemnisé la requérante
>
> La Cour estime en conséquence que la violation des dispositions des articles 1,2, 4 de la Charte africaine des droits de l'homme par l'État défendeur est avérée »

- **Arrêt du 23 avril 2015, « Azali Abla et Anor contre République du Bénin » (ECW/CCJ/JUD/01/15) :**

Les requérantes, dont les dossiers ont été « perdus » dans les juridictions béninoises, sollicitent la condamnation de l'État du fait de l'incurie et de l'inertie de ses services judiciaires. Toutes les deux ont gagné leur procès en première instance mais en appel, leurs dossiers ont été « perdus » :

> § 31 : « Sur tous ces points, la Cour constate que le système judiciaire de l'Etat défendeur a révélé des carences indubitablement pourvoyeuses d'une responsabilité. A ce stade, la Cour croit utile de rappeler un certain nombre de décisions qu'elle a rendues sur la question de l'exécution des décisions de justice, ainsi que du droit et du délai pour agir devant le juge (…).
>
> En conclusion, la Cour admet que les droits des requérantes ont été méconnues, et que c'est à bon droit que les articles 8 de la Déclaration universelle des droits de l'homme, 3 et 7 de la Charte africaine des droits de l'homme et des peuples ont été visés ».

- **Arrêt du 24 avril 2015, « Bodjona A Pascal contre République du Togo » (ECW/CCJ/JUD/06/15) :**

Le requérant, accusé d'être mêlé à une tentative de déstabilisation politique, a été arrêté, détenu et a fait l'objet de procédures judiciaires nombreuses et enchevêtrées, alors même qu'il a été à un moment donné libéré. Il saisit la Cour pour détention arbitraire. Il obtiendra gain de cause sur ce point précis. Au passage, la Cour critique la longueur et la répétition des procédures judiciaires qui visent le requérant.

> § 45, 46, 47 et 50 : « La Cour reste bien consciente qu'une plainte pour complicité d'escroquerie vise M. Bodjona, et que dans le cadre des investigations nécessitées par cette plainte, celui-ci peut bien voir sa liberté restreinte, voire, que lui-même fasse l'objet d'une détention. Mais il est impératif que ces contrariétés aient lieu dans le respect des procédures légales et la garantie des droits du justiciable. Il est surtout fondamental que la procédure soit menée de façon à réduire les délais de jugement, et à fixer définitivement le prévenu ou le suspect sur son sort. Sur ce point, la Cour constate qu'aucun élément précis et décisif n'est versé au dossier, qui soit de nature à justifier la prolongation de la détention de M. Bodjona. Tout au long de ses écritures, l'État du Togo se borne à affirmer que celui-ci « a été inculpé et cette mise en examen a été motivée par l'existence des indices graves et concordants de culpabilité » (p 8 du mémoire en réponse), ou encore qu'il existe « des raisons plausibles qu'il a commis une infraction » (p 9 du mémoire en réponse), sans jamais spécifier ces « indices » ou ces « raisons ».
>
> La Cour ne peut, des mois après la mise en détention du requérant, se satisfaire d'éléments aussi imprécis pour justifier la prolongation de cette dernière (…).
>
> Lorsque l'enquête perdure indument, lorsque les procédures se succèdent sans que, sur le fond, des éléments à charge soient apportés au dossier, il y a un risque sérieux qu'une détention pourvue au départ d'une base légale, finisse par devenir arbitraire. La Cour rappelle ici ce qu'elle avait dit dans l'arrêt précité « Badini Salfo contre République du Faso » : « …La détention arbitraire est toute forme de privation de liberté intervenue sans motifs légitimes ou raisonnables et en violation des conditions prévues par la loi. L'un ou la totalité de ces éléments peut venir à manquer lorsque la détention au départ non arbitraire se prolonge. Elle débouche ainsi sur une détention abusive » (§21)

- **Arrêt du 16 février 2016, « Ibrahim Sory Touré et Issiaga Bangoura contre République de Guinée » (ECW/03/16) :**

  §87 : « (…) en ne donnant aucune suite aux requêtes en annulation et aux fins de clôture de l'instruction déposées par les requérants, la Chambre d'accusation de la Cour d'appel de Conakry et le juge d'instruction (…) ont violé le droit à un recours effectif des requérants »

- **Arrêt du 20 avril 2016, « Samba Barry contre République de Côte d'Ivoire » (ECW/CCJ/JUD/06/16) :**

Le requérant, établi en Côte d'Ivoire, a attrait cet État devant la Cour pour inertie de ses autorités administratives et judiciaires contre de présumés responsables de méfaits (vols de troupeau et actes de violence) dont il aurait été victime, les juridictions saisies n'ayant pas agi :

  IV.22, p.14 : « La Cour estime que l'attitude du service public de la justice de l'État de Côte d'Ivoire dans le traitement de la plainte de Monsieur Samba Barry jure avec le respect des textes et les bonnes pratiques qui doivent gouverner toute procédure judiciaire ;

  En tout état de cause, la Cour relève que la destination d'un procès – verbal d'enquête préliminaire ne peut être le bureau d'un ministre, fût-il celui en charge de la Justice ;

  En agissant ainsi, les services judiciaires de la défenderesse ont allongé la procédure d'une phase non prescrite par la loi ;

  *Ils sont ainsi injustement prolongé les délais de la procédure »*

- **Arrêt du 17 mai 2016, « Héritiers de feue Aissata Cissé et autres contre République du Mali » (ECW/CCJ/JUD/13/16) :**

  §29,30 : « (…) Il est également acquis aux débats que les services judiciaires maliens ont connu un dysfonctionnement dans la gestion du dossier des requérants en privant ces derniers de leur droit à un recours effectif et utile ainsi qu'à un procès équitable au sens des normes internationales (…).

  (…) Au demeurant, il est incontestable que les services judiciaires maliens ont été saisis de l'affaire en cause depuis 1998 et qu'à ce jour, la procédure est toujours pendante à la Cour d'appel de Bamako, privant ainsi les requérants du droit à ce que leur cause soit entendue équitablement et dans un délai raisonnable ».

Enfin, le hasard des saisines a conduit la Cour à mettre un accent particulier, par trois fois, sur le droit à la défense, plus précisément, sur le libre choix des avocats et conseils pour toute personne qui fait l'objet d'une procédure judiciaire, ainsi que le principe du contradictoire et d'égalité des armes assorti à ce libre choix :

- **Arrêt du 3 juillet 2013, « Monsieur Kpatcha Gnassingbe et autres contre République Togolaise » (ECW/CCJ/JUD/06/13) :**

§58 : « La Cour rappelle également l'obligation qui pèse sur l'État de commettre un avocat d'office aux requérants n'en ayant pas (...) le droit à la défense (...) doit être effectif »

§60 : « En l'espèce, les débats à l'audience ont fait noter par la Cour que l'État défendeur, par ses agents de police ou/et judiciaires, n'a pas permis aux requérants de choisir librement leurs défenseurs, et même dans la perspective du refus de ces requérants de constituer conseil, l'Etat défendeur n'a pas permis d'en constituer d'office pour eux (...) ».

- **Arrêt du 16 février 2016, « Ibrahim Sory Touré et Issiaga Bangoura contre République de Guinée » (ECW/CCJ/JUD/03/16) :**

§96 et 101 : « (...) L'égalité des armes est un des éléments inhérents à la notion de procès équitable (...) ; elle veut que chaque partie se voie offrir une possibilité raisonnable de présenter sa cause dans des conditions qui ne la placent pas dans une situation de désavantage par rapport à son adversaire et exige que soit ménagé un juste équilibre entre les parties (...) ; le principe du contradictoire signifie la possibilité pour les parties de connaître et de commenter tous les éléments de preuve produits et toutes les observations présentées de manière à orienter la décision du Tribunal (...), ce principe est étroitement lié à l'égalité des armes(...) » ;

Au regard de ce qui précède, il échet de conclure que l'État de Guinée, par le biais des autorités judiciaires, a violé les principes de l'égalité des armes et du contradictoire dans la procédure engagée contre les requérants ».

- **Arrêt du 1er juillet 2016, « Djibril Yepené Bassolé contre État du Burkina Faso » (ECW/CCJ/JUD/22/16) :**

p.8 : « Il n'en demeure pas moins qu'en vertu de principes plus généraux, le droit de choisir son avocat constitue aujourd'hui une composante indéniable des droits de la défense, une prérogative qui relève des « droits de l'homme ». Le droit de choisir sans entrave son représentant ou son avocat devant la juridiction est ainsi consacré par :

- La Commission africaine des droits de l'homme, Communication n° 48/90, Amnesty International c Soudan, « le droit de choisir librement un conseil est fondamental pour la garantie d'un procès équitable. Reconnaître au tribunal le droit de véto sur le choix d'un avocat constitue une violation de ce droit » ;
- Le Comité des droits de l'homme des Nations Unies, analysant le sens et la portée de l'article 14 du Pacte relatif aux droits civils et politiques, a estimé que le droit de choisir son conseil s'applique « à tous les tribunaux et cours de justice inclus dans son champ d'application, qu'il s'agisse de juridictions de droit commun ou d'exception, de caractère civil ou militaire » (90ème session, Observation n° 32, droit à l'égalité devant les tribunaux et cours de justice, p. 8) ».

# DEUXIÈME PARTIE

# RÉFLEXIONS DOCTRINALES SUR LA COUR

Il s'agit, dans cette seconde partie, d'une série d'articles qui se rapportent à différents aspects de l'organisation, du fonctionnement et de la jurisprudence de la Cour.

# L'ACCÈS À LA COUR DE JUSTICE DE LA CEDEAO EN MATIÈRE DE VIOLATION DES DROITS DE L'HOMME : QUELQUES RÉFLEXIONS SUR LA QUALITÉ DE REQUÉRANT

Le processus de création de la Cour de justice de la CEDEAO présente quelques curiosités, puisque dans les faits, le texte qui porte sur son organisation et son fonctionnement date de 1991[35] , alors que le principe même de sa création a été arrêté dans un Traité postérieur (1993)[36], portant révision du Traité fondateur du 28 mai 1975. On sait que par la suite, un Protocole additionnel – datant de 2005[37] - est venu modifier le Protocole de 1991, et que l'une des modifications les plus importantes qu'il a introduites a été l'ouverture d'un nouveau titre de compétence de la Cour : la possibilité, pour « toute personne victime de violations de droits de l'homme », de saisir la Haute juridiction[38].

A l'origine, la Cour n'avait aucune vocation à traiter de la violation des droits de l'homme. Conçue sur le modèle de la Cour de la Communauté Économique Européenne telle qu'elle résultait du Traité de Rome de 1957, elle était censée veiller à l'interprétation et à l'application de normes au service de l'intégration économique, la CEDEAO s'étant fixée comme objectif la réalisation d'une union économique et monétaire, aux termes du préambule du traité révisé. L'organisation même des voies de recours, des procédures ayant cours devant la juridiction était pratiquement la même que celle de la Cour du Luxembourg. On trouvait notamment, de part et d'autre, les mécanismes suivants : recours en manquement, recours en annulation, action en responsabilité dirigée contre les institutions de la Communauté et renvoi préjudiciel[39].

---

[35] Il s'agit du Protocole A/P.1/7/91 adopté le 6 juillet 1991 à Abuja par la Conférence des chefs d'État et de gouvernement de la CEDEAO.

[36] Il s'agit du Traité, souvent qualifié de « révisé », adopté le 24 juillet 1993 à Cotonou par la Conférence des chefs d'État et de gouvernement de la CEDEAO.

[37] Protocole additionnel A/SP.1/7/91 relatif à la Cour de justice, adopté à Accra le 19 janvier 2005 par la Conférence des chefs d'État et de gouvernement de la CEDEAO.

[38] Article 10 du Protocole de 2005

[39] Ces procédures sont évoquées à l'article 164 du Traité de Rome.

Dans ces conditions, l'introduction d'un nouveau titre de compétence en 2005 a constitué un bouleversement non négligeable. Non seulement la Cour n'avait pas été pensée pour traiter des « droits de l'homme », mais, au contraire d'autres instances juridictionnelles ou quasi-juridictionnelles compétentes en la matière, elle se trouvait dépourvue de boussole normative, elle n'avait à sa disposition aucun texte précis de référence, sur la base duquel elle pourrait juger les cas à elle soumis. On sait qu'en principe, elle se réfère aujourd'hui à tout instrument international liant l'État membre, ce qui confère bien entendu une potentialité de juridiction énorme.

Chaque pas donc de la Cour était attendu, dans sa nouvelle mission d'institution protectrice des droits de l'homme. Au titre de ces attentes, la question de l'accès à son prétoire n'était pas la moindre.

La notion d'accès à la Cour peut être comprise de façons diverses.

Il est possible d'en avoir, dans un premier temps, une compréhension assez large. L'accès à la Cour porterait alors non seulement sur les acteurs du procès (et notamment sur la qualité de demandeur ou de requérant) mais sur un certain nombre de conditions formelles que l'action en justice doit satisfaire, et qui tournent autour de la recevabilité de la requête adressée à la juridiction.

Il est tout aussi possible de restreindre la notion d'accès à la Cour, et de n'y voir que le premier aspect précédemment évoqué, qui se cantonne à la qualité de demandeur, de requérant. Les conditions de recevabilité de la requête, entendue au sens strict (celui de l'article 10 du Protocole de 2005), ne seraient donc pas concernées. On sait que ces conditions de recevabilité sont au nombre de deux : le caractère non anonyme de la requête, et l'absence de toute litispendance au plan international, c'est-à-dire, comme l'énonce l'article 10 d) ii), le fait que la demande n'a pas « déjà été portée devant une autre Cour internationale compétente ».

Les textes contiennent donc quelques directives sur la qualité de requérant devant la Cour. On admettra cependant que de telles indications restent relativement minces, relativement « vagues », et qu'il était entendu que la Cour devait, de façon prétorienne, préciser un certain nombre de règles relatives à la qualité de requérant dans une instance en violation de droits de l'homme. La présente contribution porte sur ce point précis. Il apparaît en effet qu'au bout d'une dizaine d'année de pratique, la Cour – qui est quasiment devenue une juridiction de protection des droits de l'homme si l'on en juge par les demandes qui lui sont soumises depuis cette date - a pu, sur certains points, dégager des règles précises relatives à la qualité de requérant, alors que sur d'autres, elle peine à fixer sa doctrine, sa jurisprudence ayant même pu paraître quelque peu hésitante, voire contradictoire.

L'étude d'une telle question ne peut évidemment s'arrêter aux seuls énoncés des textes pertinents. On peut même dire que tout l'intérêt du problème tient au fait qu'à côté des textes, la Cour a développé une jurisprudence luxuriante et qui peut, en certains de ses aspects, ne pas toujours susciter l'adhésion. Pour cette dernière raison, la présente étude va tenter de proposer des solutions là où l'on peut constater un flottement, des hésitations, ou des contradictions de la jurisprudence de notre Cour.

Il faut, d'autre part, désamorcer une inquiétude. Que la jurisprudence de la Cour soit, ou ait pu être hésitante se comprend aisément. Toutes les juridictions comparables ont eu, à un moment ou à un autre, à connaître des flottements jurisprudentiels, sur certaines questions. La chose était même normale, dans le cas de la Cour de la CEDEAO, dont on a vu qu'elle n'avait nullement vocation à être une juridiction des droits de l'homme, et qui a dû, on allait dire « au pied levé », assumer une telle mission. Il ne fait pas de doute que, dans un temps pas très lointain, les points qui méritent d'être définitivement éclairés le seront, et que les règles relatives à la qualité de requérant devant la Cour seront définitivement fixées.

A cet égard, un rapide tour d'horizon des textes et de la jurisprudence révèle une réalité contrastée. D'un côté, il existe des catégories de requérants dont l'admission ne pose pas, ou ne pose plus aucun problème, alors que d'un autre, on observe que la Cour est soit à la croisée des chemins - et se trouve dans l'obligation de clarifier sa position -, soit devrait se préparer à traiter des hypothèses dont elle n'a jamais eu à connaître, mais qui pourraient parfaitement lui être soumises.

On peut donc dire que dans l'accès à la Cour en matière de violation des droits de l'homme, et relativement à la qualité de requérant, il existe des cas réglés ou indiscutés (*I*) et des cas discutables, ouverts à débat mais sur lesquels la Cour devrait rapidement se fixer une doctrine (*II*).

## I.- Les cas indiscutés

Il en existe trois. Ils concernent l'individu, personne physique, le non-ressortissant communautaire et les groupes de personnes qui se réunissent pour mener une action en justice. Chacun de ces cas doit être évoqué spécialement.

### A.- L'individu

Si la Cour de justice de la CEDEAO demeure une juridiction des droits de l'homme quelque peu particulière, c'est sans doute eu égard au fait qu'elle a ouvert son prétoire aux individus, et n'a d'autre part pas soumis sa juridiction à la règle de l'épuisement des voies de recours internes.

Tel n'était pas le cas à l'origine, dans le Protocole de 1991 qui est le premier texte portant sur son organisation et son fonctionnement. L'article 9 §3 dudit Protocole, restant dans le sillage du droit international classique, n'entrevoyait en effet la présence de l'individu sur la scène judiciaire internationale que par le truchement de son État. Il énonçait en effet que

> « Un État membre peut, au nom de ses ressortissants, diligenter une procédure contre un autre État membre ou une Institution de la Communauté, relative à l'interprétation et à l'application des dispositions du Traité, en cas d'échec des tentatives de règlement à l'amiable ».

Ainsi, non seulement l'individu justiciable ou plaideur ne jouissait pas de l'immédiateté internationale, mais l'affaire susceptible de le concerner restait enfermée dans un huis – clos inter- étatique dont la phase de conciliation marquait bien le classicisme. Dans un tel contexte, il n'est pas excessif de dire que l'individu n'était pas, à proprement parler, partie à la procédure. Comme dans le mécanisme bien connu de la protection diplomatique, il disparaissait derrière l'écran étatique.

Au demeurant, la première affaire jugée par la Cour touchait cette question. Saisie par un homme d'affaire nigérian, M. Afolabi, qui se plaignait du préjudice que la mesure de fermeture de la frontière avec le Bénin, prise par les autorités de son pays lui causait, ce dernier voyait sa demande déclarée irrecevable. L'arrêt du 27 avril 2004 pose que

> « Le locus standi suppose à la fois une qualité et un intérêt à agir ; qu'en l'espèce, le sieur Afolabi ne justifie nullement d'une qualité à agir ; qu'en effet, l'article 9.3 du Protocole consacre l'absence de saisine directe de la Cour par les ressortissants de la Communauté »[40].

---

[40] ECW/CCJ/JUD/01/04,§64.

La première faille dans le monopole étatique de l'action en justice a été ouverte par le Protocole sur la démocratie et la bonne gouvernance[41]. Aux termes de l'article 39 de celui-ci, il est prévu que le Protocole de 1991 relatif à la Cour sera amendé aux fins de l'extension de la compétence de la Cour aux violations des droits de l'homme. La disposition ajoutait même « après épuisement, sans succès, des recours internes », mais on sait que cette réserve a disparu dans le Protocole de 2005.

C'est en effet ce dernier qui va ouvrir le prétoire de la Cour aux individus[42]. Aux termes de son article 10 portant sur la saisine de la Cour, « peuvent saisir la Cour (…) d) toute personne victime de violations des droits de l'homme ; la demande soumise à cet effet : i) ne sera pas anonyme ; ii) ne sera pas portée devant la Cour de justice de la Communauté lorsqu'elle a déjà été portée devant une autre Cour internationale compétente ».

L'accès à la Cour de la personne physique victime de violations de droits de l'homme ne se pose donc plus. Mieux, c'est cette procédure qui constitue aujourd'hui la voie la plus répandue de saisine de la Cour, la plus importante au point de vue quantitatif.

### B.- Le non-ressortissant communautaire

Un « étranger », c'est-à-dire une personne non ressortissant d'un État membre de la CEDEAO, peut-elle saisir la Cour ?

La question n'est pas extravagante eu égard à une habitude que la Cour avait prise, au début de ses activités, de mentionner quasi systématiquement la nationalité des saisissants à travers l'expression « citoyen de la Communauté » ou « ressortissant d'un État membre de la Communauté ». Ces références renvoyaient indubitablement au Protocole de 1982 relatif à la citoyenneté dans la CEDEAO. Elles pouvaient laisser penser que la Cour vérifiait d'abord la nationalité des saisissants avant d'examiner une affaire, la mention en question figurant dans les premières lignes de la décision rendue.

La question est de savoir si ces références se justifiaient. En effet, du point de vue de l'esprit comme de celui de la lettre des textes, ériger la nationalité en condition de saisine de la Cour pouvait poser problème. Du

[41] Protocole A/SP1/12/01 sur la démocratie et la bonne gouvernance, signé à Dakar le 21 décembre 2001.

[42] Protocole A/SP.1/01/05 du 19 janvier 2005 portant amendement du Protocole de 1991.

point de vue de la philosophie même des droits de l'homme – philosophie fortement teintée de *jusnaturalisme*, c'est-à-dire de l'idée que les droits de l'homme échappent aux conditionnements nationaux et restent indissolublement attachés à la personne humaine et non au « citoyen » - , cette mention de la nationalité était critiquable. Au surplus, nulle part dans les textes qui aménagent ces droits ou qui organisent le fonctionnement de la Cour, il ne semble exigé du requérant qu'il ait la nationalité d'un État membre.

Fort heureusement, la pratique de la Cour a dissipé cette inquiétude. Il est en effet arrivé que la Cour soit saisie par des personnes non ressortissantes d'un État membre, c'est-à-dire des personnes qui ne sont pas des citoyens de la Communauté, sans qu'elle ait trouvé à y redire. On peut citer le cas qui a donné lieu à un **arrêt de la Cour le 4 mars 2010, « Dr Mahamat Seid Abazene contre République du Mali** ». Le requérant est une personne de nationalité tchadienne, employée au poste de Directeur général adjoint de l'Institut culturel afro – arabe dont le siège est à Bamako. La Cour ne s'attarde pas sur la question de la nationalité[43]. Il y eu également eu **l'affaire « M Chude Mba contre République du Ghana »**, qui a donné lieu à l'arrêt du 6 novembre 2013[44]. Le requérant ici était pourvu d'une double nationalité : nigériane et britannique.

Le cas est intéressant car si les critères de la « citoyenneté communautaire » étaient appliqués tels que le Protocole de 1982 sur la citoyenneté les a énoncés, M. Mba ne pourrait en effet être considéré comme un « citoyen de la Communauté » car ayant en outre la nationalité d'un État non membre à laquelle il n'a pas renoncé. N'étant pas un citoyen communautaire au sens du Protocole de 1982, son action a néanmoins été déclarée recevable par la Cour, qui ne s'est au demeurant pas attardée sur cette question de nationalité. On peut enfin évoquer l'affaire, jugée en 2015 par la Cour, qui opposait les « Etablissements Vamo » à la République du Bénin, la requête faisant état de deux demandeurs, les Etablissements Vamo eux-mêmes, et Monsieur Pascal Kuekia, commerçant de nationalité britannique d'origine camerounaise[45].

Autant dire qu'il convient, à notre avis, de souscrire à une telle démarche de la Cour. Il serait pour ainsi dire dommage que la Cour de la CEDEAO se mette en retrait d'autres juridictions internationales

---

43 Aff ECW/CCJ/JUD/02/10.

44 Aff ECW/CCJ/JUD/10/13.

45 Aff ECW/CCJ/APP/22/14

comparables, qui ne tiennent nullement compte de la nationalité dans les conditions auxquelles elles soumettent leur saisine. Les instruments juridiques pertinents s'abstiennent au demeurant de faire une quelconque référence au lien de nationalité, la notion de « personne » étant préférée. L'universalisme des droits de l'homme appelait cette indifférence aux contingences nationales.

### C.- Les groupes de personnes

Ce qui admis pour une personne, l'est-il pour plusieurs ? La réponse à la question peut sembler aller de soi, mais c'est oublier que la procédure est un ensemble de formes. Lorsqu'un texte énonce qu'il admet une action en justice pour *une* personne, c'est procéder à une lecture quelque peu « déformante » de celui-ci que d'accueillir des actions « collectives ». On peut parfaitement imaginer qu'un juge refuse, en pareil cas, des actions de ce type. On pourra regretter son interprétation, on ne dira pas nécessairement qu'elle est absurde.

C'est sans doute la raison pour laquelle un organe comme le Comité des droits de l'homme institué dans le cadre du Pacte des Nations Unies de 1966 relatif aux droits civils et politiques a éprouvé le besoin, dans une *Observation générale,* de faire la précision suivante :

> « Les bénéficiaires des droits reconnus par le Pacte sont les individus. Bien qu'à l'exception de l'article 1, le Pacte ne mentionne pas les droits des personnes morales ou entités ou collectivités similaires, nombre des droits reconnus par le Pacte, tels que la liberté de religion ou de manifester sa croyance (article 18), la liberté d'association (article 22) ou les droits des membres des minorités (article 27) sont accessibles en communauté avec d'autres. Le fait que la compétence du Comité pour recevoir et examiner des communications soit restreintes aux seules communications soumises par ou pour le compte de particuliers (article 1 du Protocole optionnel) n'empêche pas ces individus de faire valoir que les actions ou omissions affectant des personnes morales et entités similaires constituent une violation de leurs droits ». En dépit de cette ouverture, on sait que le Comité n'admet pas que des sociétés commerciales par exemple puissent la saisir, et qu'il exclut fermement toute actio popularis[46].

---

[46] V par exemple *« Une société d'édition c Trinité –et- Tobago »,* communication, n° 360/1989, UN Doc.CCPR/C/36/D/360/1989 (1989). Aux antipodes de cette relative sévérité, il y a la Convention européenne des droits de l'homme, dont l'article 34 dispose : *« La Cour peut être saisie d'une requête par toute personne physique, toute organisation non gouvernementale ou tout groupe de particuliers qui se prétend victime d'une violation*

La Cour de justice de la CEDEAO a, pour sa part, tenté d'adopter une position équilibrée. Lorsqu'elle est confrontée à une action entreprise par un groupe de personnes, elle ne rejette pas celle-ci en principe, mais exige qu'au moins un mandat soit donné aux représentants du groupe, comme dans **l'affaire Bakary Sarré et 28 autres contre République du Mali » (arrêt du 17 mars 2011).** S'attardant sur la qualité de « victime » devant la Cour, les juges notent :

> « le requérant, agissant à titre personnel en raison d'un intérêt lésé, juridiquement protégé, exerce le droit de saisir un juge pour l'examen de ses prétentions ou alors que le requérant, habilité à agir en vertu d'un mandat, pour le compte d'autrui ou pour le compte d'un collectif dont un intérêt juridiquement protégé a été lésé, exerce un pouvoir de représentation à l'action (…) »[47].

Puis, constatant que le requérant Bakary Sarré ne produit aucun mandat, décide que celui-ci n'a « aucun titre juridique pour agir devant la Cour au nom de ladite promotion »[48].

Dans une autre affaire jugée en 2015, « Les Victimes de violation des droits de l'homme de Saoro contre État de Guinée »[49], la Cour a également exigé du représentant des présumées victimes la production du mandat qui lui permet de saisir la Cour au nom de tous les autres.

On ne dira évidemment pas que la position de la Cour sur ce point est trop exigeante. On peut même avancer qu'elle ne demande que le minimum dans une telle configuration : la production d'un mandat. Cette exigence ne devrait pas, en principe, poser problème. La juridiction communautaire ne récuse donc pas l'action menée par un groupe de personnes. La position que voilà mérite à notre sens d'être approuvée. Dans un contexte comme celui de l'Afrique en général, la « culture des droits de l'homme » n'est pas toujours acquise, et il est heureux, sans tomber dans les excès de l'actio *popularis,* que la revendication du respect des droits de l'homme puisse être portée par des individualités au sein d'un groupe. Une condition doit cependant être toujours satisfaite : que les requérants aient, eux-mêmes, souffert un préjudice, qu'ils aient été, comme l'énonce l'article 10 du Protocole additionnel de 2005,

---

*par l'une des Hautes Parties Contractantes des droits reconnus dans la Convention ou ses Protocoles ».*

47 Aff ECW/CCJ/JUD/03/11, § 37 de l'arrêt. C'est nous qui soulignons.

48 §38 de l'arrêt.

49 Aff ECW/CCJ/APP/21/14.

« victime (s) » des violations des droits de l'homme. La satisfaction de cette condition est en effet fondamentale. La Cour ne saurait, par excès de libéralisme ou de générosité, ouvrir de façon excessive son prétoire. Le maintien de ce pré requis pourrait être le signe distinctif de sa qualité de juridiction, par opposition à d'autres instances qui pourraient se montrer plus libérales pour accueillir des requêtes en violation des droits de l'homme.

Tels sont les divers cas pour lesquels la Cour a élaboré une doctrine et adopté une position de principe que l'on peut considérer comme stabilisée. Il existe en revanche d'autres points, toujours relatifs à la qualité de victime de violation des droits de l'homme, sur lesquels la jurisprudence de la Cour mérite d'être précisée. Ce sont les cas discutables.

## II.- Les cas discutables

Ils sont également au nombre de trois : il y a le cas des victimes « potentielles », celui des personnes morales et celui des États.

### A.- Les victimes « potentielles »

La question qui se pose ici est de savoir si une personne, non encore victime de violation des droits de l'homme mais qui risque de l'être, peut saisir la Cour de justice de la CEDEAO.

Par trois fois au moins, ce problème s'est posé devant la Cour. Dans un premier temps, les réponses jurisprudentielles ont fluctué mais on doit dire que la position d'ensemble de la Haute juridiction semble aujourd'hui se stabiliser.

La première est l'affaire « Hissène Habré contre République du Sénégal », qui a fait l'objet de l'arrêt du 18 novembre 2010[50]. On sait que le requérant, M. Habré, estimait que l'État du Sénégal s'*apprêtait* à porter atteinte à ses droits en procédant à un certain nombre de réformes constitutionnelles et législatives. Selon le requérant, ces réformes étaient présentées comme s'inscrivant dans le cadre d'une conformation du droit national aux obligations internationales du Sénégal, mais elles constituaient, soutenait-il, des actes préparatoires à son procès, procès qui, toujours selon lui, n'avait aucune raison d'être. Bref, il prétendait se

50 Aff ECW/CCJ/JUD/06/10.

trouver dans une situation de victime potentielle des actes pris par le Sénégal.

La Cour était donc appelée à se prononcer sur sa situation. La position qu'elle va afficher ne sera pas vraiment claire. En effet, elle va affirmer dans un premier temps que « ces violations alléguées par le requérant sont liées à une hypothèse et permettent à la Cour de dire qu'elles ne sont que potentielles »[51], puis que « sa compétence n'est pas d'examiner des cas de violation in abstracto mais des cas concrets de violation des droits de l'homme »[52]. Pourtant, de façon assez curieuse, la Cour ajoute presque aussitôt après : « Toutefois, aujourd'hui cette jurisprudence a connu quelque atténuation par l'évocation de « circonstances tout à fait exceptionnelles » qui fait admettre que le risque d'une violation future confère à un requérant la qualité de victime (… ) »[53]. A l'appui d'un tel glissement, la Cour a évoqué la jurisprudence de la Cour européenne des droits de l'homme[54].

Dans un **arrêt du 3 juillet 2013, « Messieurs Aziagbede Kokou et 33 autres, Atsou Komlavi et 4 autres, Tomekpe A Lanou et 29 autres »**[55], la Cour semble renouer avec l'exigence d'une réalité, et non d'une simple potentialité, de la violation alléguée. Elle explique ainsi que :

> « Une requête portant sur la violation des droits de l'homme, qui ne présente pas, au moment où elle est introduite, un caractère international, qui est prématurée ou précoce, peut être déclarée irrecevable »[56].

Jusqu'à une date assez récente, la Cour de justice de la CEDEAO n'avait pas fixé une doctrine ferme sur la question de la « victime potentielle ». Il est souhaitable, à notre sens, qu'elle élève le niveau de probabilité de l'atteinte lorsqu'elle est saisie par une personne qui se prétend victime potentielle. Dans l'affaire Habré par exemple, il est certain qu'il était difficile de dire à l'État défendeur qu'il était sur le point de commettre une violation des droits alors qu'il ne faisait, effectivement, que tirer les conséquences d'un engagement international. Les

---

[51] §30 de l'arrêt

[52] §48 de l'arrêt

[53] §49 de l'arrêt.

[54] Il s'agit des affaires *Noel Narü Tauira et 18 autres c/ France ;, Dudgeon c/ Royaume Uni* du 22 octobre 1989 *; Soering c/ Royaume Uni* du 7 juillet 1989.

[55] Aff ECW/CCJ/APP/21/22/23/11

[56] § 20 de l'arrêt. C'est nous qui soulignons.

tergiversations de la Cour dans cette dernière affaire expliquent sans doute l'ambiguïté du dispositif même du jugement, qui n'adjuge nullement le bénéfice des prétentions des parties, ne les départit pas, ne décide en définitive rien.

En revanche, le traitement de la notion de préjudice probable ou éventuel a été sans aucun doute mieux appréhendée dans une affaire récente, celle qui a opposé les autorités de transition du Burkina Faso à des partis politiques et des citoyens que l'on voulait exclure de la compétition électorale (arrêt du 13 juillet 2015)[57]. L'État du Burkina Faso, défendeur, contestait la compétence même de la Cour au motif que celle-ci ne se préoccupe que de violations avérées, et non de violations éventuelles ou à venir. La Cour admet le principe d'une telle affirmation, mais la corrige immédiatement. Suivre l'argumentation de l'État du Burkina Faso reviendrait, selon elle, à « oublier, comme elle a au demeurant eu à le dire dans le passé, qu'elle peut valablement se préoccuper de violations non encore réalisées, mais très imminentes. En l'espèce, la violation prétendue n'a pas encore été accomplie, mais elle pourrait l'être très prochainement. Le processus électoral, si l'on se fie aux indications données à la Cour, devrait s'ouvrir près de soixante-dix (70) jours avant la date du scrutin, soit, pour des élections prévues le 11 octobre 2015, la date fatidique du 1er août 2015. La Cour est donc saisie dans l'urgence. Dans la configuration présente, si elle devait attendre que des dossiers de candidature soient éventuellement rejetés pour agir, si elle devait attendre l'épuisement des effets d'une transgression pour dire le droit, sa juridiction dans un contexte d'urgence n'aurait aucun sens, les victimes présumées de telles violations se retrouvant alors inexorablement lésées dans la compétition électorale »

(§16). La Cour a donc conclu à la forte probabilité d'un préjudice et, sur cette base, récusé l'incompétence alléguée par l'État du Burkina Faso.

### B.- Les personnes morales

Nous sommes ici dans une hypothèse différente de celle, précédemment étudiée, d'un groupe de personnes qui n'est pas vraiment structuré, qui se décide à agir en justice et mandate pour ce faire l'un d'entre eux. La question ici est plus principielle, il s'agit de savoir si le système de protection des droits de l'homme fait une place aux personnes morales, entités abstraites, si ces êtres, dont l'existence est indépendante

---

[57] Arrêt ECW/CCJ/JUD/16/15.

de celle des personnes physiques qui les ont constituées, ont le droit de saisir la Cour, sachant, encore une fois, que le texte pertinent parle de « personne victime d'une violation des droits de l'homme », en songeant sans doute aux personnes physiques.

Il s'agit là d'une des questions les plus cruciales qui se posent à la Cour car sa jurisprudence est aujourd'hui traversée de contradictions qu'il faut de toute urgence résorber. Qu'on en juge.

Dans **l'arrêt du 17 décembre 2009, « Coordination nationale des délégués départementaux de la filière café cacao (CNDD) contre République de Côte d'Ivoire »**, l'État défendeur contestait la capacité de la requérante à se prévaloir de « droits de l'homme » tout simplement. Se livrant alors à l'exégèse de l'article 10 d) du Protocole additionnel de 2005, elle « retient que le texte parle de « toute personne victime » sans préciser s'il s'agit de personne physique ou de personne morale ou encore s'il s'agit des deux à la fois ; mais la Cour tient à préciser, en outre, que le mot « victime » (…) permet de comprendre qu'il s'agit de connaître des plaintes de toute personne pouvant se prévaloir d'un préjudicie ou d'une atteinte aux droits ou aux libertés qui lui sont reconnues . Or, s'il est constant que les droits et libertés garantis dans les instruments relatifs aux droits de l'homme le sont au profit des individus, il n'en demeure pas moins que les personnes morales ont également des droits à faire prévaloir »[58].

On pouvait donc penser que la position de la Cour était définitivement assise. Pourtant, dans un **arrêt du 9 mai 2011, « Center for Democracy and Development et Center for Defence of Human Rights and Democracy contre République du Niger »**, la Cour relève que « le Centre pour la Démocratie et le Développement et le Centre pour la défense des droits de l'homme et de la Démocratie en Afrique ne justifient pas avoir reçu un mandat du peuple nigérien (…) »[59]. Plus loin, et de façon plus vigoureuse encore, elle énonce qu' « à supposer même que lesdites associations possèdent la capacité juridique dans leur États respectifs, elles n'ont pas démontré leur qualité de victime ni justifié de la qualité pour agir au nom des victimes(…) »[60]. **L'arrêt « Ocean King Nigeria Ltd contre République du Sénégal » du 8 juillet 2011** semble

---

58 Arrêt ECW/CCJ/JUD/05/09, §§ 23 et 24 de l'arrêt. Puis la Cour se réfère abondamment à la jurisprudence de la Cour européenne des droits de l'homme (§25 et 26). Mais à la différence de cette dernière juridiction, rien dans les textes relatifs à la Cour de la CEDEAO ne rendait évidente cette interprétation.

59 Aff ECW/CCJ/JUD/05/11, §18 de l'arrêt.

60 §28 de l'arrêt.

fidèle à ce point de vue puisque la Cour y affirme que « seuls les individus peuvent saisir la Cour en matière de violations des droits de l'homme. Les personnes morales (…) sont en conséquence exclues »[61]. Le dispositif même de la décision rendue pose en principe que les personnes morales ne sont pas admises en tant que victimes de violations de droits humains, mais seuls les individus, personnes physiques sont considérées comme victimes »[62].

Curieusement pourtant, la Cour a accepté de connaître d'une affaire dont le requérant était non seulement une personne morale, mais qui ne pouvait certainement pas se prévaloir d'un quelconque préjudice en l'occurrence. L'espèce présentait des similitudes avec le cas, qui vient d'être évoqué, et qui était relatif à la situation politique au Niger. C'est la Rencontre Africaine pour la Défense des Droits de l'homme – la RADDHO – qui avait saisi la Cour aux fins de suspendre l'élection présidentielle prévue au Sénégal en février 2012 et d'ordonner à l'État du Sénégal d'engager des poursuites contre les agents de sécurité impliqués dans la mort de manifestants. Dans un arrêt avant dire droit du 6 juillet 2012, la Cour a noté que les violations alléguées ont un « lien direct et réel » *avec* la promotion des droits de l'homme, et déclare recevable l'action entreprise. Il s'agit là d'une décision assez surprenante car on ne voit pas alors pourquoi les deux organismes similaires à la RADDHO, qui avaient sollicité la Cour contre l'État du Niger dans le climat politique tendu de 2011, avaient vu leur requête déclarée irrecevable. Les deux dossiers présentaient des similitudes très poussées, on appréhende mal la différence de traitement dont ils ont fait l'objet. Quoiqu'il en soit, l'arrêt du 6 juillet 2012, « RADDHO contre État du Sénégal » traduit un relâchement de la Cour dans son contrôle des requêtes portées à son prétoire. On sait qu'en définitive, et compte tenu de l'évolution de la situation politique au Sénégal (déroulement normal des élections de 2012 et réalisation d'une alternance), la Cour a, dans son arrêt du 23 octobre 2015, déclaré qu'il n y a avait plus lieu à statuer dans cette affaire[63].

En vérité, le danger qui guette la Cour de la CEDEAO, depuis que sa juridiction s'applique quasi-exclusivement aux droits de l'homme, c'est ce que l'on pourrait appeler – sans évidemment aucune connotation négative -, le *syndrome de Banjul,* pour parler de la Commission africaine

---

[61] Aff ECW/CCJ/JUD/07/11, §28 de l'arrêt.

[62] §74 de l'arrêt.

[63] Aff ECW/CCJ/JUD/20/15.

des droits de l'homme, qui siège dans cette ville. La saisine de cette Commission, c'est aujourd'hui connu, se fait dans des conditions relativement libérales. L'un des aspects de ce libéralisme est précisément la bienveillance avec laquelle la Commission accueille les « victimes ». Plus précisément, on sait qu'il est possible de saisir celle-ci sans même avoir à rapporter la preuve d'un quelconque préjudice personnel. Ainsi, des ONG, des cabinets d'avocats situés hors du continent africain, ont eu à porter des communications devant la Commission, au nom de « populations » données[64].

L'on peut certes se féliciter d'une telle réalité, compte tenu de la difficulté d'accéder au droit qui est celle de nombre de populations en Afrique. Mais la question est de savoir si une Cour, juridiction internationale comme celle de la CEDEAO, peut avoir les mêmes préoccupations ou la même grille de lecture qu'un organe quasi-juridictionnel comme la Commission africaine des droits de l'homme et des peuples. Nous ne le pensons pas. Il n'entre pas en effet dans les fonctions de la Cour de « promouvoir » les droits de l'homme, mais juste d'en sanctionner les violations. N'ayant pas une vocation « militante », la Cour devrait être plus rigoureuse que la Commission dans sa politique d'accueil des requêtes.

Dans cette perspective, il est recommandé ceci : que la Cour ne tienne pas vraiment compte de la nature de la personne qui la saisit – personne physique ou morale – mais seulement du caractère personnel ou non du préjudice subi. Lorsque les violations alléguées ont produit des conséquences dans le chef d'une personne donnée, celle-ci devrait voir sa requête déclarée recevable. Si en revanche cette personne n'a pas individuellement souffert des faits en cause, elle n'aura aucune chance de voir sa demande examinée par la Cour.

Une telle position nous semble équilibrée dans la mesure où elle évite d'abord l'absurdité du refus des « droits de l'homme » aux personnes morales. En effet, qui pourrait sérieusement soutenir qu'une association « brimée » n'a pas droit à la liberté d'expression, ou qu'une société injustement expropriée n'a le droit de se prévaloir du droit de propriété devant une juridiction ? Mais la solution préconisée échappe également aux critiques de l'*actio popularis* car le prétoire de la Cour de la CEDEAO ne serait pas ouvert à quiconque s'intéresse aux droits de

64 Dans cette affaire *« RADDHO c. Etat du Sénégal »*, les débats ont également fait apparaître que la requête présentée à la Cour avait été rédigée par un autre organisme, qui ne se trouve pas au Sénégal, et qui travaille à la défense des droits de l'homme.

l'homme, mais seulement à ceux qui font la démonstration que leurs droits personnels ont été lésés. La jurisprudence de la Cour paraît aller dans ce sens dans son évolution récente, il faut espérer que ce cap soit confirmé.

### C.- Les États

Un État membre de la CEDEAO peut-il attraire un autre État membre devant la Cour pour violation des droits de l'homme ?

A priori, la réponse serait négative. Aux termes de l'article 10 d) du Protocole de 2005 en effet, la Cour ne peut être saisie que par « toute personne victime de violations de droits de l'homme ».

Un coup d'œil sur d'autres instruments juridiques de la Communauté révèle pourtant que l'hypothèse d'un litige inter- étatique porté devant la Cour et relatif aux droits de l'homme peut bien survenir. Il faut pour cela se souvenir de deux choses.

La première est que l'article 10 du Protocole de 2005 n'épuise pas les titres de compétence de la Cour. Celle-ci peut en effet être saisie sur la base d'autres titres, d'autres textes. Et d'abord par le Traité de la CEDEAO lui-même, dont l'article 76 dispose :

> « Sans préjudice des dispositions du présent Traité et des Protocoles y afférents, tout différend au sujet de leur interprétation ou de leur application est réglé à l'amiable par un accord direct entre les parties. A défaut, le différend est porté par l'une des parties, par tout État membre ou par la Conférence devant la Cour de justice de la Communauté dont la décision est exécutoire et sans appel ».

D'autre part, aux termes de l'article l'article 9 du Protocole de 2005, « la Cour a compétence sur tous les différends qui lui sont soumis et qui ont pour objet : a) l'interprétation et l'application du Traité, des Conventions et Protocoles de la Communauté… ».

Le second point dont il faut se souvenir est qu'un certain nombre de ces « Conventions et Protocoles » renferment des dispositions relatives aux droits de l'homme. On peut citer, à cet égard, le Protocole de Lomé du 10 décembre 1999, relatif au Mécanisme de prévention, de gestion, de règlement des conflits, de maintien de la paix et de la sécurité.

Mais l'instrument le plus intéressant à cet égard est le Protocole sur la Démocratie et la bonne gouvernance, additionnel au Protocole de Lomé. Il y est question d'un droit à la participation aux décisions publiques (article 1^er c), de la liberté de culte (article 1^er f), du droit à l'égalité (article

1er g), du droit des parties politiques à se constituer et à être financés par la puissance publique (article 1er i), de la liberté de réunion et d'association (article 1er j) et de la liberté de presse (article 1er k) etc.

Sur la base de ces deux considérations – compétence de la Cour au sujet de l'interprétation et l'application d'un certain nombre d'instruments de la CEDEAO et sécrétion par ceux –ci de dispositions relatives aux droits de l'homme -, il est parfaitement concevable qu'un État mène une action en justice contre un autre qui n'aurait pas respecté les droits de l'homme stipulés dans les conventions et protocoles.

A ces arguments tirés de l'interprétation des textes de la CEDEAO, il faut ajouter une considération plus générale, qui reste un principe du droit international : le droit acquis de tout État partie à une convention de voir celle-ci respectée par tous les autres États parties et, partant, le droit de poursuivre en justice le respect d'un tel droit. En d'autres termes, même si cela n'était pas expressément prévu, tout État partie aux conventions et Protocoles de la Communauté a le droit d'assigner en justice un autre État dont il estimerait qu'il ne respecte pas ses obligations conventionnelles.

On admettra toutefois que nous ne serions évidemment plus dans le contexte de violation des droits de l'homme tel que pensé par le Protocole additionnel de 2005. Le cas deviendrait, plus simplement et plus classiquement, celui de la violation par un État de ses obligations conventionnelles. Dans l'hypothèse où c'est un traité conclu dans le cadre de la CEDEAO qui est en cause, on serait même purement et simplement dans le cadre du recours en manquement. Il est vrai qu'à ce jour, la Cour de justice de la CEDEAO n'a jamais enregistré un seul cas de litige inter- étatique. Cette réalité montre aussi à quel point l'intériorisation du règlement judiciaire des différends dans notre espace régional reste faible, même si, il ne faut s'y tromper, les États, tous les États du monde, rechignent naturellement à assigner leurs semblables en justice, pour la bonne et simple raison qu'en matière de droits de l'homme notamment, nul n'est parfaitement irréprochable.

***Mars 2015***

# LE DROIT NATIONAL DANS LA JURISPRUDENCE DE LA COUR DE JUSTICE DE LA CEDEAO

La Cour de justice de la CEDEAO applique de plus en plus, on le sait, un ensemble de normes que l'on peut considérer comme relevant du droit international des droits de l'homme. Cette donnée est bien entendu à relier avec sa compétence, acquise à la faveur de l'adoption du Protocole additionnel du 19 janvier 2005, pour juger des cas de « violation de droits de l'homme ».

En soi, cette extension de compétence était pourvoyeuse d'un conflit potentiel avec des normes du droit national en général, et du droit constitutionnel en particulier. On sait en effet que dans la plupart des États membres de la Communauté, il existe, dans les préambules ou le corps même de la Constitution, l'évocation d'un certain nombre de « droits de l'homme », soit que la Constitution ou son préambule renferme ces prérogatives, en en fixant le principe et l'étendue, soit que ces documents – mais surtout le préambule constitutionnel – renvoient à des instruments majeurs de protection des droits de l'homme, comme la Déclaration universelle des droits de l'homme adoptée par les Nations Unies le 10 décembre 1948, les Pactes onusiens de 1966 – Pacte sur les droits civils et politiques et Pacte sur les droits économiques, sociaux et culturels -, la Convention sur l'élimination de toutes les formes de discrimination à l'égard des femmes de 1979, la Convention contre la torture, les traitements cruels, inhumains ou dégradants de 1984, ou encore la Convention de 1989 sur les droits des enfants, qui demeurent tous des actes adoptés dans le cadre des Nations Unies. Il faut évidemment faire une part spéciale à la Charte africaine des droits de l'homme et des peuples de 1981, adoptée dans le cadre de l'ex Organisation de l'Unité Africaine (OUA). Ce dernier texte en particulier est en effet presque systématiquement cité chaque fois que les textes constitutionnels des États membres se réfèrent à des instruments de protection des droits de l'homme.

En acquérant compétence sur le terrain des droits de l'homme, la Cour de justice de la CEDEAO devient donc, virtuellement, une

« concurrente » des juridictions nationales habilitées à se prononcer sur les violations des droits de l'homme, en particulier, on l'a dit, des juridictions constitutionnelles. Cette perspective nouvelle, outre qu'elle ouvre un nouvel angle de réflexion sur les rapports entre la Cour de la CEDEAO et les juridictions des États membres – en plus de cet autre angle de réflexion que constitue le mécanisme du renvoi préjudiciel, prévu par l'article 10 § f) du Protocole additionnel de 2005 -, constitue une opportunité pour réfléchir, de façon plus générale, sur les relations entre le droit national des États membres et l'ordre juridique de la CEDEAO, telle que traité par la Cour de justice.

*A priori,* les principes qui gouvernent ces rapports seraient simples, tout au moins dans le contentieux de la violation des droits de l'homme. Juridiction internationale devant laquelle, en matière de violations des droits de l'homme, seuls les États peuvent être attraits, parce qu'eux seuls sont effectivement engagés par les textes internationaux qui stipulent ces droits, la Cour ne saurait, en principe, faire une quelconque place au droit national. Le procès devant la Cour communautaire se déploie dans l'ordre international, et dans cette sphère-là, ne peuvent être soulevées que des questions de droit international, questions dont les supports sont les traités et conventions que concluent les États, et, aussi, les actes unilatéraux d'organismes supra nationaux dont ces États sont membres. Cette première évidence, que la jurisprudence d'autres juridictions internationales corrobore, est affirmée à satiété par la Cour, et ses traductions dans les arrêts qu'elle rend sont nombreuses et variées *(I).*

A l'examen pourtant, les choses se révèlent plus complexes. Il s'avère que l'indifférence au droit national est loin d'être absolue, et qu'il arrive, dans plus d'une hypothèse, que la Cour en tienne compte. Le caractère assez simpliste de la thèse de l'imperméabilité du prétoire de la Cour au droit national doit très vite être relativisé. Le fait est que le droit national – et même la jurisprudence nationale- sont parfois pris en compte par le juge communautaire, et que c'est ce droit-là qui inspire même directement les décisions que la Cour de la CEDEAO peut être amenée à prendre. Il sera question, alors, d'essayer de passer en revue la palette des hypothèses dans lesquelles le droit national s'invite dans le procès qui a lieu à Abuja *(II).*

## I.- Le principe : l'indifférence au droit national

*A* y regarder de près, le rejet de toute prise en compte du droit interne des États dans la jurisprudence de la Cour se décline sur un double plan :

procédural et substantiel. Dans le premier cas de figure, il s'agit pour les juges d'Abuja d'insister sur le fait que la Cour n'est pas une instance de réformation ou de cassation des décisions nationales rendues : ni juge d'appel, ni juge de cassation (A). Du point de vue substantiel, c'est-à-dire des règles mêmes qu'applique la Cour aux affaires qui lui sont soumises, celle-ci ne sera appelée à se référer qu'aux textes internationaux, et non, par exemple, aux textes nationaux, lesquels peuvent éventuellement énoncer les mêmes droits qu'on trouve dans les traités et conventions (B).

### A.- La dimension procédurale : la Cour n'est pas une instance d'appel ou de cassation

A l'heure actuelle, et au bout d'une décennie de pratique contentieuse en matière de violations des droits de l'homme, cette règle passe quasiment pour une clause de style, et les plaideurs eux-mêmes ne se font pas parfois faute soit de l'évoquer contre une partie adverse, soit, dans une stratégie d'anticipation, pour prévenir une objection que la Cour pourrait leur opposer. C'est dire que ce principe semble aujourd'hui « intériorisé ».

Cette intériorisation était loin d'aller de soi en 2005, quand ce titre de compétence venait d'être introduit. La tentation pour les requérants se s'adosser à la Constitution de leur pays s'expliquait alors, non seulement par la disponibilité immédiate de l'instrument constitutionnel – celui dont ils étaient les plus prompts à s'emparer et qu'ils connaissaient sans doute le mieux – mais par une autre donnée, relevant d'une sorte de psychologie judiciaire, voire de psychologie tout court -, qui était l'absence de la règle de l'épuisement des voies de recours nationales pour saisir la Cour. On peut penser que la consécration de la règle de l'épuisement des voies de recours internes dans le système juridictionnel de la CEDEAO aurait donné à l'instance devant la Cour une allure plus « solennelle », plus « lointaine », et aurait probablement accrédité l'idée qu'à Abuja, se joue un autre procès, se noue une autre instance, se déploient d' « autres » règles ; bref, que devant la Cour, c'est le droit international qui est en jeu alors que jusque-là, c'est-à-dire devant les juges nationaux, c'étaient les règles de droit interne qui étaient en cause.

Cette coupure symbolique entre le procès national et le procès international se trouvait au contraire affaiblie par l'absence de la règle de l'épuisement des voies de recours internes. Non seulement la Cour peut être saisie alors que toutes les juridictions nationales ne l'ont pas encore été, mais il est même arrivé – position que l'on peut discuter - que la Cour communautaire estime que la saisine d'une juridiction nationale la mettait dans l'obligation d'attendre la fin du procès déjà engagé. Dans **l'arrêt « Messieurs Aziagbede Kokou et 33 autres contre État du Togo »**, rendu le 3 juillet 2013, on lit qu' « en conséquence, la Cour dit que la requête (…) est prématurée et qu'il *échet* dès lors de déclarer les allégations et demandes sur ce point non recevables en l'état ; les procédures étant encore pendantes devant les juridictions nationales de l'État défendeur »[65].

Disponibilité de l'instrument constitutionnel, absence d'une hiérarchie symbolique entre le procès national d'une part et le procès international d'autre part (horizontalité exprimée par l'absence de la règle de l'épuisement des voies de recours internes) pourraient compter parmi les raisons pour lesquelles le droit national a eu à être évoqué devant la Cour dans le passé.

Depuis quelques années toutefois, la jurisprudence de la Cour est fixée. On ne citera pas ici l'intégralité des affaires dans lesquelles celle-ci a été confrontée à la question de la prise en compte du droit national, et où elle a, subséquemment, réitéré sa position de principe.

Ainsi, Dans **l'arrêt Jerry Ugokwe c/ Nigeria du 7 octobre 2005, la Cour a déclaré** que « les recours contre les décisions des juridictions nationales des États membres ne font pas partie des compétences de la Cour »[66].

Dans **l'arrêt « Moussa Léo Keïta c/ État du Mali »** rendu le 22 mars 2007, la Cour « se déclare incompétente pour statuer sur la décision rendue par la Cour suprême du Mali »[67].

Dans **l'arrêt « Al Hadji Hammani Tidjani c/ République fédérale du Nigéria et autres »** du 28 juin 2007, la Cour estime que « recevoir cette requête reviendrait à s'immiscer dans la compétence des tribunaux nigérians en matière pénale sans justification »[68].

Enfin dans **l'arrêt « Monsieur Alimu Akeem c/ République fédérale du Nigéria » du 28 janvier 2014**, la Cour rappelle qu' « il est constant que dans les affaires où l'objet du différend portait fondamentalement sur le réexamen des décisions déjà rendues par les

---

65 Aff ECW/CCJ/JUD/07/13, §42.

66 Arrêt ECW/CCJ/JUD/03/05, § 32.

67 Arrêt ECW/CCJ/JUD/03/07, §39.

68 Arrêt ECW/CCJ/JUD/04/07, §45.

juridictions nationales, la Cour des céans a conclu au rejet des requêtes introduites »[69] .

Il arrive néanmoins que, conscients que la Cour rechigne à porter une appréciation sur le droit national, certains plaideurs, faisant preuve de subtilité, présentent leurs arguments de façon à ne pas laisser apparaître qu'ils veulent conduire la juridiction à statuer en tenant compte de ce droit. La stratégie consiste alors à entraîner la Cour dans l'acquiescement ou le rejet implicite d'une décision judiciaire nationale. Fort heureusement, celle-ci reste fidèle à son point de vue en écartant, là également, toute dynamique dont l'effet serait de la mener sur un tel terrain.

La doctrine de l'indifférence au droit national ne doit donc pas seulement être rappelée lorsqu'il est expressément demandé à la Cour d'invalider ou de paralyser des décisions judiciaires nationales déjà prononcées. Elle s'impose toutes les fois où, sans le dire expressément, une requête aboutit, par ses conséquences, c'est-à-dire de façon implicite ou indirecte, à une réformation ou une neutralisation d'une décision rendue par un juge national. Devant la Cour de CEDEAO, les plaideurs doivent donc être suffisamment avertis des précautions au moins rédactionnelles à prendre dans la présentation de leurs demandes. Il leur reste loisible, en effet, de ne pas poser les problèmes en termes de mise en échec d'un jugement ou d'un arrêt rendu par le juge national, et de se situer exclusivement sur le terrain de la violation de droits de l'homme énoncés par des instruments juridiques internationaux.

Sur ce point également, le rappel de trois arrêts rendus par la Cour s'impose.

Dans **l'affaire « Bakary Sarré et 28 autres c. République du Mali », la Cour a estimé** « qu'il ressort de l'analyse de la requête introduite par Monsieur Bakary Sarré et 28 autres contre l'État du Mali que ladite requête tend substantiellement à obtenir de la Cour de justice de la CEDEAO, la réformation des arrêts n°188 et 116 rendus par la Cour suprême du Mali et tend à ériger la première en une juridiction de cassation de la seconde. Entendu dans ce sens, la Cour des céans se déclare incompétente »[70].

---

[69] Arrêt ECW/CCJ/JUD/01/14, §42.

[70] Aff ECW/CCJ/JUD/03/11, arrêt du 17 mars 2011, §31.

Puis dans la jurisprudence :

« Mme Isabelle Manavi AMEGANVI c. l'État Togolais », la Cour a considéré que « la demande de réintégration s'apparente à un recours contre la Décision n°E018/10 du 22 novembre 2010 de la Cour constitutionnelle de la République Togolaise qui est une juridiction nationale d'un État membre, juridiction pour laquelle la Cour, suivant sa jurisprudence constante, n'est ni une juridiction d'appel ni de cassation et dont la décision par conséquent ne peut être révoquée par elle »[71].

Enfin, dans la décision du 23 avril 2015 :

« CDS Rahama contre État du Niger », la Cour considère qu' « il résulte de cette position de principe que les demandes de la CDS Rahama relatives aux décisions des juridictions nigériennes ne peuvent être satisfaites par la Cour, celle-ci n'ayant ni à les apprécier, ni, plus généralement et a fortiori, à porter une appréciation sur le respect par ces juridictions de leur propre jurisprudence ou du droit nigérien plus globalement »[72].

La Cour ne se contente pas seulement de rappeler qu'elle n'est pas une instance de réformation ou de cassation des décisions judiciaires rendues au plan national. Dans le fond des arrêts qu'elle rend, dans le choix de ses normes de référence, elle évite également d'avoir égard au droit national. L'indifférence au droit national ne joue donc pas qu'au plan procédural ou processuel *stricto sensu,* on la retrouve aussi sur le plan substantiel.

### B.- La dimension substantielle : la Cour écarte le droit national dans ses normes de référence

La Cour n'a de cesse de rappeler qu'elle ne regarde qu'aux règles de droit international, et non aux règles nationales, notamment constitutionnelles. Ce rappel a une conséquence décisive, sur le terrain de la qualité de défendeur devant la Cour, s'agissant du contentieux de la violation des droits de l'homme. Si en effet, sur ce chapitre, la juridiction communautaire s'en tient exclusivement au droit international, c'est que celui-ci n'engage que les États, qui l'ont accepté au travers de la palette des moyens d'expression du consentement tels que recensés par l'article

---

71 Arrêt ECW/CCJ/JUD/06/12, arrêt du 13 mars 2012, § 17.

72 Aff ECW/CCJ/JUD/03/15, § 53.

11 de la Convention de Vienne de 1969 sur le droit des traités, et qui couvre « la signature, l'échange d'instruments constituent un traité, la ratification, l'acceptation, l'approbation ou l'adhésion, ou tout autre moyen convenu ».

En d'autres termes, il est impossible, dans le cadre du contentieux en violation des droits de l'homme, d'assigner devant la Cour toute entité ou personne autre que l'État. Cela est une conséquence – ou peut – être une cause – de ce que seules des règles de droit international sont alors applicables devant elle.

Dans **l'affaire « Centre For Democracy and Development et Centre for Defence of Human Rights and Democracy c. République du Niger »**, qui a fait l'objet de l'arrêt du 9 mai 2011, il est dit que :

> « (…) la compétence positive de la Cour ne s'entend pas du contrôle de la constitutionnalité ou de la légalité des actes pris par les autorités nationales des États membres en application de leur droit national (…). En conséquence, la Cour estime qu'elle n'est pas compétente pour juger de la légalité ou de la constitutionnalité des actes incriminés ou interdire que des actes de cette nature soient pris. Dès lors, elle est incompétente pour juger que les décisions prises par Monsieur Mamadou Tandja sont illégales, arbitraires, nulles et de nul effet. Elle est également incompétente pour interdire à Monsieur Mamadou Tandja ou aux agents de l'État du Niger d'organiser ledit référendum, aux fins de se maintenir au pouvoir »[73].

Dans l'arrêt du 19 juillet 2013 :

> « Karim Meissa Wade contre État du Sénégal », il est également écrit que « la Cour des céans doit se déclarer incompétente pour apprécier la légalité des lois n° 81-53 et n° 81-54 du 10 juillet 1981 relatives à la répression de l'enrichissement illicite et à la création de la Cour de répression de l'enrichissement illicite ainsi que de toute décision de la Commission d'instruction de la Cour de Répression de l'Enrichissement Illicite qui est une juridiction nationale de l'État du Sénégal »[74].

La Cour ajoute que « de manière plus générale, la Cour des céans doit se déclarer incompétente pour connaître de l'ensemble des demandes formulées par le requérant puisque l'examen de ces demandes la

---

[73] Aff ECW/CCJ/JUD/05/11, § 24.

[74] Aff ECW/CCJ/JUD/09/13, § 60.

conduira à outrepasser sa compétence en s'ingérant dans les affaires législatives et judiciaires du Sénégal »[75].

La décision :

> « Messieurs Abdoulaye Baldé et autres contre Sénégal », rendue le 22 février 2013 réitère cette position : « La Cour estime que le différend qui oppose les parties sur la violation du droit à un procès équitable ne saurait l'amener à apprécier la législation de l'État du Sénégal sur l'enrichissement illicite. »

Elle « rappelle sa jurisprudence constante, et selon laquelle elle n'est pas compétente pour apprécier les lois internes des États membres ni les décisions rendues par les juridictions des États membres »[76].

Plus nettement encore, dans l'arrêt du 13 juillet 2015 :

> « CDP et autres contre État du Burkina Faso », une manière de profession de foi est exprimée : «Le premier de ces principes, qui revêt une portée singulière dans le cas qui lui est soumis, est son refus de s'instituer juge de la légalité interne des États. La Cour, en effet, a toujours rappelé qu'elle n'était pas une instance chargée de trancher des procès dont l'enjeu est l'interprétation de la loi ou de la Constitution des États de la CEDEAO. Deux conséquences en découlent. La première est qu'il faut écarter du débat judiciaire toute référence au droit national, qu'il s'agisse de la Constitution du Burkina Faso, ou de normes infra-constitutionnelles quelles qu'elles soient. Dans leurs écritures, les requérants se sont en effet référés aussi bien à la Constitution nationale (article 1er) qu'à la Charte de la Transition (article 1er également). La Cour doit considérer de telles références comme inappropriées dans son prétoire. Juridiction internationale, elle n'a vocation à sanctionner que la méconnaissance d'obligations résultant de textes internationaux opposables aux États. La seconde conséquence est qu'il ne saurait être question, dans la présente affaire, de s'épancher sur le sens qu'il faut donner au nouvel article 135 du Code électoral du Burkina Faso »[77].

---

75 § 61.

76 Aff ECW/CCJ/JUD/04/13, §§ 70 et 72.

77 Aff ECW/CCJ/JUD/ 16/15, §§ 24 à 26.

Il faut, en d'autres termes, que l'État attrait devant la Cour soit effectivement partie aux conventions dont se prévaut le requérant, évidence qui a été parfois escamotée[78].

L'éviction du droit national ne saurait pourtant être totale dans l'appréciation de la violation des droits de l'homme. Par nécessité, et dans certaines configurations particulières, le juge international qu'est ici la Cour de la CEDEAO, sera tenu de regarder à ce droit, tenu de le prendre en compte, pour évaluer les demandes qui lui sont soumises. Il ne s'agit alors pas de renier une position de principe, mais de tenir compte de la spécificité du cas soumis ou des « circonstances de la cause ». Il n'est donc pas question de critiquer la jurisprudence – sa position est parfaitement défendable – mais seulement de relever des limites de la thèse de l'indifférence au droit national.

## II.- L'exception : l'inévitable prise en compte du droit national

La première prise en compte du droit national par le juge de la CEDEAO est en réalité une prise en compte des procédures judiciaires nationales ayant traité de l'affaire. Il est en effet arrivé, aussi surprenant que cela puisse paraître, que la Cour soit saisie d'affaires ayant non seulement connu un épilogue au plan national, mais dans lesquelles le requérant avait déjà obtenu satisfaction. En d'autres termes, la demande devant le juge communautaire tendait à « gagner sur deux tableaux », dédoublement qui confine à une forme de déloyauté et que la Cour a promptement écarté (A).

D'autre part, il existe des cas dans lesquels le retour au droit national s'impose parce que c'est lui qui est la mesure du droit dont la violation

[78] Il est en effet malheureusement arrivé, sans doute par inadvertance, que la Cour à cet égard des instruments juridiques non-pertinents, comme l'est, par définition, la Convention européenne de sauvegarde des droits de l'homme, opposable aux seuls membres du Conseil de l'Europe. Ces erreurs ont eu lieu dans deux affaires notamment : *« El Hadji Mame Abdou Gaye contre République du Sénégal »* (26 janvier 2012) et *« Monsieur Kpatcha Gnassingbe et autres contre République Togolaise »* (3 juillet 2013). Dans la première affaire, la Cour cite, dans sa *ratio decidendi* l'article 5 alinéa 1er de la Convention européenne (§39), et dans la seconde, elle évoque le même texte dans son raisonnement (§94). De la même manière, la Cour ne devrait pas, en vertu de la théorie de l'indifférence au droit national, s'appuyer sur la Constitution des États. Elle l'a malencontreusement fait dans, par exemple, l'affaire *« Aliyu Tasheku contre République Fédérale du Nigéria »* (arrêt du 12 juin 2012), où les articles 34, 35, 36, 41 et 42 de la Constitution du Nigéria sont cités (§17). Dans l'arrêt *« Kpatcha Gnassingbé »* précité, il est également question de la Constitution togolaise du 14 octobre 1992 et de son article 19 en particulier (§ 94).

est alléguée. Lorsqu'un régime juridique national organise le principe et les conditions d'exercice d'un droit, il est normal que pour apprécier une entorse prétendue à ce droit, le juge se réfère aux standards ainsi édictés par l'État. Si ces standards sont respectés, il conclura à l'absence de violation ; dans le cas contraire, il sanctionnera l'État. L'espace d'un instant, et dans une configuration assez déroutante, c'est le juge international qui veille à l'application du droit national (B).

Au total, la prise en compte du droit national par le juge de la CEDEAO revêt donc, à l'instar de son rejet entrevu dans la première partie, une dimension procédurale (prise en compte de procédures judiciaires internes) et une dimension substantielle (prise en compte, inévitable, de standards ou de critères nationalement définis).

### A.- La dimension procédurale : l'exception de chose jugée au plan national

L'hypothèse, à laquelle on ne songe pas toujours spontanément, est celle d'une saisine de la Cour de la CEDEAO alors que le juge national, également saisi de la *même* affaire, a déjà vidé sa saisine. En d'autres termes, la même affaire est portée devant le juge national et devant la Cour de la CEDEAO. Nous sommes en présence d'une « exception de chose jugée », que l'on pourrait définir comme « une fin de non-recevoir, par laquelle un plaideur fait valoir, comme cause d'irrecevabilité, l'autorité de la chose jugée dans un procès antérieur et qui, en cas de vérification positive, oblige le juge à déclarer irrecevable la demande de la partie adverse »[79].

La configuration, qui peut encore une fois sembler bizarre, s'est produite au moins deux fois devant la Cour d'Abuja. Naturellement, celle-ci a opposé une sorte d'exception de chose jugée, pour refuser de connaître de l'affaire. Dans ces conditions, la demande a été déclarée irrecevable. Le principe ainsi consacré ne figure nulle part dans les textes qui régissent la Cour, mais nul ne songera à en contester l'application, ne serait-ce qu'en vertu de la règle qui veut qu'une affaire ne puisse être jugée deux fois (« non bis in idem »). Toute autre solution aboutirait évidemment à ce résultat absurde par lequel une partie plaignante pourrait être indemnisée deux fois, au titre de réparation du préjudice subi. C'est en vain – on le verra encore plus loin - que l'on objectera que l'absence de la règle de l'épuisement des voies de recours internes, en

[79] J SALMON (dir.), *Dictionnaire de droit international public*, Bruxelles, Bruylant, 2001, p 170.

vigueur devant la Cour, « déconnecte » en quelque sorte l'instance nationale du procès national et explique, voire autorise ce chevauchement des procédures. Pour des raisons de simple logique, la reproduction d'un procès national terminé devant le juge international ne saurait se justifier. La Cour l'a exprimé dans **l'arrêt « Aliyu Tasheku contre République fédérale du Nigéria », rendu le 12 juin 2012**. Elle y « relève qu'il ressort des pièces versées au dossier par le conseil de la République fédérale du Nigéria, notamment de la décision du 19 mai 2011 précitée, qu'il a été fait droit aux prétentions du requérant lorsque la « High Court » a jugé qu'il y a eu violation des articles 34, 35, 36, 41 et 42 de la Constitution du Nigéria (...) et lui a accordé une compensation de cinq millions (5.000.000) de naïras ». Dès lors, la Cour « ne saurait juger à nouveau une affaire dans laquelle est déjà intervenue la décision d'une juridiction nationale d'un État membre et contre laquelle n'est élevée aucune contestation. En conséquence, elle juge la requête de M. Aliyu Tasheku irrecevable »[80].

Puis, c'est la jurisprudence « Sa'Adatu Umar contre République fédérale du Nigéria » du 14 décembre 2012 qui déclare que la Cour note que les faits portés à sa connaissance « are essentially the same » que ceux déjà jugés par la « Federal High Court » d'Abuja. Elle en conclut que "on these grounds, declares that the instant case is essentially the same as the one that was earlier adjudicated upon in the Nigerian Court ; Consequently, the Court declares that there is no need to consider the case brought before it by Sa'Adatu Umar on its merit..."[81].

Enfin, sur un mode mineur - ainsi qualifié car dans cette hypothèse la Cour n'exclut pas la possibilité ultérieure d'au moins se pencher sur l'affaire -, le juge de la CEDEAO peut estimer que la saisine du juge national peut rendre « prématurée » la sienne propre. Ainsi, dans **l'affaire « Messieurs Aziagbede Kokou et 33 autres contre État du Togo » (arrêt du 3 juillet 2013)**, elle conclut, après avoir pris connaissance de l'état de la procédure au plan national, que :

> « La requête (...) est prématurée et qu'il échet dès lors de déclarer les allégations et demandes sur ce point non recevables en l'état ; les procédures étant encore pendantes devant les juridictions nationales de l'État défendeur »[82].

---

[80] § 11 et 19 de l'arrêt.

[81] Aff ECW/CCJ/JUD/17/12, §§19 et 22 de l'arrêt.

[82] Aff précitée, §42 de l'arrêt.

Ce qui est intéressant dans ces trois jurisprudences, c'est que les solutions choisies par le juge ne reposent pas, en tant que telles, sur un texte précis. Elles résultent d'un *imperium* qui confine au bon sens, ce sont des préconisations fondées en logique seulement, mais irrécusables pour nous. La force du bon sens peut même sembler, un instant, aller à l'encontre du texte.

Dans la dernière affaire citée, il est certain qu'une compréhension dogmatique de la règle de l'absence de l'épuisement des voies de recours internes aurait pu conduire le juge à connaître immédiatement de l'affaire, mais la Cour a préféré « temporiser », attendre les suites du procès national en cours. On n'exclut pas que dans certains cas, le juge de la CEDEAO s'empare d'affaires dont les développements procéduraux nationaux ne sont pas terminés, mais en l'espèce sa retenue nous semble justifiée par un fait majeur, et qui devrait être le fil d'Ariane du comportement de la Cour : éviter que la poursuite des deux instances aboutisse à la même condamnation ou à la même réparation, dès lors qu'elles sont fondées sur les mêmes demandes, ou tendent aux mêmes fins.

C'est donc un critère pragmatique, téléologique ou d'inspiration utilitariste, fondé sur l'évitement de la surabondance ou de la superposition des réparations, qui doit guider le juge confronté à un procès national en cours. Si ce risque est écarté, on peut ne pas exclure que la Cour de la CEDEAO accepte sans attendre de connaître de l'affaire, et fasse prévaloir ainsi une conception rigoureuse de la règle du non-épuisement des voies de recours internes[83]. Tout repose donc sur des éléments de fait, sur les données d'un contexte, sur la logique en définitive.

L'exception de chose jugée au plan national constitue donc une première prise en compte du droit interne, on veut dire de la procédure judiciaire nationale. Elle a donc lieu dans le champ processuel. D'un

---

[83] A titre d'exemple, on peut citer le fameux arrêt *« Dame Hadijatou M. Koraou contre République du Niger »* (27 octobre 2008), dans lequel, dans un sens contraire, la Cour estimait, pour connaître de l'affaire que le fait d'avoir saisi les juridictions nationales était sans influence sur la compétence de la Cour, au nom de la non pertinence de la règle de l'épuisement des voies de recours internes (§§48 et 49). En fait, les enjeux des procès n'étaient pas les mêmes : alors qu'il s'agissait pour la requérante d'obtenir des sanctions civiles ou pénales au plan interne, il était question, devant la Cour de la CEDEAO, d'enjeux plus solennels, mettant en cause non seulement l'Etat du Niger et des traditions culturelles, mais touchant des normes internationales d'une impérativité supérieure (comme l'interdiction de pratiques « esclavagistes »). Dès lors, on pouvait comprendre que le juge de la CEDEAO « déconnecte » les deux instances.

point de vue plus substantiel, le droit du pays est pris en compte dans une autre configuration sur laquelle il importe maintenant de se pencher.

### B.- La dimension substantielle : le droit national, baromètre des violations prétendues

Lorsque le droit national confère un droit et que celui-ci fait l'objet d'un débat porté devant la Cour de la CEDEAO, il est inévitable que le juge communautaire se penche sur l'aménagement juridique de ce droit, qui est un aménagement interne.

La chose est particulièrement perceptible dans les affaires où la procédure pénale nationale est en jeu. Il va de soi, sauf exception, que pour apprécier la légalité d'une garde-à-vue, celle d'une arrestation ou d'une perquisition, pour apprécier l'usage qu'un juge enquêteur fait de ses pouvoirs, le premier réflexe de la Cour, au demeurant souvent aiguillé par le justiciable, est de se référer aux dispositions nationales pertinentes.

Dans **l'affaire Badini Salfo contre République du Burkina Faso » par exemple (arrêt du 31 octobre 2012),** la Cour de la CEDEAO cite expressément l'article 75 du code de procédure pénale, ainsi qu'elle se réfère à la loi n°017-2009 du 5 mai 2009 portant répression du grand banditisme. Après avoir bien précisé qu'elle apprécie les circonstances « au regard du droit pénal burkinabé »[84], elle arrive à la conclusion que « la durée de la garde-à-vue du requérant a excédé le délai de dix jours et même de quinze jours en cas de prolongation et ce, <u>en violation de l'article 5 de la loi précitée »[85].</u>

C'est aussi en référence aux données de la procédure pénale nigériane que la Cour a tranché **l'affaire « Djot Bayi Talbia et 14 autres contre République fédérale du Nigéria » (arrêt du 28 janvier 2009).** Se posait le problème de la légalité de la durée d'une détention, et de façon extrêmement claire, la Cour de la CEDEAO s'en remet au droit national tel qu'appliqué par les divers juges nigérians :

> « (...) La Cour estime qu'à la date du 1er mars 2004 où les requérants ont été présentés au juge pénal qui a ordonné la relaxe de cinq (5) parmi eux, il n y a pas eu d'arbitraire, mais (...) la Cour estime que la décision de poursuite judiciaire contre les dix (10) autres requérants et la continuation de leur détention jusqu'au 30 novembre 2005 ne se justifient pas. Au demeurant, tel est le sens de l'affaire vue par la Haute

[84] Aff ECW/CCJ/JUD/13/12, §24.

[85] §25. C'est nous qui soulignons, ici dans les notes qui suivent.

Cour fédérale du Nigéria qui, dans sa décision du 30 novembre 2005, a déclaré que la juridiction nigériane n'était pas compétente (...). Dès lors, le maintien en détention des dix requérants constitue une détention arbitraire « de mars 2004 au 30 novembre 2005 »[86].

Dans **l'arrêt du 8 février 2011, « Sidi Amar Ibrahim et autres contre République du Niger »**, la Cour s'attache également aux dispositions du droit pénal nigérien (plus précisément aux articles 80 du code de procédure pénale, 32 alinéa 2 et 41 alinéa 2 du code de justice militaire) pour arriver à la conclusion que c'est ce code de justice militaire qui aurait dû être appliqué compte tenu de la nature des faits au cours desquels les ayants-cause des requérants ont trouvé la mort (militaires en service commandé).

D'autre part, les articles 46 et 47 du même code disposent qu'il appartenait au ministre de la défense et aux « autorités militaires compétentes » de saisir les juridictions militaires compétentes, mais qu'en dépit de cette règle, ils n'ont pas réagi aux demandes de saisine qui leur avaient été faites par les requérants devant la Cour de la CEDEAO. Le juge en conclut que « cette abstention des autorités de l'Etat du Niger s'analyse en une violation du droit des requérants à un recours effectif devant les juridictions nationales compétentes de l'État du Niger »[87].

Enfin, dans **l'affaire « Pascal A Bodjona contre République du Togo », jugée le 24 avril 2015**, la Cour considère qu'au nombre des *« entorses faites à ses droits »*[88], le requérant a évoqué avec raison sa garde-à-vue de onze (11) jours. Cette durée est directement appréciée à l'aune des dispositions du code de procédure pénale du Togo puisque pour la Cour, « ce fait n'aurait dû être possible qu'avec une autorisation de prolongation émanée des autorités judiciaires. Aux termes des dispositions du code de procédure pénale togolais en effet, le délai de garde-à-vue, qui est de quarante - huit (48) heures, ne peut être prolongé que sur autorisation du Procureur de la République (article 52). On ne trouve pourtant nulle trace d'une telle autorisation dans le dossier »[89].

De tels exemples pourraient être multipliés[90]. Ils attestent que les données judiciaires nationales d'un litige ne sauraient être

86 Aff ECW/CCJ/JUD/01/09, §33.

87 Aff ECW/CCJ/JUD/02/11, §45.

88 §39.

89 Aff ECW/CCJ/JUD/06/15, §40.

90 V. entre autres arrêt du 31 janvier 2014, *« Georges Amoussou Constant contre Etat du Bénin »* ; arrêt du 17 mai 2016, *« Farimata Mahamadou et autres contre République du*

systématiquement ignorées par le juge communautaire. Il arrive en effet fréquemment que la violation d'un droit trouve sa source dans la méconnaissance même d'une disposition de droit interne, lequel devient dès lors le baromètre même du comportement incriminé. Dans une attitude qui tient, en définitive, d'une forme d'hommage au droit ou au juge national, la Cour renvoie alors l'État au miroir de son propre droit, qu'il lui met pour ainsi dire sous les yeux. La violation du droit national emporte alors violation du droit international : en méconnaissant des dispositions internes sur la garde-à-vue, sur l'enquête, sur la détention, l'État – qui devient ainsi responsable du fait de ses organes judiciaires -, transgresse les règles pertinentes des conventions internationales interdisant l'arbitraire, le droit national devient, redisons-le, la mesure et l'étalon du droit international. On peut le dire autrement : la règle nationale est d'office affectée d'une qualité, d'une présomption de conformité au standard international, qui fait que la liberté prise à son égard est un écart vis-à-vis du standard.

Certes, la présomption que voilà ne se vérifie pas toujours nécessairement, mais en l'absence d'une réglementation internationale circonstanciée sur le sujet, en l'absence d'une définition détaillée des critères internationaux de la « bonne » règle, on considérera, dans une sorte de postulat optimiste, que les législations étatiques sont à l'avenant des exigences internationales. Au demeurant, cette attitude générale a aussi le mérite du réalisme et de la courtoisie[91] : en montrant à l'État que c'est d'abord sa propre règle qu'il a méconnue, il devient plus facile de l'amener à comprendre et à accepter qu'il s'est aussi écarté d'une norme internationale, cette dernière n'intervenant alors pas comme un coup de tonnerre dans un ciel serein, ne s'invitant pas brutalement dans un ordre interne placide.

Au surplus, n'oublions pas le raisonnement inverse, encore plus gratifiant pour l'État défendeur, et que la Cour de justice de la CEDEAO a eu aussi à appliquer : si, au contraire du cas précédent, les règles

---

*Mali »* ; arrêt du 10 octobre 2016, *« M. Goswill Tommy Udoh contre République fédérale du Nigéria »*. De même, par trois fois au moins, la Cour a tiré les conséquences d'une déclaration d'innocence énoncée par des juridictions nationales, pour notamment conclure à l'arbitraire d'une détention ; v. *« Mamadou Baba Diawara contre Etat du Mali »* (arrêt du 23 octobre 2015) ; *«Col Mouhammed Sambo Dasuki contre Etat du Nigéria »* (arrêt du 4 octobre 2016) et *«Maître Djelou Kodjovi et autres contre Etat du Togo »* (arrêt du 6 octobre 2015).

91 Sur la courtoisie entre juges, v. l'article *infra,* « La Cour de justice de la CEDEAO et les autres ordres judiciaires ou le dialogue des juges vu d'Abuja : quelques réflexions générales ».

nationales ont été simplement appliquées, il faut non seulement débouter le requérant et conclure qu'aucun grief n'a été commis, mais il faut plus fondamentalement considérer que la législation nationale est conforme aux exigences internationales – même si, là aussi, il ne s'agit que d'une présomption loin d'être irréfragable, c'est-à-dire incontestable -.

Sans aller jusqu'à le qualifier d' « hydre » ou prétendre qu'il hante l'instance devant la Cour, on voit que le droit national s'invite par diverses voies non seulement dans un procès qui reste international, mais devant une juridiction dont l'un des dogmes jurisprudentiels les mieux établis est pourtant le principe d'indifférence au droit interne. « Dogme » avons-nous dit, le mot, on le sent immédiatement après la lecture des lignes qui précèdent, pourrait être excessif. En effet, par nécessité et par logique, la juridiction communautaire est presque condamnée à revenir, en des occurrences particulières, au droit des États membres, soit que ce droit a déjà été dit par des organes étatiques – devant lesquels étaient exprimées les mêmes demandes que devant la Cour -, soit que c'est la norme nationale elle-même qui aménage le droit ou la liberté qui aurait été atteinte ; elle devient alors l'inévitable étalon du juge international.

***Mars 2016***

# LE RÔLE DU JUGE DANS LE CONTENTIEUX DE LA VIOLATION DES DROITS DE L'HOMME : LA COUR DE JUSTICE DE LA CEDEAO ENTRE ACTIVISME ET AUTOLIMITATION

La thématique de l'activisme[92] et de l'autolimitation du juge, de l'audace interprétative et du « self- restraint » sont des classiques de la littérature juridique. Quelques années après la mise en place de la Cour de la CEDEAO et près de quatre – vingt-six décisions rendues[93] depuis qu'elle a commencé à fonctionner – arrêts délivrés pour l'essentiel dans le contentieux de la violation des droits de l'homme -, il serait intéressant d'analyser la jurisprudence ouest-africaine au crible de la conception qui en transparaît sur le rôle et la place du juge. Révolutionnaire à bien des égards – droit d'accès direct à la juridiction de la Cour pour les personnes privées, non observation de la règle de l'épuisement des voies de recours internes, gamme extrêmement large des instruments juridiques invocables -, le mécanisme de protection judiciaire des droits de l'homme à la CEDEAO doit cependant composer avec certaines contraintes d'ordres divers, et si les éléments d'originalité qui viennent d'être signalés sont incontestablement de nature à conduire le juge à concevoir sa fonction de façon dynamique et ambitieuse, il existe d'autres données, tout aussi importantes – relative jeunesse du système de protection ainsi mis en place, quasi-inexistence d'un mécanisme perfectionné d'exécution des décisions rendues et, il faut l'avouer, culture encore balbutiante de l'État de droit – qui pourraient hypothéquer l'efficacité de la sauvegarde judiciaire des droits de l'homme.

C'est à ces tendances contradictoires qu'il convient de s'intéresser ainsi, à ce balancement entre activisme et autolimitation, entre audace et timidité. Plus précisément, il s'agit de voir quelques manifestations de cette tension qui est au cœur du travail de la Cour de justice de la CEDEAO. La démarche entreprise sera donc simple : on étudiera

---

92 Le mot « activisme » peut être chargé d'une connotation négative en français, dont il n'est évidemment pas question ici. L'expression anglaise de *« judicial activism »*, moins empreinte de jugement de valeur, serait assurément plus appropriée.

93 Décompte fait au mois de juillet 2017.

successivement la dynamique activiste *(I)* et les ressorts de l'autolimitation *(II)*.

## I.- La dynamique activiste

Deux terres d'élection de l'audace interprétative de la Cour, très remarquables quand on se penche sur sa jurisprudence, peuvent d'emblée être relevées. Il s'agit d'une part des conditions dans lesquelles celle-ci établit sa compétence (A) et, d'autre part, de l'aisance avec laquelle la juridiction écarte les arguments d'une incompétence judiciaire fondée sur la « nature » ou les spécificités éventuelles des cas qui lui sont soumis (B). Dans les deux cas, l'attitude du juge conduit directement à l'établissement de son aptitude à en connaître.

### A.- L'établissement de la compétence de la Cour

La compétence de la Cour de justice de la CEDEAO à connaître des cas de violation des droits de l'homme est facilitée par deux données. La première est l'extrême abondance des instruments juridiques invocables contre les États attraits devant elle, et la seconde est à trouver dans le raisonnement judiciaire lui-même, qui consiste à quasiment présumer cette compétence, en allégeant, dans des conditions parfois discutables, la charge de la preuve – preuve de la compétence, précisément - qui repose sur le demandeur.

Sur le premier point, il convient en effet de rappeler que la Cour s'est d'emblée reconnue compétente pour apprécier toute violation invoquée sur le fondement de tout instrument juridique auquel l'État défendeur est partie. On a déjà évoqué les problèmes que pose un tel parti pris. Dépourvue d'instrument juridique de référence propre, à l'opposé d'autres systèmes de protection des droits de l'homme, la juridiction communautaire s'invite ainsi dans des processus dans lesquels elle n'avait pas vocation à entrer. Elle fait donc application de textes conçus hors de l'organisation dont elle dérive, et pour lesquels, de surcroît, des organes spéciaux de surveillance ont été déjà institués. Elle pourra ainsi sanctionner la violation du Pacte de 1966 sur les droits civils et politiques, alors pourtant qu'existe pour celui-ci un organe ad-hoc, le Comité des droits de l'homme des Nations Unies. De même, la Cour pourra réprimer une méconnaissance de la Charte africaine des droits de l'homme et des peuples, alors même qu'existent la Commission et la Cour africaine des droits de l'homme et des peuples, organes préposés à la surveillance du respect de ce traité international.

Il en résulte que les textes auxquels la Cour pourra se référer contre les États sont extrêmement nombreux, ceux-ci ayant signé et ratifié un nombre très élevé d'instruments juridiques. De fait, ce point n'a pas pour l'heure posé de problèmes particuliers. On relèvera toutefois deux éléments sur lesquels le juge communautaire devrait se montrer vigilant.

Il s'agit d'abord de la vérification et de la mention de l'acte par lequel l'État défendeur exprime son consentement à être lié. Très fréquemment, les requérants devant la Cour omettent de mentionner cet engagement unilatéral, se contentant seulement de citer l'instrument international de référence, surtout lorsque celui-ci a été conclu au sein de l'ONU et a ainsi une vocation universelle. Cette tendance est également observable quand le demandeur appuie sa requête sur la Charte africaine des droits de l'homme et des peuples. Il se dispense alors de préciser l'acte par lequel l'État s'est lié, et tout se passe comme si la notoriété d'une convention internationale opérait quasiment opposabilité universelle. Or, il est toujours nécessaire que le demandeur qui excipe d'un texte international apporte la preuve que ce texte lie bien l'État qu'il assigne. Ce peut alors être un acte de ratification, ou la simple signature par l'État si celui-ci entend en faire un accord en forme simplifiée, voire, un engagement à titre provisoire. Dans la pratique actuelle des plaideurs, cette assurance minimale n'est pas toujours prise, et il convient sans doute que le juge la rappelle aux parties, on veut dire au requérant surtout.

Le second élément appelant une vigilance accrue peut sembler relever du truisme, mais on l'évoquera tout de même. En effet, aussi notoire que soit un texte, aussi développée que soit la pratique des « référencements croisés »[94] et de l'approche comparative des jurisprudences - ces caractéristiques éclatantes du dialogue des juges[95] - , la Cour doit toujours se garder de succomber aux sirènes du suivisme, pour la bonne et simple raison que les textes de référence des autres juridictions internationales peuvent n'avoir aucune pertinence devant elle faute de leur opposabilité à l'État assigné.

Il va de soi que la Convention européenne de sauvegarde des droits de l'homme, ou la Convention interaméricaine ne saurait être opposée aux

---

94 L'expression est empruntée à HENNEBEL L., « Les références croisées entre les juridictions internationales des droits de l'homme », *in Le dialogue des juges,* actes du colloque organisé le 28 avril 2006 à l'Université libre de Bruxelles, Bruxelles, Bruylant 2007, pp. 31 et s.

95 Sur le dialogue des juges, v. *infra* notre article intitulé « La Cour de justice de la CEDEAO et les autres ordres judiciaires ou le dialogue des juges vu d'Abuja : quelques réflexions générales ».

États membres de la CEDEAO. Cela signifie que si « dialogue » doit y avoir, si le juge ouest-africain peut être inspiré par des solutions rendues sous d'autres cieux, ce n'est que dans la mesure où le droit litigieux est stipulé, concomitamment, par un instrument juridique qui lie l'État assigné.

D'autre part, le raisonnement même que la Cour a adopté quand il s'est agi d'établir un autre aspect de sa compétence témoigne d'une conception extensive de son pouvoir, participe d'une logique activiste certaine. En effet, de façon quasiment rituelle, la Cour a fait valoir que la simple « allégation » d'une violation des droits de l'homme commise par un État membre suffisait à la rendre compétente.

Ainsi, elle déclare dans **l'arrêt « Mamadou Tandja contre État du Niger » du 8 novembre 2010** que « la simple invocation de violations qui entrent dans le domaine de compétence de la Cour suffit à établir cette compétence »[96]. Puis, dans la jurisprudence « El Hadji Tidjani Aboubacar contre État du Niger » du 8 février 2011 :

> « La Cour observe que pour la recevabilité d'une requête en matière de violation des droits de l'homme, l'évocation seule des faits entrant dans cette qualification suffit à lui conférer la compétence, que sa jurisprudence établie à cet égard est constante, que Monsieur Tidjani Aboubacar, en faisant grief à l'État du Niger d'avoir violé à son détriment ( des dispositions de la Déclaration universelle des droits de l'homme et de la Charte africaine des droits de l'homme et des peuples) qui consacrent le droit de propriété et des droits économiques et sociaux, s'inscrit dans le champ de compétence de la Cour ».

La Cour ajoute que les faits litigieux se sont déroulés sur le territoire de la République du Niger, « État membre de la CEDEAO »[97]. Ensuite, c'est la décision « Madame Améganvi M. Isabelle et autres contre État du Togo » du 7 octobre 2011 qui se fait l'écho de cette approche activiste. Au titre de la recevabilité de la requête, il est dit que :

> « Les requérants évoquent (...) la violation de leurs droits (...) par l'État togolais sur le territoire de la République togolaise, État membre de la Communauté CEDEAO, cette évocation faite sur la base des articles 9-4 et 10 du Protocole additionnel A/SP.1/01/05 relatif à la Cour est amplement suffisante pour déclarer recevable la présente requête »[98].

---

96 Arrêt ECW/CCJ/JUD/03/10, §18 1 b).

97 Arrêt ECW/CCJ/JUD/01/11, § 25.

98 Arrêt ECW/CCJ/JUD/09/11, §49.

Enfin, dans **l'affaire *« Cheikh Abdoulaye Mbengue contre République du Mali »* (arrêt également rendu le 7 octobre 2011)** :

> « En sa requête, M .Cheikh Abdoulaye Mbengue fait référence à des violations de droits de l'homme qui auraient été commises à son égard sur le territoire d'un État membre de la Communauté, en l'occurrence la République du Mali. De cette constatation, la Cour affirme que l'article 9-4 du protocole additionnel lui donnant compétence en matière de droits de l'homme en cas de violation de ces droits dans tout État membre doit être appliqué, elle en déduit (…) la recevabilité de la requête »[99].

De tels exemples pourraient à la vérité être multipliés[100]. Ce qui en ressort, c'est la « facilité » avec laquelle la Cour établit sa compétence. Les termes utilisés en attestent amplement : il est question d' « allégations » ou d' « évocation » de violations des droits de l'homme par le requérant, d'où la Cour fait suivre, quasi-automatiquement, sa compétence à connaître du cas.

Le raisonnement judiciaire, qui procède d'un parti pris activiste, inspiré par une conception extensive de la compétence du juge, appelle au moins trois remarques, en forme de réserves.

Tout d'abord, on peut observer un certain flottement terminologique, la Cour se référant tantôt à la « compétence », tantôt à la « recevabilité », notions évidemment différentes. Or, il est plutôt question, à notre sens, de compétence, la recevabilité des requêtes en violation de droits de l'homme ne portant, selon l'article 9 du Protocole additionnel lui-même, que sur deux points : le caractère non anonyme de la demande et l'absence de litispendance relativement à une autre juridiction internationale. La Cour devrait donc parler, au stade qui nous intéresse, de compétence et non de recevabilité.

La seconde réserve qu'inspirent les formules de la Cour porte sur la mention de la sorte de compétence *« ratione loci »*, le juge prenant soin parfois d'indiquer que la violation alléguée a lieu sur le territoire d'un État membre de la CEDEAO. A vrai dire, cette précaution langagière se recommande du texte même de l'article 9§4 du Protocole additionnel, puisque celui-ci dispose clairement que la Cour est compétente « pour

---

[99] Arrêt ECW/CCJ/JUD/08/11, §§26 et 27.

[100] V. encore arrêt ECW/CCJ/JUD/02/11 du 8 février 2011, *« Sidi Amar Ibrahim et autres contre État du Niger »*, § 30 ou aff ECW/CCJ/JUD/03/11 du 17 mars 2011, *« Bakary Sarré et 28 autres contre République du Mali »* (§§34 et 35).

connaître des cas de violation des droits de l'homme dans tout État membre ».

Mais il faut alors convenir que le dernier bout de la phrase – « dans tout État membre » -, s'il est compris de façon littérale, pourrait conduire à la situation absurde et choquante dans laquelle la Cour se déclarerait incompétente pour connaître d'une violation commise par un État membre contre un citoyen de la Communauté pour la raison que cette transgression n'aurait pas eu lieu sur le territoire d'un État membre. Or, dans une telle configuration, n'importent que l'acteur – État membre – et bien entendu, l'opposabilité à son égard du texte invoqué. Le lieu de commission n'est pas déterminant. Le texte semble établir une sorte d'équation entre l'État défendeur et le fait que la violation a eu lieu sur son propre territoire.

Or, non seulement cette violation peut avoir pour théâtre le territoire d'un autre État membre de la CEDEAO, mais elle peut même se dérouler hors de l'espace ouest-africain. On peut par exemple supposer qu'une violation commise par des militaires relevant d'un État membre ait lieu contre un citoyen d'un autre État membre – ou même du même État dont les militaires sont ressortissants – mais sur le sol européen ou asiatique. Dans un tel cas, la logique voudrait que la victime pût saisir sans difficulté la Cour, mais l'interprétation littérale du bout de phrase précité peut déboucher sur un déclinatoire de compétence du juge. L'on voit ainsi que l'ajout du critère spatial ou territorial peut conduire à des résultats absurdes.

Ajoutons, pour finir, que non seulement ce critère n'est pas ou ne devrait pas être pertinent, mais celui de la nationalité même de la victime ne l'est pas : on sait sur ce point, de façon certaine, que la Cour admet que des victimes non ressortissantes d'un État membre puissent la saisir[101]. Bref, dans le contentieux de la violation des droits de l'homme, le seul élément déterminant est l'appartenance de l'État critiqué à la CEDEAO – appartenance qui lui donne la qualité de justiciable devant la Cour. Toute autre considération serait assurément superfétatoire et préjudiciable à l'efficacité de la sauvegarde judiciaire des droits.

La dernière réserve que suscite la justification elliptique de la compétence de la Cour porte sur le principe même d'une démarche aussi expéditive. Il subsiste en effet un sérieux problème quand le juge déclare

---

[101] V. notre article sur « L'accès à la Cour de justice de la CEDEAO en matière de violations de droits de l'homme : quelques remarques sur la qualité de requérant », *supra*, dans lequel la question de la nationalité des requérants est abordée.

que la simple allégation d'une violation le rend compétent. On l'a dit plus haut[102], c'est là prêter au requérant une puissance déconcertante à un double titre. D'une part, ses seules déclarations auraient la vertu de lier pour ainsi dire la Cour, il deviendrait une sorte de démiurge dont la parole scellerait l'aptitude de la juridiction à en connaître, il serait à la limite plus puissant que le juge. C'est bien entendu lui conférer un pouvoir que rien ne justifie ; en d'autres termes, une telle puissance n'existe pas et il faut considérer que c'est sans doute par inadvertance que le juge de la CEDEAO a pu ainsi motiver sa compétence. D'autre part, du point de vue des principes généraux de la procédure judiciaire, on admet qu'une juridiction est toujours juge de sa compétence ; or l'affirmation réitérée de la Cour revient tout simplement à faire litière de ce principe fondamental.

Au reste, il faut mettre la Cour devant ses propres contradictions. Il est en effet advenu que le juge affirme, au seuil de l'examen d'une affaire, que l'allégation de violation scelle sa compétence, mais que plus loin, il admette son incompétence au moins partielle. Dans **l'affaire « El Hadji Tidjani Aboubacar contre État du Niger », qui a donné lieu à l'arrêt du 8 février 2011**, la Cour finit par admettre qu'elle « décline sa compétence rationae materiae » (§35) alors pourtant qu'elle avait déclaré être « compétente » peu avant. De la même manière, dans la jurisprudence « Bakary Sarré et 28 autres contre République du Mali » (arrêt du 17 mars 2011), elle indique dans un premier temps qu'elle est compétente (§34) mais se trouve bien obligée, au stade de l'élaboration du dispositif, de concéder qu' « elle est incompétente pour connaître des aspects de la requête visant la réformation des décisions rendues par la Cour suprême du Mali » (§41).

Il en résulte que la formule usuelle par laquelle la Cour a longtemps établi sa compétence était quelque peu malheureuse. En vérité, le juge de la CEDEAO voulait dire moins que cela. Il s'agissait simplement pour lui d'indiquer que dès lors qu'une violation de droits de l'homme est alléguée, il a le devoir d'examiner ce grief, et que pour la saisir, un demandeur n'est pas assujetti à des exigences probatoires supplémentaires à ce stade. Mais il faut bien l'avouer : l'assertion qu'elle avait l'habitude d'articuler ne tire pas vraiment à conséquence, et il était parfaitement possible de s'en passer. En tous les cas, elle cause plus de problèmes – on l'a vu – qu'elle n'en résout.

---

[102] V. première partie de l'ouvrage, consacrée aux lignes de force de la jurisprudence, et notamment le point relatif à l'établissement par la Cour de sa compétence.

Il faut donc se féliciter que dans la jurisprudence récente, le juge de la CEDEAO s'en soit départi, puisqu'on ne la retrouve quasiment plus dans les décisions rendues. Cette manifestation particulière de l'activisme judiciaire doit donc désormais être écartée. Il n'en demeure pas moins que la Cour reste prompte à établir sa compétence à un autre titre, qu'il s'agit à présent de voir.

### B.- Le rejet de la thèse de l'incompétence rationae materiae

La Cour ne se laisse pas non plus impressionner par d'éventuelles caractéristiques particulières du cas soumis. L'idée est simple. Il arrive qu'un État assigné devant le juge conteste la compétence de celui-ci au motif que l'espèce présente une certaine particularité, une certaine spécificité en vertu de laquelle la Cour devrait se déclarer incompétente. Avec une belle constance, la juridiction communautaire rejette toute allégation de son incompétence fondée sur le caractère extraordinaire – au sens propre du terme – de la matière à juger. Plus précisément, son indifférence à tout critère matériel se manifeste doublement : à travers le refus d'exclure certaines « matières » de sa juridiction et à travers la volonté d'y inclure certains droits, notamment les droits économiques et sociaux. Dans les deux cas, c'est bien entendu le pouvoir du juge qui en sort renforcé.

Les tentatives les plus remarquables de limitation de la compétence de la Cour ont eu lieu dans le domaine des litiges présentés comme comportant des aspects éminemment « politiques ». A maintes reprises, la thèse de l'injusticiabilité de tels litiges a été peu ou prou soutenue, mais elle a toujours été rejetée.

Dans l'affaire « Mamadou Tandja contre État du Niger » (arrêt du 8 novembre 2010), le juge refuse de restreindre sa compétence pour la raison que le texte pertinent ne distingue nullement entre les différents types de litiges touchant les droits de l'homme. Il n'a donc pas à s'attarder, estime – t- il, sur l'argument de l'État défendeur suivant lequel « la nature politique de l'affaire justifie la détention de Monsieur Mamadou Tandja »[103]. Dans les affaires « Barthélémy Dias contre État du Sénégal » (arrêt du 12 mars 2012)[104] et « Mamadou Baba Diawara contre République du Mali » (arrêt du 23 octobre 2015)[105], elle a systématiquement refusé de tenir compte des déclarations émanées

[103] Arrêt ECW/CCJ/JUD/05/10, §17.1 b).

[104] Arrêt ECW/CCJ/JUD/05/12.

[105] Arrêt ECW/CCJ/JUD/22/15.

d'hommes politiques au sujet de ces affaires. De la même manière, l'argument des « circonstances exceptionnelles » comme justifiant l'atteinte portée à des droits a été écarté (arrêt du arrêt du 22 février 2013, « Simone Ehivet et Michel Gbagbo contre République de Côte d'Ivoire »)[106]. Mais c'est dans les jurisprudences « Convention Démocratique et Sociale Rahama contre État du Niger » (arrêt du 23 avril 2015)[107], « Pascal A Bodjona contre État du Togo » (arrêt du 24 avril 2015)[108] et « Hama Amadou contre État du Niger » (arrêt du 1er juillet 2016)[109] que la Cour s'est sans doute davantage étendue sur sa doctrine en la matière.

Dans la première affaire, elle s'exprime ainsi :

« On trouve également, aussi bien dans la requête à fin de soumettre l'affaire à une procédure accélérée que dans la requête à fin d'ordonner le sursis à exécution, des références au caractère éminemment politique du dossier. On lit ainsi dans la première que « pour récompenser cette dissidence au sein du parti (la CDS Rahama), certains ont été nommés ministres et conseillers à la présidence pour services rendus » (p 1), et dans la seconde requête qu'il y a « un risque sérieux que le fonctionnement du parti soit compromis » (p 2).

Dans ses écritures, la CDS Rahama invoque également, au soutien de sa thèse d'un procès non équitable et d'une justice non impartiale, l'ajournement, par le Conseil Supérieur de la Magistrature, de l'avancement de deux conseillers composant la Cour de cassation, motif pris de ce qu'ils seraient « de moralité douteuse ». Le requérant évoque enfin le fait que le conseiller rapporteur de la première décision de cassation a été « relevé de ses fonctions et affecté au ministère de la Justice pour assurer des fonctions administratives ».

La Cour a bien conscience qu'étant saisie par une formation politique, cette saisine comporte nécessairement un arrière –plan politique. Elle doit cependant rappeler, comme elle l'a fait dans d'autres décisions, que les motivations ou déclarations d'ordre politique des uns et des autres n'ont aucune incidence sur sa juridiction. Plus précisément, elle a pour mission, dans le cadre d'un contentieux relatif à la violation de droits de l'homme, de se limiter à examiner s'il a été réellement,

---

106 Arrêt ECW/CCJ/JUD/03/13.

107 Arrêt ECW/CCJ/JUD/03/15.

108 Arrêt ECW/CCJ/JUD/06/15.

109 Arrêt ECW/CCJ/JUD/21/16.

concrètement porté atteinte à des droits définis, et ne pas s'attacher outre mesure auxdites motivations ou déclarations.

En d'autres termes, l'office et la démarche de la Cour ne sont nullement remis en cause par le fait qu'elle est saisie par un parti politique, la CDS Rahama, ou par le fait que son arrêt pourrait objectivement produire des conséquences sur la scène politique nigérienne. Elle ne saurait tirer une quelconque conséquence du fait même que l'exercice de sa mission, dans la présente affaire, pourrait avoir des répercussions dans le champ politique ou électoral.

Il en résulte qu'elle ne peut pas entrer dans les considérations que soulève à ce stade la CDS Rahama, et qu'elle ne peut en tenir compte pour voir si des violations de droits de l'homme ont été commises » (§ 33, 34, 35, 37,38).

Puis dans l'affaire « Pascal A Bodjona contre État du Togo » : « la Cour doit d'abord rappeler le cadre général d'analyse qui est le sien, pour d'emblée écarter un certain nombre de considérations évoquées ou soulevées par les parties.

Il en est ainsi, en premier lieu, d'un certain nombre de considérations politiques, comme les raisons pour lesquelles M. Bodjona a été évincé du Gouvernement togolais à la suite du remaniement intervenu le 31 juillet 2012. Le requérant écrit que cette sortie a été décidée « dans l'unique dessein de contourner, et l'article 422 du code de procédure pénale togolais, et l'exécution de l'arrêt n° 48/12 de la cour suprême » (p. 4 de la requête). Plus loin, on lit qu' « à la vérité, Monsieur le Ministre Bodjona Akoussoulélou Pascal est tout simplement judiciairement persécuté pour des raisons politiques inavouées » (p 38 de la requête). Enfin, le requérant fait part de la « perte d'une chance » au titre des préjudices qu'il a subis, en vertu du fait qu'il « est destiné à une longue et brillante carrière politique aujourd'hui fortement hypothéquée » (p 25 de la requête).

Il ne saurait être question, pour la Cour, de porter son analyse sur ce terrain. Elle doit réaffirmer, comme l'atteste une jurisprudence établie, qu'elle n'a nullement égard aux considérations ou sous- entendus politiques qu'un dossier comporte, mais qu'elle a juste à apprécier, de façon factuelle, si des violations des droits des requérants ont été commises. Par conséquent, elle doit écarter des débats les éléments d'ordre purement politique que M. Bodjona soulève dans sa requête » (§35-36).

Enfin dans l'affaire « Hama Amadou contre État du Niger », « il est d'abord prétendu que les motivations des poursuites engagées contre

M. Hama Amadou trouvent leur explication dans la politique intérieure au Niger.

La Cour a toutefois toujours rejeté l'argument de la donnée politique. Institution judiciaire appelée à n'aborder que les aspects légaux des dossiers qu'elle traite, même si elle n'ignore ni le contexte ni les retombées éventuellement politiques de tels dossiers, la Cour a toujours refusé de voir dans ces aspects politiques un facteur décisif dans l'exercice de sa juridiction (...). Il est certes toujours regrettable que des déclarations émises par des autorités politiques puissent donner le sentiment que celles-ci se mêlent de la procédure judiciaire. Mais la Cour doit rappeler qu'à chaque fois que de tels arguments ont été brandis devant elle, elle a toujours répondu que des considérations d'ordre politique n'entravaient ni le principe de sa juridiction, ni sa démarche méthodologique traditionnelle » (pp.6 et 7).

Pas plus qu'elle ne se laisse impressionner par la thèse de la nature « politique » du litige, la Cour n'admet qu'il puisse lui être opposé un argument tenant aux aspects « militaires » ou hautement sécuritaires d'une affaire. Elle a rejeté ce point de vue dans les affaires « Monsieur Alimu Akeem contre République fédérale du Nigéria » (arrêt du 28 janvier 2014)[110] et surtout « Djibril Yepené Bassolé contre État du Burkina Faso» (arrêt du 1er juillet 2016)[111]. Dans cette dernière décision, elle rappelle que « c'est (...) à tort que l'Etat défendeur invoque le caractère exceptionnel du contexte politique d'alors pour justifier des actes qu'il a pu poser » (p.10).

En refusant de se déclarer incompétente *rationae materiae,* la Cour de justice de la CEDEAO affirme sa juridiction, ménage son pouvoir. Elle le fait également lorsqu'elle considère qu'elle peut valablement connaître des droits économiques et sociaux, dont la justiciabilité est, de fait, plus difficile. En effet, ces droits, également dits de la « deuxième génération », se distinguent des droits – libertés – ceux de la « première génération » - en ce que leur accomplissement implique non une abstention de l'État, mais au contraire une prestation. Or, un juge aura plus tendance à considérer que sa saisine est vidée dans le cas où il a ordonné à des autorités publiques de ne pas entraver l'exercice d'une liberté que dans l'hypothèse où il doit imposer à celles-ci l'accomplissement d'une démarche positive tendant à satisfaire un droit.

---

110 Arrêt ECW/CCJ/JUD/01/14.

111 Arrêt ECW/CCJ/JUD/22/16.

Rétablir des droits- libertés est plus aisé que rendre justice à des droits-créances, obtenir de la puissance publique une abstention est moins ardu que lui imposer une action. Partant de cette évidence, certains plaideurs peuvent avoir la tentation d'ériger la difficulté en impossibilité, et arguer, dans le prétoire, de la quasi- injusticiabilité des droits économiques et sociaux. Le juge lui-même, sans y être explicitement invité par les parties, peut, par réflexe, être tenté d'abdiquer eu égard à la difficulté de la tâche.

Tel n'est pourtant pas le cas de la Cour de justice de la CEDEAO. Toutes les fois que la violation de droits de la deuxième génération a été alléguée, elle a résolument fait face et tenté, autant que faire se peut, de conférer un contenu à de tels droits.

L'un des premiers différends touchant de tels droits a été l'affaire « Etim Moses Essien contre République de Gambie » (arrêt du 29 octobre 2007)[112]. Était en cause le droit à une rémunération équitable. La Cour y affirme la nécessité d'abord d'une rémunération consécutive à tout travail, puis celle du caractère équitable de cette contrepartie financière. Le droit à un salaire juste a également été invoqué dans l'affaire « Coordination nationale des délégués départementaux de la filière café cacao CNDD contre État de Côte d'Ivoire » (arrêt du 17 décembre 2009)[113]. La requérante s'appuyait sur l'article 23-3 de la Déclaration universelle des droits de l'homme, aux termes duquel « quiconque travaille a droit à une rémunération équitable et satisfaisante lui assurant, ainsi qu'à sa famille, une existence conforme à la dignité humaine et complétée, s'il y a lieu, par tous autres moyens de protection sociale ».

La Cour va certes rejeter la prétention de la demanderesse, pour la raison qu'elle regroupe des acteurs économiques privés travaillant en toute autonomie et n'ayant pas vocation à être des « salariés »[114], mais sur le principe, elle n'a jamais douté de sa compétence à apprécier la violation de droits de cette nature, qui sont des droits- créances. Quant à l'arrêt du 30 novembre 2010, «Les administrateurs du projet de promotion des droits socio-économiques et de la responsabilité (SERAP) contre État fédéral du Nigéria »[115], il posait le problème du respect, par l'État défendeur, du droit d'accès à l'éducation. Ce qu'il faut juste en

---

[112] Arrêt ECW/CCJ/JUD/05/07, §24.

[113] Arrêt ECW/CCJ/JUD/05/09.

[114] Arrêt précité, §49.

[115] Aff ECW/CCJ/JUD/07/10.

retenir, c'est d'une part que le juge de la CEDEAO y affirme la justiciabilité d'un tel droit (décision avant dire- droit du 27 octobre 2009) et, d'autre part et sur le fond, que l'État du Nigéria a satisfait à son obligation dans la mesure où il « a mis en place des institutions (...) pour prendre en charge les besoins fondamentaux des populations en matière d'éducation(...) »[116].

Enfin, dans la jurisprudence « Amédéo Adotevi contre République du Bénin » du 28 novembre 2013, la Cour, confrontée au respect du droit à la protection des personnes âgées et handicapées, esquisse une définition de ce droit : « cette protection », écrit-elle, « se traduit par l'obligation des États à prendre des mesures plus favorables facilitant les conditions de travail, l'insertion dans la vie professionnelle, l'accès aux soins et (une) prise en charge sociale plus adaptée »[117].

Que la Cour n'ait pas rechigné à investir le champ des droits économiques et sociaux ne signifie évidemment pas qu'elle s'y trouve à l'aise autant que lorsqu'il s'agit de connaître de droits-libertés. Par définition allait-on dire, l'appréhension des violations alléguées ici est plus difficile, plus problématique. Dans la décision précitée du 28 novembre 2013, le juge « relève toutefois que cette obligation des Etats doit aussi être appréciée en rapport avec leurs possibilités économiques et matérielles d'une part, et aussi à leur volonté réelle de prendre des mesures efficaces en faveur de ces catégories d'individus d'autre part »[118]. Ce jugement émaillé de relativisme illustre parfaitement le malaise judiciaire lorsque le litige porte sur des droits économiques et sociaux.

Pour le surplus, c'est la retenue judiciaire qui devient purement et simplement de mise. Il est en effet une série d'hypothèses dans lesquelles la Cour de justice renonce tout simplement à connaître de certains aspects des différends qui lui sont soumis, se fixe volontairement des bornes à ne pas dépasser. Après avoir pratiqué l'activisme, le juge devient adepte du « self-restraint ».

---

116 Arrêt ECW/CCJ/JUD/07/10, §19.

117 Aff ECW/CCJ/JUD/11/13, §45.

118 *Ibid.* §46.

## II.- Les manifestations de l'autolimitation

Cette retenue judiciaire, qui est aussi une forme de bienveillance, peut s'adresser aussi bien au juge national (A) qu'à d'autres autorités judiciaires ou politiques internationales (B).

### A.- Le respect du titre de compétence national

La prise en compte du droit national par la Cour, aussi bien dans sa dimension procédurale que dans ses aspects substantiels est un fait sur lequel on s'est par ailleurs longuement étendu[119]. L'on a alors vu que le juge communautaire refusait de connaître derechef d'affaires qui avaient déjà donné lieu à des procédures nationales, et pour lesquelles les requérants exprimaient les mêmes demandes que celles qui avaient été articulées précédemment.

De même, c'est parfois à partir de la transgression du droit national lui-même que la Cour conclut à la méconnaissance d'un droit de l'homme, le droit interne devenant alors directement le baromètre de la violation. Par ailleurs, de façon plus générale et plus systématique, la Cour n'a de cesse de rappeler qu'elle n'est pas une instance de réformation ou de cassation des décisions judiciaires nationales, ni, au reste, juge de la légalité étatique pure. Ce sont là, déjà, quelques marques de considération pour le système juridique et judiciaire des États membres.

Il faut envisager ici une autre facette de l'incidence des procédures nationales dans l'activité juridictionnelle de la Cour. A vrai dire, cet aspect des choses se présente sous deux avatars. Tantôt, le « self restraint » prend la forme d'une présomption de vérité attachée aux décisions judiciaires nationales, d'où la Cour de la CEDEAO tire directement des conséquences en allouant immédiatement une réparation à la victime ; tantôt, dans une configuration qui se rattache encore plus à l'idée d'autolimitation, le juge communautaire refuse d'étendre son office à ce qui apparaît alors comme le domaine réservé du juge interne.

La première hypothèse est excellemment illustrée par les affaires dans lesquelles les tribunaux nationaux ont déjà conclu à l'innocence du requérant, et la seconde par les actes d'instruction notamment, pris dans le cadre de procédures pénales. Dans maintes affaires, la Cour a immédiatement déduit de la déclaration d'innocence prononcée par le

[119] V. notre article « Le droit national dans la jurisprudence de la Cour de Justice de la CEDEAO », *infra.*

juge national la violation du droit de la victime, qui est alors, on le devine, le droit de ne pas être privé de sa liberté ou détenu arbitrairement. Il faut l'avouer : la Cour de la CEDEAO va ici au-delà de l'autolimitation, elle attache aux actes judiciaires domestiques une présomption de vérité qu'il ne serait pas aventureux de qualifier d'irréfragable, compte tenu précisément de son refus de principe de procéder à la réformation de ces actes.

Aussi bien, dans **l'arrêt du 6 octobre 2015, « Maître Djelou Kodjovi, Maître Akumani Koffi et Madame Alipui Ablavi contre Etat du Togo »**, la Cour constate que les requérants, arrêtés et déférés pour faux et usage de faux, ont été relaxés en première instance et en appel. Elle conclut sans désemparer au caractère arbitraire de leur détention et ordonne qu'une réparation pécuniaire leur soit allouée. Il est intéressant de souligner ce passage de l'arrêt :

> « (…) La Cour rappelle que si, par principe, elle n'a pas pour vocation de revoir les motifs d'une décision rendue au sein d'un État, dans la mesure où elle n'est ni juge de la légalité nationale au sens large, ni instance d'appel ou de cassation, il n'en demeure pas moins qu'il lui incombe (de) tirer (de l'application de ce droit national) un certain nombre de conséquences sur le terrain des droits de l'homme »[120].

Dans ***l'affaire «Mamadou Baba Diawara contre République du Mali» (arrêt du 23 octobre 2015),*** la Cour, qui avait été saisie depuis 2013, a immédiatement infléchi son analyse dès lors qu'en janvier 2015, un arrêt de la Cour suprême du Mali a innocenté le requérant. Elle va se contenter, dans sa décision intervenue près de neuf mois plus tard, à ordonner la réparation du préjudice subi[121]. La Cour s'en tient au même principe dans **l'arrêt du 4 octobre 2016, « Col. Mohammed Sambo Dasuki (RTD) v. The Federal Republic of Nigeria »,** affaire dans laquelle le requérant a été arrêté pour « corruption ». Cependant, faute de notification légale des charges qui pèsent sur lui, des juridictions nationales ont ordonné sa libération. La Cour, allant dans le même sens, conclut au caractère arbitraire de sa détention et ordonne sa mise en liberté. Elle avoue au moins implicitement s'en remettre au jugement de la juridiction nationale :

> "We are therefore not deciding on the guilty or otherwise of the Applicant on the charges before the National Court and has only

[120] Arrêt ECW/CCJ/JUD/17/15, § 22.
[121] Arrêt ECW/CCJ/JUD/22/15, §§28 – 29.

assumed jurisdiction based on the facts before it to establish whether the human rights of the Applicant as alleged has been violated"[122].

La seconde occurrence de respect du titre national de compétence est plus proche de l'idée d'autolimitation. Elle touche la contestation d'actes de procédure pris au plan national, souvent par un juge d'instruction. Un principe d'opportunité présidant fortement à l'édiction de telles mesures, la Cour de la CEDEAO fait alors preuve d'humilité et refuse d'opérer un quelconque contrôle en la matière. Il y a donc des séquences des procédures internes qui sont exclues de la compétence du juge de la CEDEAO.

Il est ainsi advenu que le juge communautaire s'exprime de façon générale à ce sujet. **L'arrêt « Badini Salfo contre République du Burkina Faso », rendu le 31 octobre 2012** pose le problème presque en termes de principes :

« La légitimité des mesures et leur chance de réalisation sont des principes qui guident la Cour. Lorsqu'elle examine une affaire qui se rapporte à une procédure judiciaire en cours dans un État membre, ses décisions n'ont pas vocation à interférer avec les décisions que les juridictions nationales seraient amenées à prendre. La Cour ne peut ordonner des mesures dont l'exécution reviendrait à fragiliser ou anéantir l'autorité et l'indépendance du juge national dans la conduite des affaires dont il est saisi »123. Puis dans l'arrêt « Aziagbede Kokou et 33 autres contre République togolaise » (arrêt du 3 juillet 2013), le juge déclare : « A ce stade, la Cour ne saurait faire aucun constat quant à la qualification pénale des faits survenus, ou imputer une quelconque responsabilité à l'État togolais sans que cela constitue une intrusion dans le déroulement d'un procès au plan national, et une atteinte à la liberté du juge national. En outre, bien qu'il lui incombe la responsabilité d'établir les faits, la Cour est d'avis que la mise en œuvre de ce pouvoir doit tenir compte d'un certain pragmatisme qui accorde toute l'importance appropriée à la proximité du juge national avec les faits dénoncés et aux prérogatives de ce dernier. La Cour relève qu'il n'entre pas dans sa fonction de protection des droits de l'homme de substituer sa propre appréciation des faits à celle des juridictions nationales déjà saisies, ou de déterminer la force probante de certaines pièces présentées en rapport avec les faits de nature pénale. Il en va tout autrement si la question qui lui est soumise se limite à la détermination

[122] Arrêt ECW/CCJ/JUD/23/16, p.23.

[123] Arrêt ECW/CCJ/JUD/13/12, § 59.

du caractère équitable de l'ensemble de la procédure qui aurait eu cours au plan national »[124].

Ces affirmations méritaient d'être assez longuement citées, dans la mesure où elles établissent de façon incontestable une certaine doctrine de l'autolimitation judiciaire. Outre qu'elles laissent transparaître l'idée que le ministère de l'opportunité a plutôt vocation à échoir au juge national, ces assertions pourraient être sans doute réitérées dans une hypothèse qui peut paraître *a priori* redoutable pour la Cour, et que les textes rendent parfaitement plausible : celle d'une saisine concomitante du juge national et du juge communautaire, sachant que la règle de l'épuisement des voies de recours internes n'a pas cours ici. S'il s'avère alors qu'il s'agit rigoureusement de la même affaire, avec les mêmes parties et les mêmes demandes, on pourra sans doute concevoir que la Cour de la CEDEAO s'abstienne de connaître de l'affaire, au moins à titre provisoire. Rappelons qu'il lui est arrivé de qualifier une requête de « prématurée »[125]. Rappelons encore, plus généralement, qu'un acte de juridiction reste toujours un acte contextuel et qu'en vertu de ses pouvoirs inhérents sur l'opportunité même de sa *juris-dictio*, un juge peut estimer que son oracle n'est pas, à un moment donné, souhaitable ou urgent, et ce compte tenu, par exemple, des risques qu'il ferait courir à l'autorité ou à la crédibilité de sa parole.

Un examen plus poussé de la jurisprudence de la Cour montre que la terre d'élection de la doctrine du « self-restraint » du juge communautaire est celle des mesures prises dans le cadre d'une instruction judiciaire nationale. Dans l'arrêt du 7 octobre 2011 :

> « Cheikh Abdoulaye Mbengue contre État du Mali », la Cour « observe que les demandes de réouverture de la procédure d'instruction et d'annulation du mandat d'arrêt ressortent du domaine judiciaire national de l'État du Mali ; qu'à ce propos, elle rappelle sa jurisprudence constante excluant sa compétence pour tout recours contre les décisions des juridictions nationales, pour lesquelles elle n'est pas une instance d'appel ni une instance de cassation (…) ; conséquemment, la Cour opte pour le rejet de toutes ces demandes comme étant inappropriées et injustifiées »[126].

---

[124] Arrêt ECW/CCJ/JUD/07/13, §§38 à 40

[125] Ibid.

[126] Arrêt ECW/CCJ/JUD/ 08/11, §38.

Dans la même veine, la décision :

« El Hadji Mame Abdou Gaye contre République du Sénégal » du 26 janvier 2012 permet à la Cour de faire « observer qu'il ne lui appartient pas d'apprécier, en lieu et place du juge national, la qualité et l'étendue des garanties que devrait fournir un individu en détention ; elle répète qu'il revient au magistrat qui est en charge du dossier d'en apprécier les éléments, d'accepter ou non la garantie de représentation, et, in fine, d'accorder ou non la liberté provisoire »[127].

**Enfin, dans l'affaire « Barthélémy Dias contre République du Sénégal » (arrêt du 23 mars 2012),** et au sujet du refus du juge national de tenir compte des garanties de représentation du requérant :

« La Cour rappelle que toutes ces notions renvoient à l'appréciation des faits de l'espèce relativement aux personnes physiques mises en cause et, par conséquent, ressortent exclusivement de la compétence des juridictions nationales, et non de la compétence d'une juridiction communautaire saisie en matière de violation des droits de l'homme à l'égard d'un État membre de la Communauté »[128].

Si la Cour rechigne à contrôler les actes pris dans le cadre de l'instruction d'une affaire pénale, *a fortiori* refuse-t-elle d'aller encore en-deçà, et de s'ingérer dans des actes d'administration judiciaire plus courants, comme le renvoi d'une audience ou la question du traitement médical d'une personne détenue préventivement.

Le premier cas était en cause dans **l'arrêt du 23 avril 2015, « CDS Rahama contre État du Niger »**. La Cour y estime :

« Qu'il est courant, dans le cadre de procédures engagées devant une juridiction, que celle-ci procède à un ou plusieurs renvois d'audience, d'office ou à la demande d'une partie. Ces renvois peuvent effectivement apparaître comme relevant du droit des plaideurs. Mais ils ne sont pas que cela. Ils constituent en effet, aussi, des mesures d'administration judiciaire, qui s'insèrent dans le pilotage de la procédure et de la mise en état des causes. Dans cette perspective, le bénéfice d'un renvoi et du rabat d'un délibéré relève de l'appréciation souveraine du juge qui a en charge le dossier. Il en résulte qu'il n'appartient pas à une juridiction internationale comme la Cour de la CEDEAO d'évaluer la pertinence du renvoi d'une affaire, ou de se

---

[127] Arrêt ECW/CCJ/JUD/03/12, §44.

[128] Arrêt ECW/CCJ/JUD/05/12, §25.

substituer au juge national pour juger de l'opportunité de telle ou telle mesure d'administration judiciaire. L'expérience des juridictions nationales montre au demeurant, que ni le renvoi des audiences, ni le rabat de délibéré ne constituent des droits acquis pour les plaideurs. L'on ne pourrait parler de violation des droits de la défense ou du droit à un procès équitable qu'en présence d'une série de mesures d'une certaine gravité, et dont l'accumulation aurait précisément eu pour conséquence de défavoriser le justiciable ou de rompre de manière significative l'égalité des armes dans le procès. Rien n'indique que tel est le cas ici.

Au surplus, si la Cour de la CEDEAO s'engageait dans l'appréciation de telles mesures, elle pourrait vite se trouver en porte-à-faux avec son refus, évoqué plus haut, de se comporter en juridiction d'appel ou de cassation des juridictions nationales, pour la simple raison que lesdites mesures peuvent prendre la forme de décisions judiciaires, notamment d' « ordonnances »[129].

**Et dans l'arrêt du 8 novembre 2010, « Mamadou Tandja contre État du Niger »,** le juge de la CEDEAO refuse de se prononcer sur l'opportunité d'une évacuation sanitaire sollicitée par les conseils de l'ex chef d'État[130].

La déférence que la Cour de la Communauté marque à l'égard du juge national à travers une forme de rétention de sa juridiction, de restriction de son aptitude à connaître en tout ou partie d'une affaire, se manifeste donc aussi bien par une présomption de vérité attachée à des décisions judiciaires internes que par sa réticence à entrer dans certains domaines qui semblent par nature être l'apanage des juridictions nationales. Mais la retenue de la Cour ne s'applique pas seulement dans ses relations avec l'ordre judiciaire des États membres, elle se manifeste également dans ses rapports avec d'autres instances internationales.

### B.- Le respect de titres de compétence internationaux

La Cour manifeste aussi un certain égard à d'autres organismes internationaux, qu'il s'agisse d'instances juridictionnelles comme elle, ou d'organes politiques.

Ainsi, lorsque d'autres juges internationaux pourraient connaître ou connaissent effectivement d'une affaire qui lui est également soumise, la

---

[129] Arrêt ECW/CCJ/JUD/03/15, §§ 25 et 26.

[130] Arrêt ECW/CCJ/JUD/05/10, §19-4.

Cour manifeste une certaine tendance à éviter le conflit en s'abstenant de juger. Le cas évoqué ici n'a bien entendu rien à voir avec celui d'une litispendance, qui suppose une identité des enjeux devant les juridictions concurrentes. Au demeurant, l'on a vu que la litispendance était une cause d'irrecevabilité de la requête devant la Cour. Ici, le débat porté devant les juridictions respectives n'est pas le même, mais un télescopage entre les juges pourrait se produire ; en vidant sa saisine, la Cour pourrait « heurter » la décision susceptible d'être rendue par l'autre juridiction saisie.

Il en a ainsi été ainsi dans une affaire où la Cour avait été saisie alors qu'un organe de l'Union africaine était également compétent. Le requérant, recruté comme directeur adjoint de l'Institut culturel franco-arabe, avait été révoqué par la suite. Il estimait devant la Cour que cette révocation était intervenue en violation du Règlement du personnel de l'UA, organisation dont relevait l'Institut. Le juge de la CEDEAO a décliné sa compétence au motif que « le contentieux de la fonction publique de l'Union africaine » ne pouvait être traité par la Cour, la compétence de celle-ci « en matière de fonction publique communautaire concerne les institutions de la CEDEAO à l'exclusion d'autres institutions internationales », conclut l'arrêt du 4 mars 2010[131].

Face à une instance engagée devant la Cour pénale internationale, la Cour de la CEDEAO a eu la même attitude. **Les affaires et « Laurent Gbagbo contre République de Côte d'Ivoire » (23 mars 2012)** et **« Simone Ehivet et Michel Gbagbo contre République de Côte d'Ivoire » (arrêt du 22 février 2013)** en ont fourni l'opportunité.

Dans la première affaire, la requête avait été déposée le 25 juillet 2011, mais le 30 novembre suivant, l'État de Côte d'Ivoire, « en exécution du mandat d'arrêt international décerné par la Chambre préliminaire III de la Cour pénale internationale contre Monsieur Laurent Gbagbo, a transféré celui-ci à cette Cour ». Le requérant sollicitait de la Cour qu'elle ordonnât sa libération et lui, les conditions de recevabilité posées par l'article 10 d) ii) du Protocole de 2005 étaient satisfaites, la CPI ne se trouvant pas dans une situation de conflit de compétence avec la Cour de la CEDEAO. Cette dernière va cependant refuser de connaître du cas, car :

> « Si la Cour poursuivait l'examen de l'affaire et venait à conclure que le droit à la liberté de M. Laurent Gbagbo a été violé, il serait vain qu'elle

[131] Arrêt ECW/CCJ/JUD/02/10, §28.

ordonne sa libération puisqu'il est actuellement détenu à La Haye par la Cour pénale internationale »[132].

La Cour ajoute qu'elle ne « saurait accomplir un exercice aussi futile » et qu'il est dès lors « de l'intérêt de la justice de suspendre la procédure (…) jusqu'à la fin de l'instance devant la CPI »[133]. Près d'une année plus tard, saisie cette fois par Mme Simone Ehivet et M. Michel Gbagbo, la Cour réitère expressément sa position. Dans sa décision du 22 février 2013, elle :

> « Observe que l'affaire concernant Mme Simone Gbagbo a été portée également devant la Cour Pénale Internationale et qu'en raison de l'émission d'un mandat d'arrêt contre elle, sa situation s'apparente à celle de M. Laurent Gbagbo dans laquelle, au demeurant, elle avait décidé qu'il résultait du transfèrement de ce dernier devant la CPI « un changement de circonstances » qui commande dans « l'intérêt de la justice », la suspension de la procédure jusqu'à la fin de l'instance devant la CPI »[134].

La Cour « dit alors qu'en l'espèce, elle ne trouve aucun motif pour se départir de sa position antérieure. En conséquence, elle dit qu'il y a lieu de se suspendre la procédure à l'encontre de Madame Simone Ehivet Gbgbo jusqu'à la fin de l'instance devant la CPI »[135].

Les leçons de ces deux décisions sont nombreuses et riches. Il est d'abord possible d'observer qu'elles ne sont pas inspirées que par la « bienveillance » ou la « courtoisie » judiciaire. Dans les motifs qui ont conduit la Cour à ne pas juger ces affaires, il y a incontestablement des éléments objectifs, des contraintes pratiques. En effet, comme il l'observe lui-même, le juge de la CEDEAO, notamment dans la première affaire, a noté qu'au moment où elle est saisie aux fins d'ordonner la mise en liberté du requérant, ce dernier se trouve entre les mains de la CPI, et privé de liberté. Il serait « futile », « vain » dit la Cour, d'examiner les mérites de la requête puisqu'en tout état de cause, le requérant ne peut être libéré. Il y a donc des raisons objectives à l'autolimitation de la Cour. A la limite, il est permis de se demander si la Cour n'aurait pas pu tout simplement estimer qu'il n y a plus lieu, au moment où son oracle est sollicité, de juger l'affaire, le « non - lieu à statuer » étant aussi une

---

[132] Arrêt ECW/CCJ/JUD/03/13, §31.
[133] *Ibid.*, §32.
[134] *Ibid.*, §25
[135] *Ibid*, §26.

manière de prendre acte de l'impossibilité pratique ou de la vanité d'un exercice de la fonction de juger[136].

Cela étant, on aurait tort de ne voir dans cette politique de l'autolimitation que la manifestation d'une contrainte objective. Il y a aussi, dans les éléments explicatifs d'un tel « self – restraint », des données qui relèvent de la simple courtoisie judiciaire, d'un renoncement librement consenti. Il faut noter à ce titre que la Cour de la CEDEAO n'a pas, dans les deux cas cités, abdiqué sa juridiction, renoncé définitivement à sa compétence à connaître de ceux-ci. Elle a seulement « suspendu » l'instance devant elle. Elle admet donc une sorte de priorité conjoncturelle, de prééminence provisoire de la CPI. Nous ne sommes pas dans un schéma pyramidal, dans une logique de hiérarchie impliquant que la Cour sous- régionale se dépossède irrévocablement au profit d'une juridiction supérieure. Le renoncement temporaire que consent le juge de la CEDEAO ne résulte pas, loin de là, d'une obligation formelle ; il faut donc le comprendre comme une manière de bienveillance liée à une conjoncture par définition passagère.

Le second élément qui illustre la politique de l'autolimitation tient à la particularité de la seconde affaire. Dans cette dernière – et contrairement à la première -, les requérants n'étaient pas, au moment où la Cour devait statuer, transférés devant la CPI et privés de liberté. La contrainte matérielle qui entravait la Cour dans la première affaire n'existait donc pas ici. Il était loisible au juge de la CEDEAO de vider sa saisine. Mais du simple fait que l'affaire « a été portée » devant la CPI et un mandat émis, la Cour s'abstient de connaître du cas et « suspend » l'examen du litige.

Voilà bien la preuve qu'il n y a pas que la contrainte objective ou l'impossibilité matérielle pour expliquer l'autolimitation de la fonction juridictionnelle de l'organe de la CEDEAO. L'on est donc fondé à considérer que dans ses rapports avec cet autre ordre juridictionnel que constitue la CPI, la Cour ouest-africaine pratique une retenue de bon aloi.

L'organe judiciaire de la CEDEAO pratique la même bienveillance à l'égard des organes de l'UEMOA. C'est sans doute avec cette organisation sœur, qui se déploie dans le même espace géographique, que le juge communautaire entretient le plus de relations de cette nature. Et de fait, c'est au sujet de cette organisation que la politique

---

[136] V. à ce sujet l'article intitulé « Le non-lieu à statuer devant la Cour de justice de la CEDEAO », *infra*.

jurisprudentielle de l'autolimitation s'est le plus manifestée. Au moins deux décisions majeures peuvent être citées à cet égard.

La première est celle relative à **l'affaire « El Hadji Tidjani Aboubacar contre État du Niger » (arrêt du 8 février 2011)**. L'État défendeur, le Niger, attrait devant la Cour pour violation des droits de l'homme, contestait la compétence de celle-ci en vertu d'une disposition du Règlement de la Cour de l'UEMOA – car il était question de l'application d'une décision du Conseil des ministres de l'UEMOA, prise en 2003 et relative à la circulation de certains signes monétaires -. Pour le Niger, c'est la Cour de l'UEMOA qui était exclusivement compétente, et il citait pour cela l'article 15 du Règlement de procédure de cette juridiction, établissant précisément le principe de sa compétence en matière de responsabilité extra- contractuelle. Sans entrer davantage dans un débat technique touchant la matière en cause – violation des droits de l'homme ou responsabilité extra- contractuelle au sens où l'entend la disposition précitée -, la Cour va suivre l'argument de l'État défendeur. Après avoir relevé qu'il est bien question de l'application d'une décision du Conseil des ministres de l'UEMOA, puis que cette organisation « dispose entre autres institutions d'une Cour de justice pour l'application de son droit communautaire », le juge de la CEDEAO estime que :

> « Cette disposition attribue une compétence exclusive à la Cour de justice de l'UEMOA lorsque ses institutions ou ses agents sont en cause dans l'exercice de leurs fonctions et que les faits de la cause étant essentiellement constitués de décisions et actes pris par les autorités monétaires de l'UEMOA dans l'exercice de leurs fonctions, l'article 15 alinéa 4 du Règlement de la Cour de l'UEMOA s'impose ; (…) la Cour de céans, si elle ne décline pas sa compétence matérielle avérée, sera inévitablement amenée à s'approprier un droit dont elle n'est pas dépositaire et dont la mise en œuvre est dévolue de manière univoque et expresse à une autre Cour régionale. Aussi, la Cour est-elle d'avis que bien que sa compétence matérielle soit pertinente, elle se doit de la décliner (…) »[137].

Ce qu'il importe surtout de noter ici, c'est que, par deux fois, la Cour de la CEDEAO admet de propriété précisément -, mais qu'elle a préféré ne pas examiner l'affaire.

[137] Arrêt ECW/CCJ/JUD/01/11, §§31 et 32.

**L'arrêt du 1er juillet 2016 rendu dans l'affaire « Djibril Yepene Bassole contre État du Burkina Faso »** a été une autre occasion pour la Cour de décliner sa compétence au profit de son homologue de l'UEMOA. Le requérant se prévalait ici du règlement n° 05/CM/UEMOA du 1er janvier 2015 et entendait que certaines dispositions de cet acte lui soient appliquées, en ce qu'elles reconnaissaient aux avocats inscrits dans un barreau d'un État membre le droit de plaider dans tout autre État membre. Selon le juge de la CEDEAO :

> « La Cour doit d'abord rappeler qu'elle n'a nullement vocation à être la gardienne de la légalité d'une organisation-sœur, comme l'UEMOA. A chaque fois qu'elle a été sollicitée pour s'ingérer dans les rapports entre les organes de cette organisation, ou pour se substituer à quelque organe de l'UEMOA, notamment la Cour de justice, elle a décliné sa compétence, par égard pour d'autres ordres juridiques ou juridictionnels (...). La Cour doit réaffirmer cette position de principe ici. Elle n'a nullement vocation à être la gardienne d'une légalité qui a cours dans la même sous-région, et pour laquelle il existe des mécanismes de sanction spécifiques. Elle ne saurait en conséquence se charger de faire respecter un Règlement de l'UEMOA »[138].

La Cour de la CEDEAO fait donc incontestablement preuve de retenue lorsqu'elle peut être amenée, dans l'exercice de sa fonction juridictionnelle, à entrer en conflit avec d'autres juges. L'on pourrait même se demander si cette politique de l'autolimitation n'est pas parfois excessive, et si la Cour ne manifeste pas à l'égard de ces autres juges plus qu'une retenue, une espèce d'obséquiosité qui ne se justifie pas nécessairement.

Il lui est ainsi arrivé, dans ses rapports avec la Cour Commune de Justice et d'Arbitrage (CCJA), organe dérivé de l'Organisation pour l'Harmonisation du Droit des Affaires en Afrique, OHADA), de décliner sa compétence alors que les conditions d'une litispendance, qui a semblé être l'alibi de la Cour, n'étaient nullement réunies : non seulement la CCJA avait déjà statué au moment de la saisine de la Cour (la concomitance des saisines faisait donc défaut), mais les deux juridictions n'étaient pas saisies sur les mêmes fondements (exécution d'une décision

---

[138] Arrêt ECW/CCJ/JUD/22/16, pp.8-9.

de justice dans le cas de la CCJA et violation des droits de l'homme en ce qui concerne le juge de la CEDEAO)[139].

Au reste, la politique de l'autolimitation déborde le champ juridictionnel *stricto sensu*. La Cour de la Communauté ne la pratique pas seulement vis-à-vis de juridictions homologues, elle l'applique aussi dans ses relations avec des organes politiques, au sujet d'un volet spécifique de certaines requêtes qui lui sont adressées : celui de l'exécution par les États de leurs obligations communautaires en général, et, plus spécialement, l'exécution des décisions de justice.

La Cour refuse de suivre les demandes tendant à l'amener, dans le même processus, à rendre un arrêt *et* à en sanctionner l'exécution. La raison d'une telle retenue est simple : l'exécution des obligations des États en général relève d'une autre procédure, qui est celle du manquement, laquelle doit être dissociée du recours en violation des droits de l'homme. Précisons à ce stade qu'en effet, le recours en manquement ne peut être exercé que par un autre États membre, ou par la Commission agissant par son président (article 10 nouveau du Protocole relatif à la Cour tel que modifié dans le Protocole additionnel de 2005).

C'est sans doute dans l'arrêt « Mamadou Tandja contre État du Niger » du 8 novembre 2010 que la Cour s'est exprimée avec le plus de netteté à cet égard. A la demande du requérant d'intimer à l'État défendeur l'ordre d'exécuter l'arrêt rendu, la Cour oppose le raisonnement suivant :

> « Considérant que les États membres de la CEDEAO ont l'obligation d'exécuter les décisions de la Cour conformément aux articles 22 du Traité révisé et 24 du Protocole additionnel relatif à la Cour, qu'à ce titre, les États doivent prendre toutes les dispositions nécessaires pour se conformer à ces dispositions ; qu'ainsi la Cour n'a point besoin d'ordonner l'exécution immédiate de ses propres décisions, qui sont exécutoires à l'égard des États dès leur notification »[140].

Dans la décision du 17 mai 2016, « Bodjona Pascal A contre République Togolaise », la Cour réitère son point de vue devant la demande qui est lui est faite de se pencher sur l'exécution d'un premier arrêt favorable à M Bodjona :

---

[139] On ne reviendra pas sur les détails de ce débat, abordés plus haut. V première partie de l'ouvrage.

[140] Arrêt ECW/CCJ/JUD/05/10, §20.

«La Cour estime qu'il ne lui appartient pas de s'immiscer dans l'exécution d'une décision de justice par elle rendue et qu'il revient à chaque partie concernée de suivre les voies de droit prévues à cet effet par les textes législatifs de la CEDEAO, notamment celles contenues dans le Protocole additionnel A/SP.1/01/05 en date du 19 janvier 2005 et dans l'Acte additionnel A/SA.13/02/12 en date du 17 février 2012. La Cour considère que dans le cas d'espèce, elle a épuisé sa saisine pour avoir déjà rendu un arrêt de fond entre les parties et ce en application des dispositions de l'article 19 paragraphe 3 du Protocole relatif à ladite juridiction en date du 6 juillet 1991 qui énonce que « chaque différend ne donne lieu qu'à une décision de la Cour » »[141].

La retenue judiciaire se manifeste ici par un certain laconisme, par un refus clair et ferme, même si **l'arrêt « Karim Meissa Wade contre République du Sénégal » du 19 juillet 2013** nous révèle une Cour un peu plus pédagogue, qui s'épanche un peu plus sur les voies par lesquelles elle pourrait être saisie de questions d'exécution de ses propres arrêts[142].

---

[141] Arrêt ECW/CCJ/JUD/06/15, §§21-22.

[142] Arrêt ECW/CCJ/JUD/09/13. La Cour s'y exprime ainsi, aux §§ 80 et 81 : *« En ce qui concerne l'exécution des arrêts de la Cour, les articles 15 et 77.1 du Traité révisé de la CEDEAO disposent :*

*Article 15.4 : « Les arrêts de la Cour de justice ont force obligatoire à l'égard des Etats membres, des Institutions de la Communauté, et des personnes physiques et morales »*

*Article 77.1 : « Sans préjudice des dispositions du présent traité et des protocoles y afférents, lorsqu'un Etat membre n'honore pas ses obligations vis-à-vis de la Communauté, la Conférence peut adopter des sanctions à l'encontre de cet Etat membre ». Quant à l'article 22.3 du Protocole relatif à la Cour, il prévoit :*

*« Les Etats membres et les Institutions de la CEDEAO sont tenus de prendre sans délai toutes les mesures nécessaires de nature à assurer l'exécution de la décision de la Cour ».*

*Il résulte de la lecture combinée et croisée de ces dispositions que l'exécution des décisions de la Cour de justice de la CEDEAO n'est pas une faculté mais une obligation pour les Etats membres et les Institutions de la Communauté et que ceux-ci doivent manifester à travers les mesures prises par eux leur volonté d'assurer l'exécution desdites décisions ».*

*De l'ensemble de ces dispositions ci –dessus citées, il ressort que le différend qui peut surgir de la non-exécution d'une décision de la Cour relève de l'examen des manquements des Etats membres à leurs obligations, car un tel différend porte essentiellement sur le point de savoir si l'Etat mis en cause s'est conformé aux obligations (...), de respecter la force obligatoire des arrêts de la Cour et de « prendre sans délai toutes les mesures nécessaires de nature à assurer l'exécution de la décision de la Cour ».*

Puis la Cour renvoie à l'Acte additionnel n°A/SP.13/02/12 du 17 février 2012 portant régime juridique des sanctions : *« En son article 2.3, il consacre le respect des décisions de la Cour de justice de la CEDEAO comme l'une des catégories des obligations incombant aux Etats membres et dont le non - respect pourrait entraîner des sanctions »* (§82).

La ligne jurisprudentielle adoptée repose donc sur l'idée que la question de l'exécution des décisions judiciaires n'est pas une question judiciaire. A vrai dire, ce point de vue s'autorise d'un certain nombre de considérations internes et externes à la CEDEAO.

Au point de vue interne, il convient de rappeler l'existence d'un acte additionnel A/SA.13/02/12 du 17 février 2012 portant régime des sanctions à l'encontre des États membres qui n'honorent pas leurs obligations vis-à-vis de la CEDEAO. L'article 1er de cet instrument juridique cite, au titre des obligations des États membres :

> « L'application et le respect des actes de la Conférence et du Conseil des ministres que sont le Traité de la CEDEAO, les conventions, les protocoles et actes additionnels, les règlements, les décisions et les directives de la Communauté, ainsi que les décisions de la Cour de justice de la Communauté ».

Ce sont ensuite les articles 15 et 16 de l'acte additionnel qui décrivent la mise en œuvre des sanctions. Le processus est le suivant : après dénonciation du non – respect des obligations auprès du président de la Commission notamment – la dénonciation pouvant être faite par toute personne physique ou morale relevant d'un États membre, toute institution de la Communauté ou tout États membre -, le président de la Commission notifie à l' États en cause la dénonciation et lui accorde un délai de trente (30) jours pour se conformer au droit ou pour présenter ses observations en défense ; si à l'expiration de ce délai le président de la Commission constate la persistance du non-respect, il en rend compte au Conseil des ministres par un mémorandum, le Conseil fixe à l' États en cause un nouveau délai pour honorer ses obligations, et à l'expiration de ce délai, il fait à la Conférence des chefs d' États des recommandations en vue de l'application de sanctions dont la palette est déterminée à l'article 6 du texte. Ces sanctions sont qualifiées par le texte lui-même de « politiques » et elles sont adoptées par un organe effectivement très « politique », la Conférence des chefs d' États et de gouvernement. On comprend dans ces conditions que la Cour de justice évite d'entrer outre mesure dans la question du refus d'exécution de ses décisions par les États, car ce refus pose d'emblée le problème, si politique, des sanctions à prendre.

Quelques considérations de droit comparé incitent également à considérer que le refus de se soumettre aux décisions judiciaires pose un problème éminemment politique, dont la résolution incombe alors à des organes non-juridictionnels de l'organisation. Dans son arrêt « Soering

c. Royaume Uni » rendu le 7 juillet 1989, la Cour européenne des droits de l'homme répond à la requête lui demandant, au stade de la réparation, d'assister les parties dans l'exécution de l'arrêt en leur indiquant les conséquences qu'il importe d'en tirer, que la « Convention ne l'habilite pas à prescrire des mesures accessoires du genre de celles que revendique le requérant (...). D'après l'article 54, le contrôle de l'exécution du présent arrêt incombe au Comité des ministres du Conseil de l'Europe »[143].

Dans un système comme celui de la Cour interaméricaine des droits de l'homme, pourtant réputé laisser beaucoup de liberté aux juges dans leur pouvoir d'appréciation de l'exécution des arrêts, la nécessité est récemment apparue d'associer davantage des organes politiques comme l'Assemblée générale ou le Conseil permanent de l'Organisation des États Américains (OEA) à la procédure d'exécution des arrêts de la Cour de San José[144]. Dans le cadre même de la Charte africaine des droits de l'homme et des peuples de 1981, le pouvoir de sanction des États

---

[143] §127 de l'arrêt. L'article 54 dont il est question dans cet arrêt est aujourd'hui l'article 46 de la Convention européenne des droits de l'homme. Intitulé *« Force obligatoire et exécution des arrêts »,* il dispose :

*« 1. Les Hautes parties contractantes s'engagent à se conformer aux arrêts définitifs de la Cour dans les litiges auxquels elles sont parties.*

*2. L'arrêt définitif de la Cour est transmis au Comité des ministres qui en surveille l'exécution.*

*3. Lorsque le Comité des ministres estime que la surveillance de l'exécution d'un arrêt définitif est entravée par une difficulté d'interprétation de cet arrêt, il peut saisir la Cour afin qu'elle se prononce sur cette question d'interprétation. La décision de saisir la Cour est prise par un vote à la majorité des deux tiers des représentants ayant le droit de siéger au Comité.*

*4. Lorsque le Comité des ministres estime qu'une Haute Partie contractante refuse de se conformer à un arrêt définitif dans un litige auquel il est partie, il peut, après avoir mis en demeure cette partie et par décision prise par un vote à la majorité des deux tiers des représentants ayant le droit de siéger au Comité, saisir la Cour de la question du respect par cette Partie de son obligation au regard du paragraphe 1.*

*5. Si la Cour constate une violation du paragraphe 1, elle renvoie l'affaire au Comité des ministres afin qu'il examine les mesures à prendre. Si la Cour constate qu'il n y a pas eu violation du paragraphe 1, elle renvoie l'affaire au Comité des ministres, qui décide de clore son examen ».*

Il est vrai que des tendances plus récentes révèlent que la Cour regarde un peu plus à l'exécution de ses arrêts. Mais on notera que c'est surtout sur la base d'un texte, qui est la résolution (2004) du 12 mai 2004, que cette évolution s'est opérée. Dans cette résolution, le Comité des ministres demande à la Cour de détecter les *« problèmes structurels sous-jacents »* que posent certaines violations des droits de l'homme. C'est sur la base de ce texte que la Cour délivre les fameux « arrêts-pilotes ».

[144] V. Le rapport intitulé *Bases para un Proyecto de Protocolo a la Convencion americana sobre los derechos Humanos...* », cité par HENNEBEL L. et TIGOUDJA H., *Traité international des droits de l'homme*, Paris, Pédone 2016, p.1435 note 10.

violateurs reste en principe et en dernière analyse entre les mains de la Conférence des chefs d'États et de gouvernement de l'Union africaine. L'article 59 de la Charte pose que quel que soit le mode par lequel un États doit répondre de ses actes devant la Commission – plainte formulée par un autre États ou par des particuliers -, il appartient toujours à la Conférence des chefs d'États et de gouvernement de décider de publier le rapport établi par la Commission africaine des droits de l'homme et des peuples, publication entrevue comme ultime sanction contre un États récalcitrant. Le simple rapport d'activités de la Commission – qui pourrait certes évoquer des cas de refus d'exécution – ne semble échapper à l'*imprimatur* de l' « organe suprême » de l'Union africaine, corroborant à l'extrême la thèse de la nature politique de la problématique de l'exécution des décisions rendues[145]. Cette tendance de fond ne semble pas entamée après l'adoption du Protocole de 1998 portant création de la Cour africaine des droits de l'homme et des peuples puisqu'il reste acquis que si la Cour peut constater une violation imputable à un États, il appartiendra toujours à l'organe politique de l'Union de prendre à proprement parler les sanctions dont la gamme figure à l'article 23 de l'Acte constitutif de l'Union africaine.

***Février 2017***

---

[145] Article 59 de la Charte africaine :
*« 1. Toutes les mesures prises dans le cadre du présent chapitre resteront confidentielles jusqu'au moment où la Conférence des chefs d'Etat et de gouvernement en décidera autrement.*
*2. Toutefois, le rapport est publié par le président de la Commission sur décision de la Conférence des chefs d'Etat et de gouvernement.*
*3. Le rapport d'activités de la Commission est publié par son président après son examen par la Conférence des chefs d'Etat et de gouvernement ».*

# LA COUR DE JUSTICE DE LA CEDEAO ET LES AUTRES ORDRES JUDICIAIRES OU LE DIALOGUE DES JUGES VU D'ABUJA : QUELQUES RÉFLEXIONS GÉNÉRALES

La thématique du dialogue inter-juridictionnel dans l'ordre international est sans doute l'un des sujets les plus débattus ces dernières années. La raison en est simple. Elle tient à la multiplication – à la prolifération, diraient même certains - des juridictions internationales et au risque subséquent de télescopage ou de contrariétés des jurisprudences, voire, plus sérieusement encore, au péril d'une fragmentation du droit international consécutive à cette pluralité des foyers d'interprétation des règles[146].

Alors que dans un passé pas si lointain, le champ juridictionnel international était assez clairsemé, avec notamment une Cour Internationale de Justice (CIJ) trônant au milieu de celui-ci et symbolisant, par les règles qui gouvernent sa saisine autant que sa compétence, la domination du modèle de justice inter- étatique ainsi que le volontarisme foncier qui régit celle-ci, le monde s'est ouvert, dans la dernière décennie du siècle, à d'autres formes de justice, mutation qui a systématiquement donné lieu à la mise en place de nouvelles instances juridictionnelles. A l'échelle universelle, la justice s'est spécialisée, donnant ainsi lieu à un essor remarquable à une matière comme le droit international pénal, avec la création de la Cour Pénale Internationale (Statut de Rome de 1998), mais également celle de juridictions ad-hoc, comme le Tribunal Pénal pour l'ex-Yougoslavie (TPIY, résolution 827 du 25 mai 1993 adoptée par le Conseil de sécurité), le Tribunal Pénal pour le Rwanda (TPIR, résolution 955 du 8 novembre 1994 adoptée par le même Conseil de sécurité), sans compter, bien entendu les nombreuses formules de juridictions pénales internationalisées (au Cambodge, au

[146] Parmi une très abondante littérature, on citera seulement le colloque de la Société Française de Droit International sur *La juridictionnalisation du droit international,* colloque de Lille, Pédone 2003 ; ainsi que celui de Montréal, *Les juridictions internationales : complémentarité ou concurrence ?*, Bruylant 2005, sous la direction de DELAS O., CÔTE R., CREPEAU F., et LEUPRECHT P.

Kosovo, en Sierra Léone, au Timor etc) .La spécialisation s'est également traduite par la création d'un Tribunal International du droit de la mer, qui était prévue dans la Convention des Nations Unies sur le droit de la mer (1982), mais qui n'a été mise en place que bien des années plus tard.

Il faut ajouter cette autre donnée que constitue « le fait régional »[147]. Notre temps est en effet celui des intégrations régionales, des solidarités de proximité. Or, la création de tels regroupements d'États s'est quasi-systématiquement accompagnée de mise en place d'organes juridictionnels, chargés précisément de veiller à la bonne application des normes secrétées par lesdites organisations. Ce phénomène-là est aussi planétaire, mais il donne sa pleine mesure sur un continent africain dont les années 90 ont marqué une métamorphose des organisations internationales. Au plan continental, la création de l'Union Africaine (1999-2000) – qui se substitue à l'Organisation de l'Unité Africaine créée en 1963 – voit aussi la création d'un organe juridictionnel, la Cour de Justice de l'UA (article 18 du Traité). Et s'agissant plus spécifiquement de la protection des droits de l'homme, un système est mis en place par la Charte africaine des droits de l'homme et des peuples (conclue en 1981) qui, dans un premier temps, ne prévoit qu'un seul organe de surveillance du mécanisme : la Commission africaine des droits de l'homme et des peuples.

Au plan sous-régional, les nouvelles organisations se dotent de Cours de justice : l'Union Economique et Monétaire Ouest-Africaine (UEMOA), créée en 1994, la Communauté Economique et Monétaire d'Afrique Centrale (CEMAC) en 1994, la Communauté de Développement de l'Afrique Australe (SADC en anglais) en 1992, le Marché Commun d'Afrique de l'Est et australe (COMESA en anglais) en 1992 également, et la Communauté de l'Afrique de l'Est (EAC en anglais) en 1999.

Dans ce foisonnement juridictionnel, il faut mettre en exergue les nouvelles instances compétentes en matière de droits de l'homme. Au niveau continental, le système de protection a évolué, il y a eu une Cour africaine des droits de l'homme et des peuples (créée par le Protocole de Ouagadougou de 1998) et qu'il est question, aux termes d'un autre Protocole adopté le 1er juillet 2008, de fusionner avec la Cour de justice

---

147 Suivant l'expression de Laurence BOURGORGUE-LARSEN dans sa communication au colloque précité de Lille, « Le fait régional dans la juridictionnalisation du droit international », p.203.

de l'UA prévue dans l'Acte constitutif de celle-ci (juridiction effectivement créée par le Protocole de Maputo de 2003). Ajoutons qu'en 2014, un Protocole amendant celui de 2008 est intervenu, qui confère à la *Cour africaine de justice et des droits de l'homme* désormais établie des compétences dans le domaine pénal (article 28A). Dans le même temps, des Cours sous- régionales ont été dotées de compétences dans le domaine des droits de l'homme également : Cour de la CEDEAO, bien entendu (Protocole additionnel de 2005 relatif à la Cour), mais également Cour de justice de l'Afrique de l'Est (cette compétence étant prévue à l'article 27 du traité constitutif de l'organisation et impliquant l'adoption d'un Protocole spécifique) et la Cour de la SADC (l'adoption d'un Protocole particulier étant également nécessaire ici, les chefs d'États des membres ayant pris le soin de rappeler, à l'issue de leur 32ème Sommet et devant les velléités d'activisme judiciaire, que la compétence de la Cour restait pour l'instant cantonnée à l'interprétation des dispositions du seul traité).

Il en résulte un tableau passablement embrouillé, un enchevêtrement d'ordres juridictionnels rendu d'autant plus complexe que certaines juridictions, on vient de le voir, n'ont pas parfois hésité à ajouter à leurs compétences textuelles des habilitations tirées d'une lecture quelque peu extensive des règles qui les régissent. Dans un tel contexte général – multiplication des juridictions tant à l'échelle du monde qu'à celle de l'Afrique -, une réflexion sur le dialogue des juges prend assurément un sens, et l'expérience même de la Cour de la CEDEAO confirme la pertinence de ce débat.

Cette notion de dialogue des juges renvoie, à vrai dire, à des considérations ambivalentes, à une médaille à double face. La face du désaccord d'abord, qui est la plus évidente, celle qui s'impose d'emblée devant, précisément, la prolifération des interprètes du droit que sont les juges. Rappelons-le : dans un univers fait de pluralités, le risque du dissentiment est d'autant plus grand que personne n'est assujetti à personne, que les juges sont, en principe, indépendants les uns des autres. Mais il y a l'autre face, celle qui fait que l'on parle précisément de « dialogue » : la face de l'accord, de la convergence, de la congruence.

La pluralité des juridictions n'éveille pas que le péril de la dissidence ou de l'éclatement, elle suscite aussi l'intéressement à l'Autre, l'attention à autrui car le juge n'est pas seul, il est sensible à son environnement, ouvert à son voisinage. La cohabitation ou la coexistence crée autant le risque du désaccord qu'elle porte la promesse de la convergence, l'épreuve de l'intersubjectivité est un balancement entre la tentation de l'altérité et celle de la solidarité.

Il faut ajouter que le dialogue n'est pas circonscrit aux juges internationaux, tout au moins dans la perspective qui est la nôtre. Ce n'est pas là un parti pris doctrinal ou une compréhension personnelle des choses, c'est une exigence qui résulte des textes eux-mêmes, car, dans le cas de la Cour de justice de la CEDEAO, ces textes organisent des mécanismes de collaboration ou de dialogue entre le juge national et le juge communautaire, à travers notamment la procédure, inspirée du traité de Rome créant la Communauté Economique Européenne (1957), du renvoi préjudiciel (ancien article 177 dudit traité). Mais il n'y a pas que le renvoi préjudiciel. Le fait que la Cour de justice de la CEDEAO tende, dans les faits, à demeurer une juridiction des droits de l'homme crée une opportunité de dialogue avec ces autres juges des droits de l'homme que sont les juges constitutionnels nationaux.

Relativement à l'organe judiciaire de la CEDEAO, le dialogue des juges doit donc être envisagé aussi bien à l'égard des juges nationaux *(I)* qu'à l'égard des autres juges internationaux *(II).*

## I.- Le dialogue avec le juge national

Les éléments de ce dialogue existent. La Cour de la CEDEAO se montre assez respectueuse de la compétence du juge national, et elle veille, dans l'accomplissement de sa mission, à ne pas trop contrarier la juridiction interne. Les manifestations de cette bienveillance sont nombreuses (A). Cela étant, nous sommes encore loin de la réalisation des conditions d'un dialogue optimal. Bien des choses restent à cet égard perfectibles, il suffit de rappeler quelques opportunités manquées, quelques occasions à ce jour ratées (B).

### A.- La réalité du dialogue

Il suffira ici de renvoyer à la précédente étude consacrée au droit national dans la jurisprudence de la Cour de la CEDEAO[148]. On y a vu que les formes de bienveillance que manifeste celle-ci à l'égard du juge interne sont nombreuses. La première d'entre elles est le refus de connaître derechef d'une affaire sur laquelle le juge national s'est prononcé, *dans une configuration où les deux actions en justice tendent à la même fin, de réparation pécuniaire notamment.* On a vu les raisons

[148] V. supra

purement logiques d'une telle réticence. Moyen de respecter l'office de la juridiction interne autant que d'obvier à la déloyauté de justiciables tentés de jouer sur les deux tableaux pour être doublement indemnisés, le refus de rejuger une affaire revient à conférer à la juridiction nationale une dignité et une qualité similaires à celles de la Cour elle-même. Il y a une sorte d'alliance des justices, la nationale et l'internationale, qui s'oppose à ce qu'elles s'ignorent ou se battent froid.

En droite ligne du dogme, largement partagé des juridictions, suivant laquelle le juge international n'est pas le juge d'appel ou de cassation des sentences rendues au plan national, cette position de la Cour de la CEDEAO doit bien entendu être saluée. Rappelons qu'elle s'est notamment exprimée dans les **arrêts « Aliyu Tasheku contre République fédérale du Nigéria », rendu le 12 juin 2012**, et **« Sa'Adatu Umar contre République fédérale du Nigéria » du 14 décembre 2012**[149]. Avec la jurisprudence « Messieurs Aziagbede Kokou et 33 autres contre Etat du Togo » (arrêt du 3 juillet 2013), la déférence à l'égard est exprimée en termes plus principiels, elle est justifiée de façon plus systématique : la Cour de la CEDEAO estime que sa saisine est « prématurée » dans la mesure où l'affaire est pendante devant le juge interne[150].

Ce dernier point est important car la question a pu se poser, de savoir si la Cour pouvait vider sa saisine dans une affaire concomitamment jugée au plan national, et sachant que la règle d'épuisement des voies de recours internes n'a pas cours devant elle. Formellement parlant, rien, dans un tel cas de figure, ne s'oppose à ce que la Cour connaisse de l'affaire et la juge ; aucune règle ne lui interdit de se saisir du cas.

Il est cependant souhaitable, à notre avis, que le juge de la CEDEAO s'abstienne, ne serait-ce que provisoirement, de connaître d'une telle affaire, pour au moins une raison qu'on devine aisément. En effet, si elle s'évertuait à dire le droit, elle pourrait créer elle-même la situation qu'elle cherche à éviter lorsqu'elle refuse de juger une deuxième fois un cas que le juge national a tranché. Il suffit d'imaginer qu'à l'instar de ce juge, la Cour ordonne une réparation à la violation d'un droit. Pourvu de deux titres d'exécution (les deux décisions judiciaires), le requérant pourrait alors chercher à être indemnisé deux fois.

---

149 Arrêt ECW/CCJ/JUD/17/12.

150 Arrêt ECW/CCJ/JUD/07/13, §42 de l'arrêt.

La jurisprudence de la « saisine prématurée » doit, à notre sens, être maintenue, à la condition, il faut le préciser, que les deux actions en justice tendent à la même fin d'indemnisation. Pareille position se recommande de la pure logique et s'affranchit d'une compréhension étriquée des textes, susceptible de déboucher sur des résultats absurdes. La règle du non-épuisement des voies de recours internes ne doit pas conduire à des situations choquantes ou illogiques. Cela étant, lorsque les deux actions en justice ne tendent pas aux mêmes fins, n'ont pas les mêmes enjeux ou ne mobilisent pas les mêmes normes, la Cour de la CEDEAO peut parfaitement en connaître, alors même que l'affaire est pendante devant le juge national. C'est ce qui s'est passé dans **l'affaire « Dame Hadijatou Mani Koraou contre République du Niger » (arrêt du 27 octobre 2008***)***, le juge de la CEDEAO ayant vidé sa saisine pour des raisons parfaitement défendables en l'espèce[151].

Quoiqu'il en soit, la doctrine de la « saisine prématurée », comprise dans le périmètre que nous venons d'indiquer, a le mérite d'être respectueuse de la justice nationale ; ce faisant, elle participe bien du dialogue des juges. Témoignent également de ce respect, de cette « diplomatie judiciaire »[152], toutes les hypothèses dans lesquelles le juge de la CEDEAO renonce entrer dans ce qu'il tient pour le « domaine réservé » du juge national, comme les mesures d'instruction dans les procédures pénales ou, plus généralement, les actes qui postulent une « proximité » - terme utilisé dans l'arrêt du 3 juillet 2013 « Aziagbede Kokou et 33 autres contre République togolaise » – avec le dossier, une appréhension affinée des circonstances de la cause[153]. La Cour, renseigne encore **l'arrêt « Badini Salfo contre République du Burkina Faso », (31 octobre 2012),** veille scrupuleusement à ne pas fragiliser ou anéantir l'autorité et l'indépendance du juge national dans la conduite des affaires dont il est saisi »[154].

Il faut donner acte à la Cour de ce qu'elle se montre fidèle à cette ligne de conduite. Force est pourtant de reconnaître que toutes les virtualités du dialogue avec le juge national n'ont pas été explorées, loin s'en faut. A côté de manifestations éclatantes de ce que le président Costa de la Cour européenne des droits de l'homme appelait la « diplomatie

---

151 Arrêt ECW/CCJ/JUD/ 06/08, §§49 à 53 de l'arrêt.

152 L'expression est empruntée à J-P COSTA, ancien président de la Cour européenne des droits de l'homme, *in Des juges pour la liberté,* Dalloz, 2013, p.224.

153 V. supra l'article intitulé « Le rôle du juge dans le contentieux de la violation des droits de l'homme : la Cour de Justice de la CEDEAO entre activisme et autolimitation ».

154 Arrêt ECW/CCJ/JUD/13/12, § 59.

judiciaire »[155], il existe des béances, des carences, des occasions manquées de dialoguer. C'est à cette perfectibilité du bilan de la Cour qu'il faut s'intéresser.

### B.- Les limites du dialogue

Dans la perspective du dialogue avec le juge national, deux regrets peuvent être formulés. Ils se rapportent aux deux grandes catégories de fonctions que la Cour accomplit. Comme juge des normes de l'intégration économique, elle dispose d'un instrument de collaboration insuffisamment utilisé : le renvoi préjudiciel. Comme juge des droits de l'homme, elle accuse un déficit certain dans le partenariat intellectuel qu'elle aurait pu nouer avec les juridictions constitutionnelles des États membres, ces autres juges des droits de l'homme.

Sur le premier point, il convient de regretter au plus haut point la situation actuelle. Plus de quinze ans après sa mise en place, la Cour de la CEDEAO n'a jamais été saisie par renvoi préjudiciel. Il s'agit d'une procédure déclenchée par le juge national, autant dire qu'il ne saurait alors être question d'en imputer le délaissement aux juges de la Communauté. En effet, aux termes de l'article 10 du Protocole additionnel de 2005 :

> « Peuvent saisir la Cour (...)f) les juridictions nationales ou les parties concernées, lorsque la Cour doit statuer à titre préjudiciel sur l'interprétation du Traité, des Protocoles et règlements ; les juridictions nationales peuvent décider elles-mêmes, ou à la demande d'une des parties au différend, de porter la question devant la Cour de justice de la Communauté pour interprétation ».

Ce mécanisme, inspiré par le système européen (ancien article 177 du traité de Rome de 1957 créant la Communauté Economique Européenne, CEE), constitue assurément un bon instrument de mesure du taux de pénétration du droit de la CEDEAO dans les ordres et habitudes judiciaires des États membres.

Il s'avère hélas que depuis que la Cour existe, elle n'a jamais été saisie d'un renvoi préjudiciel, alors pourtant que des juridictions supranationales similaires, comme celle de l'UEMOA, de la CEMAC et de la Communauté d'Afrique de l'Est l'ont été. Il est vrai qu'à l'échelle régionale même, le bilan reste plutôt maigre : seule la Cour de justice de

---

[155] COSTA J-P., *La Cour européenne des droits de l'homme. Des juges pour la liberté,* Paris, Dalloz, 2013, p.224.

l'UEMOA a été saisie au moins trois fois, les deux autres ne l'ayant été qu'une seule fois et la Cour de la CEDEAO partageant le même bilan, sauf erreur de notre part, avec les juridictions du Marché commun de l'Afrique de l'Est (COMESA) et de la Communauté de développement d'Afrique australe (SADC). Il n'en demeure pas moins que la faiblesse du bilan de cette collaboration avec les juges des États membres reste préoccupante. Il faut l'interpréter comme il se doit : le droit de la Communauté n'est pas encore utilisé ou invoqué de façon optimale dans les États membres. Cet état de fait renvoie en dernière analyse à l'accès et à la connaissance même de ce droit.

En fait, ce dernier est largement méconnu, n'étant nécessairement vulgarisé ni dans les programmes d'enseignement universitaire, ni dans le cursus des carrières judiciaires (formation des avocats et des magistrats). Plus de quinze ans après l'institution de cette procédure, le délaissement de la procédure préjudicielle reste donc un fait déplorable dans la mesure où, comme il a été dit, elle constitue la voie royale de pénétration du droit communautaire. Or, il ne faut jamais perdre de vue que derrière le pari sur le droit qui explique aussi bien la création de la Cour de la CEDEAO que toutes les procédures par lesquelles on accède à son oracle, ce sont des préoccupations éminemment pratiques qui sont en jeu : le droit et ses mécanismes sont les moyens de défendre des intérêts matériels, des normes au service de l'intégration, un espace économique unifié, la libre concurrence, la liberté de circulation des hommes, des capitaux et des marchandises etc. C'est le procès qui est l'événement par lequel ces enjeux concrets éclatent. Quand celui-ci tarde à advenir, ou quand les ressources qu'il offre sont insuffisamment exploitées, il y a lieu de croire les règles formelles, les normes de l'intégration sont, au moins partiellement, coupées de la réalité.

Une autre opportunité de dialogue manquée est celle qui aurait pu se dérouler avec les juges constitutionnels des États membres. C'est alors le juge de la CEDEAO comme juge des droits de l'homme qui est concerné. On sait, au demeurant, que depuis 2005, date de naissance de ce titre de compétence, la Cour n'est saisie, pour l'essentiel, que de ce chef. Or, il existe dans les États membres un autre juge, au moins virtuel, des droits de l'homme. Il s'agit du juge constitutionnel, interprète et gardien de la Constitution, norme fondamentale qui recèle souvent des déclarations de droits. Mieux, l'occasion d'un dialogue est ici fournie par cet instrument juridique attractif qu'est la Charte africaine des droits de l'homme et des peuples. Ce traité est très fréquemment invoqué par les requérants devant la Cour de justice de la CEDEAO, et il est par ailleurs

« constitutionnalisé » dans la quasi-totalité des Etats membres[156]. De fait, une juridiction comme la Cour constitutionnelle du Bénin a produit une jurisprudence abondante touchant la Charte africaine. Il n'existe pourtant pas encore de réflexion sur un dialogue des juges axé sur cet instrument.

Une des raisons de la difficulté d'entreprendre une telle réflexion pourrait cependant provenir du fait que la Cour de la CEDEAO se réfère à une pluralité quelque peu déconcertante d'instruments juridiques. En effet, le contentieux des droits de l'homme devant le juge ouest-africain a ceci de particulier que n'importe quel instrument juridique opposable à l'États défendeur peut y être invoqué. Quand on sait qu'il existe, dans l'ordre international, de très nombreux traités relatifs aux droits de l'homme et liant les États, on appréhende l'immensité du champ normatif pouvant être mis en cause. Cette « dispersion » du juge communautaire rend évidemment difficile l'existence d'un dialogue médiatisé par une seule référence, organisé autour d'un seul texte. Voilà une autre raison de la difficulté de conduire un dialogue, ici avec le juge constitutionnel national.

## II.- Le dialogue avec le juge international

Avec le juge international, la Cour de la CEDEAO mène également une manière de conversation à distance. Les choses sont cependant plus complexes ici. En effet, le dialogue ne s'épuise pas dans sa dimension consensuelle, il n'est pas fait que d'accords, il consiste aussi, aussi étonnant en apparence que cela puisse être, en désaccords, l'autonomie assumée des uns ou des autres étant aussi, nous le verrons, une composante du dialogue. Il convient donc de noter qu'à côté des convergences proclamées (A), il existe des divergences assumées par la Cour de la CEDEAO (B).

### A.- Convergences proclamées

Trois formes de convergence peuvent alors être identifiées.

La première se traduit par une bienveillance, une courtoisie qui conduit la Cour de justice de la CEDEAO à prudemment s'éclipser, à se faire discrète, à éviter d'entrer en concurrence avec d'autres juges internationaux. Cette attention portée à l'Autre est une composante du dialogue des juges, l'évitement de la contradiction, qui implique le

[156] Ainsi, la Charte est évoquée dans le préambule constitutionnel des Etats suivants : Bénin, Burkina Faso, Côte d'Ivoire, Guinée, Niger, Sénégal, Togo.

renoncement à juger, étant assurément une façon d'être à l'écoute des autres juridictions. Cette première modalité du dialogue a été vue au titre de la politique de *« self – restraint »,* d'autolimitation de la Cour[157]. On l'a vue à propos du risque de concurrence avec la Cour de justice de l'UEMOA[158], avec la Cour Commune de Justice et d'Arbitrage (CCJA) de l'OHADA[159], avec les organes semi-juridictionnels de l'UA[160] et même avec la Cour Pénale Internationale (CPI)[161]. Il semble en effet que le terme anglais de « comity » soit approprié pour exprimer la retenue dont le juge fait montre ici. Comme l'écrivent Julie Allard et Antoine Garapon :

> « À mi-chemin entre la pensée et l'action, entre l'information et la contrainte (…), la comity désigne une forme de civilité amicale entre égaux (…). La judicial comity s'oppose à la judicial competitiveness : elle renvoie à une disposition d'esprit positive à l'égard des autres systèmes de justice, au sentiment que l'on a quelque chose à apprendre des autres »[162].

Dans une autre configuration, la Cour de la CEDEAO va plus loin. Elle ne se contente plus de renoncer à tenir le haut du pavé, elle puise expressément les éléments de sa solution à d'autres sources, celles de ses homologues. De façon explicite, ouverte, elle emprunte à d'autres juges des éléments de motivation de ses propres sentences. L'on monte alors d'un cran dans le dialogue, l'on ne se contente plus de « tolérer » l'Autre en lui cédant le passage, il devient un allié, un soutien à la décision à rendre. En fait, cette alliance peut d'abord prendre une forme discrète et subtile, la jurisprudence de la Cour allant dans le même sens que d'autres, mais qu'elle ne cite pas nécessairement. Sur certaines questions, les juges des droits de l'homme sont en effet confrontés aux mêmes problèmes, et

---

[157] V. « Le rôle du juge dans le contentieux de la violation des droits de l'homme… », notre article précité, *supra.*

[158] Arrêt du 8 février 2011, *« El Hadji Tidjani Aboubacr contre Banque Centrale des Etats de l'Afrique de l'Ouest et Etat du Niger »* ; arrêt du 1er juillet 2016, *« Djibril Y Bassolé contre Etat du Burkina Faso ».*

[159] Arrêt ECW/CCJ/JUD/04/12 du 31 janvier 2012, *« Madame Aziablévi Yovo et 31 autres contre Société Togo télécom et Etat togolais ».*

[160] Arrêt ECW/CCJ/JUD/02/10 du 4 mars 2010, *« Dr Mahamat Seid Abazene contre République du Mali ».*

[161] Arrêt du 23 mars 2012, *« Laurent Gbagbo contre République de Côte d'Ivoire et Alassane Ouattara » ;* arrêt ECW/CCJ/JUD/03/13, du 22 février 2013, *« Simone Ehivet et Michel Gbagbo contre République de Côte d'Ivoire ».*

[162] ALLARD J. et GARAPON A., *Les juges dans la mondialisation. La nouvelle révolution du droit,* Paris, Seuil, 2005, pp.59-60.

ils peuvent être amenés à reconduire des solutions déjà préconisées par certains de leurs collègues.

Il est clair, par exemple, que la jurisprudence de la Cour relative aux effets des lois d'amnistie a été inspirée par des arrêts rendus par d'autres juridictions confrontées au même problème. Il existe une similitude d'inspiration entre l'arrêt « Cantoral Huamani » du 26 mai 2010 rendu par la Cour interaméricaine des droits de l'homme et **l'arrêt « les ayants-droits Ibrahim Baré Mainasara contre République du Niger » du 23 octobre 2015** rendu par la Cour de justice de la CEDEAO. Dans le premier, le juge américain relève que :

> « Les règles d'amnistie, les règles de prescription et l'établissement de motifs d'exclusion de la responsabilité, qui visent à empêcher l'enquête et la sanction des responsables des violations graves des droits de l'homme tels que la torture, les exécutions extrajudiciaires, sommaires ou arbitraires et les disparitions forcées, celles interdites en ce qu'elles violent les droits indérogeables reconnus en droit international des droits de l'homme, sont inadmissibles »[163].

Le juge de la CEDEAO émet des réserves similaires à l'efficacité des lois d'amnistie. Elle énonce la doctrine qui est la sienne, en des termes qui méritent d'être longuement rapportés :

> « La question qui se pose à elle est dès lors assez simple et peut être formulée comme suit : une mesure légale d'amnistie, ferme -t- elle la porte à toute investigation judiciaire, constitue-t-elle une fin de non-recevoir à toute entreprise à vocation purement informative, consistant à rechercher la vérité ou à enquêter sur des faits ?
>
> La Cour ne saurait partager une conception aussi tyrannique des effets d'une mesure d'amnistie. Elle rappelle qu'elle a eu, dans le passé, à se pencher, s'agissant du même Etat – le Niger – sur la portée d'une telle loi. En effet, dans l'affaire « Sidi Amar Ibrahim et autres contre République du Niger » (arrêt du 8 février 2011), elle avait eu à apprécier les effets de l'ordonnance n° 2009-19 du 23 octobre 2009 portant amnistie pour des faits ayant eu lieu entre 2005 et 2009. Si elle avait pris acte de l'existence de cette ordonnance, et accepté la décision prise par les autorités nigériennes d'écarter toute poursuite judiciaire relativement aux faits en cause, elle avait cependant énoncé

---

[163] V. également les arrêts *« Barrios Altos »* du 14 mars 2001, §§43-44 ; et *« Massacre de la Rochela v. Colombia »* du 11 mai 2007, série C n°163, §294.

l'inefficacité d'une loi d'amnistie en cas de « violations graves et massives des droits fondamentaux de l'homme » (§51).

La Cour considère aujourd'hui qu'il convient d'élever les exigences, de hisser le niveau d'acceptabilité d'une loi d'amnistie (…). Les lois d'amnistie ne sauraient constituer un voilage forcené du passé, une fin de non - recevoir péremptoirement opposée à toute entreprise légitimement curieuse de connaître la vérité (.. .).

La Cour est d'avis que si la nécessité d'un oubli ou d'un pardon collectif peut s'imposer pour une société à un moment donné de son histoire, cette nécessité ne saurait faire litière du droit de savoir, du droit d'accéder à la vérité que les victimes des faits en cause peuvent avoir. Elle n'ignore nullement le droit souverain d'un Etat d'adopter, dans une conjoncture donnée, des mesures d'amnistie ; la Cour ne cherche pas non plus à paralyser tous les effets attachés à de telles mesures, mais elle estime que celles-ci n'ont de portée que relativement aux aspects pénaux des faits en cause, et ne devraient nullement affecter la réparation civile due aux victimes de ces faits. Elle considère, en d'autres termes, que la loi d'amnistie n'efface que les incriminations pénales, mais laisse intact le droit à la réparation des victimes, quelles que soient les formes que cette réparation puisse prendre. Devant la Cour, il faut donc ramener les lois d'amnistie dans leur périmètre exact : celui des incriminations et des poursuites pénales, à l'exclusion des droits civils des individus (...). L'amnistie ne justifie pas l'inertie, et le respect du droit des victimes n'est pas incompatible avec la nécessité de la réconciliation sociale »[164].

De la même manière, lorsque la Cour de justice de la CEDEAO doit expliquer pourquoi l'absence de saisine concomitante d'une juridiction internationale est une condition de recevabilité de l'action introduite devant elle, elle puise largement ses éléments de justification dans les règles qui ont cours devant d'autres juridictions préposées à la sauvegarde des droits de l'homme. Dans l'**arrêt « Hadijatou Manou Koraou contre Etat du Niger », du 27 octobre 2008,** elle cite à cet égard aussi bien la doctrine européenne[165] que des dispositions tirées de

---

[164] Arrêt ECW/CCJ/JUD/ 23/15, §§ 51 à 54, 57 et 58.

[165] COHEN-JONATHAN G., *La Convention européenne de sauvegarde des droits de l'homme et des libertés fondamentales",* Paris, ,Economica, 1989, p.143 (§50); TRECHSEL S., *Die europäische Menschenrechts-konvention, ihr Schutz der persönlichen Feiheit und die schweizerischen Strafprozessrechte*, Stämpfli Bern, 1974, p.125, cité dans l'arrêt ECW/CCJ/JUD/06/08,§52.

la convention européenne des droits de l'homme[166] ou de la convention américaine des droits de l'homme[167], ou encore des conventions conclues dans le cadre des Nations Unies[168].

Invitée à se prononcer sur le caractère « arbitraire » de la détention de l'ancien chef d'Etat, dans **l'affaire « Mamadou Tandja contre Général Salou Djibo et Etat du Niger » (arrêt du 8 novembre 2010),** la Cour se réfère également aux travaux de la Commission des droits de l'homme de l'ONU, plus précisément du Groupe de travail sur la détention arbitraire, qui a dégagé des critères à cet égard[169]. Les indications tirées des conclusions de l'organisme onusien sont également rappelées dans la jurisprudence **« Agba Sow Bertin contre République du Togo » (arrêt du 11 juin 2013)[170].**

Enfin, **l'arrêt du 13 juillet 2015, « Congrès pour la Démocratie et le Progrès (CDP) et autres contre Etat du Burkina Faso »** a été l'occasion pour la Cour de confronter sa position à celle d'autres instances internationales, s'agissant de la restriction du droit à se présenter à des élections. Pour écarter la prétention des nouvelles autorités à exclure de la compétition électorale des dignitaires du régime déchu, la Cour critique la mesure litigieuse avant de prendre appui sur d'autres décisions rendues au plan international. Elle cite à cet égard le Comité des droits de l'homme des Nations Unies et la Cour européenne des droits de l'homme[171]. De manière quelque peu étonnante, une certaine doctrine a émis des critiques à cet égard contre l'arrêt rendu[172].

---

[166] Article 35.2.b. de la Convention (§51).

[167] Article 46.c de la Convention (§51).

[168] Article 5.2.a) du premier Protocole facultatif relatif au Pacte international relatif aux droits civils et politiques (§51).

[169] Arrêt ECW/CCJ/JUD/ 05/10, §19.1 de l'arrêt.

[170] Arrêt ECW/CCJ/JUD/05/13, §33 de l'arrêt.

[171] Arrêt ECW/CCJ/JUD/ 16/15, §§35 et 36 de l'arrêt.

[172] Une première critique a consisté à reprocher à la Cour d'avoir cité l'arrêt de la Cour européenne des droits de l'homme *« Paksas c. Lituanie »* du 6 janvier 2011, alors qu'il eût fallu, semble-t-il, citer un autre arrêt, *« Zdanoka c. Lettonie »* du 16 mars 2006. Cette critique est émise par J. Andriantsimbazovina (in *La protention des droits de l'homme par les cours supranationales »*, Paris, Pédone, pp.24-25) et par J-F Akandji-Kombe (« Le juge de ka CEDEAO et la révolution démocratique burkinabé. Brèves remarques préoccupées sur une décision inquiétante, http://jfakiblog.com/2015/07/21/le-juge-de-la-cedeao-et-la-révolution-démocratique-burkinabé/ ). Le reproche serait que la décision citée se caractérise plutôt par la reconnaissance d'une liberté pour les autorités de l'Etat de restreindre le droit de participer aux élections, alors que la Cour de la CEDEAO a plutôt restreint ce droit dans sa décision. A une telle critique, il faut juste répondre que la Cour n'a commis ni erreur ni « incohérence », elle ne s'est pas contentée de renvoyer « en général » à l'arrêt de la Cour européenne, mais a bel et bien cité un extrait de celui-ci, qui cadre parfaitement avec sa

pensée et dont il convient de rappeler les termes : *« « elle juge compréhensible qu'un Etat considère qu'une violation grave de la Constitution ou un manquement au serment constitutionnel revêtent un caractère particulièrement sérieux et appellent une réponse rigoureuse lorsque son auteur est détenteur d'un mandat public (...). Cela ne suffit toutefois pas pour convaincre la Cour que l'inéligibilité définitive et irréversible qui frappe le requérant en vertu d'une disposition générale répond de manière proportionnée aux nécessités de la défense de l'ordre démocratique. Elle réaffirme à cet égard que « la libre expression de l'opinion du peuple sur le choix du corps législatif » doit dans tous les cas être préservée »* (§104 et 105). Cet extrait correspond exactement au raisonnement de la Cour de la CEDEAO, il n'est donc pas cité *« à mauvais escient »* (J. Andriantsimbazovina). De la même manière, reprocher à la Cour son balancement entre le devoir de juger les « violations effectives » ou « concrètes » et celui de connaître de « violations imminentes » (M. Hébié, « Et si la Cour de justice de la CEDEAO avait tout ou presque tout faux ? », *Burkina 24,* 31 juillet 2015) revient à méconnaître les nécessités d'une compétence fondée sur l'urgence et sur la nécessité, tellement logique et si systématiquement prévue, d'anticiper sur des événements fâcheux. Quant à l'idée suivant laquelle l'arrêt rendu pourrait être *« politiquement orienté »* (P.Ducoulombier, *La protection des droits de l'homme par les cours supranationales*, précité, p.151), elle est aussi curieuse que celle qui voudrait que des juges soient suspects chaque fois qu'ils rendent une décision qui conclut à l'absence de violation de droits de l'homme par un Etat, événement banal dans le contentieux international de la violation des droits de l'homme...

Sur le fond, le débat est évidemment difficile lorsque, dans un a priori purement politique et après avoir estimé que *« l'insurrection des 30 et 31 octobre a été célébrée pour sa légitimité... »*, on considère que la Cour de la CEDEAO était de toute façon incompétente pour connaître de l'affaire (M. Hébié). De même, l'argument consistant à justifier l'interdiction de participer aux élections par la nécessité pour l'Etat de *« se défendre »* ou d'éviter une *« destruction de la démocratie »* (J-F AKandji-Kombé) nous paraît dangereuse en ce qu'elle ouvre la porte aux pires abus de la part des gouvernants. Ce dernier auteur regrette que *« les juristes éprouvent tant de difficultés à penser les révolutions »* (p.2), mais le juge des droits de l'homme n'est pas obligé de se soumettre à des logiques négatrices des droits des minorités, le pouvoir judiciaire est justement un point fixe dans la tourmente de révolutions dont il est toujours aventureux de prétendre avoir compris l'essence, le sens ou les tournures. Quant à la théorie de la *« marge d'appréciation des institutions nationales »* qu'évoque J-F Akandji- Kombé, elle nous semble doublement contestable : d'une part, sa dynamique déboucherait sur la négation même d'un contrôle judiciaire des agissements de l'Etat, d'autre part et surtout, la juridiction qui en a fait le plus usage – la Cour européenne des droits de l'homme – est loin de l'envisager de façon mécanique ou systématique, cette théorie n'étant brandie que dans des cas où non seulement la législation conventionnelle manque de fermeté ou de précision, mais où les législations et pratiques nationales divergent assez sensiblement, lorsque donc le consensus sur la question fait défaut. Nous n'étions certainement pas dans ce cas de figure dans l'affaire jugée par la Cour de la CEDEAO.

Il a aussi été reproché aux juges de la Cour, par le même auteur, de *« se prendre pour des oracles de la démocratie »* (p.6). La critique nous semble quelque peu déplacée car, tous les juges internationaux sanctionnant la violation de droits dans un Etat se comportent forcément en énonciateurs de normes démocratiques. La Cour européenne des droits de l'homme, n'a-t-elle pas produit une abondante jurisprudence sur ce que doit être *« une société démocratique »* (statut des partis politiques, liberté d'expression, exigences du procès équitables) ? Et lorsque la Cour interaméricaine se prononce sur l'aménagement et la mise en œuvre de droits politiques, comme celui de participer aux élections, ne définit-elle pas des standards démocratiques (arrêt *« Yatama c. Nicaragua,* 23 juin 2005, où était précisément en cause la restriction du droit de concourir aux élections) ? Dans le contexte

La Cour de justice de la CEDEAO pratique donc la « diplomatie judiciaire », soit en évitant d'entrer en concurrence avec d'autres juges – nationaux ou internationaux -, soit, plus « positivement », à s'inspirer ouvertement de solutions déjà appliquées à des cas similaires à ceux dont il est saisi. A ce stade, nous sommes de plain-pied dans le dialogue des juges. La Cour *« frotte sa cervelle »,* pour parler comme Montaigne, à celle d'autres juges comme lui. En s'intéressant à autrui, en le copiant même volontiers, le juge majore la qualité de la décision qu'il rend, ce qui est partagé devient plus crédible et plus acceptable. Citons encore J. Allard et A. Garapon :

> « En participant au commerce judiciaire, le juge cherche à donner à son opinion personnelle une assise plus générale et par la même plus acceptable. Parce qu'il prétend à un degré supérieur de rationalité, il donne à sa décision un caractère plus universalisable. En ce sens, l'autorité qu'il reconnaît aux décisions étrangères n'est pas contraignante, mais plutôt persuasive (persuasive authority) »173. L'un de ces auteurs écrit de nouveau que « le dialogue encourage (…) les juges à discuter l'efficacité des différentes solutions envisageables et à évaluer en permanence les systèmes juridiques. Le point de vue de l'autre, qu'on se rend présent, permet d'apprécier nos propres règles, notre culture juridique et notre jurisprudence. On peut voir là un incitatif pour améliorer la qualité de notre justice et en tout cas une contribution à une forme de normalisation de la justice »[174].

La dernière forme par laquelle le dialogue se noue est celle des rencontres, pratique également répandue dans la galaxie des juridictions internationales. Par des colloques, séminaires, « missions de sensibilisation » et autres sessions de formation, les juges de la CEDEAO sont amenés à rencontrer d'autres juges ou juridictions, d'autres acteurs du monde judiciaire comme les auxiliaires de justice ainsi que des

---

actuel, un juge des droits de l'homme, qu'il soit national ou international au demeurant, se comporte nécessairement en évaluateur de règles démocratiques.

On finira sur une considération générale que tout le monde devrait garder à l'esprit. Il est du devoir du juge de rappeler l'exigence du respect des droits des uns et des autres au-delà des turbulences, vicissitudes et alternances politiques. Le pouvoir de légiférer, quel que soit celui qui gouverne, ne saurait être utilisé pour un bannissement systématique des adversaires politiques. Se résigner à ce spectacle, ou le justifier, c'est exposer l'Etat à être le lieu d'incessants règlements de comptes.

[173] Op. cit, p.59.

[174] ALLARD J., « Le dialogue des juges dans la mondialisation », *in Le dialogue des juges,* Actes du colloque organisé le 28 avril 2006 à l'Université libre de Bruxelles, Bruylant, 2007, p. 85.

universitaires et hauts fonctionnaires. Il s'agit même d'un pan assez important de l'activité de la Cour[175].

Le fait que le juge de la Communauté soit si attentif à ce qui se déroule devant d'autres prétoires vient bien entendu tempérer le risque, réel au départ, de voir cette juridiction être tentée par une espèce d'impérialisme juridictionnel. Ce risque était inscrit dans sa volonté, qui a été évoquée, de s'inviter dans des systèmes de protection des droits de l'homme déjà dotés de leurs propres organes et mécanismes de sanction. En effet, la Cour, on le sait, sanctionne la violation de toute convention de ce type à laquelle l'Etat défendeur est partie, ce qui offre un immense champ de normes susceptibles d'être invoquées par les saisissants. Nous ne sommes pas dans une configuration, comme dans le cadre européen ou américain de protection des droits de l'homme, où c'est l'application d'une convention particulière qui fait problème – Convention européenne de sauvegarde des droits de l'homme de 1950 et Convention américaine des droits de l'homme de 1969 -. Ici, le champ de l'opposabilité est immense, et les requérants ont quasiment l'embarras du choix, il suffit que la convention soit pertinente et que l'Etat y soit partie. La Cour ouest-africaine vient ainsi offrir son concours dans la surveillance de la bonne exécution par les États de leurs obligations alors même que sa présence dans ce schéma résulte de sa décision unilatérale. Dans ces conditions, il pouvait effectivement y avoir un risque de la voir « faire cavalier seul », ou d'avoir une conception par trop expansionniste de sa fonction. Tout ce qu'on vient de voir est cependant de nature à tempérer ce risque, il s'avère que le juge communautaire se montre

---

[175] Voici, sur une très longue liste, et « en vrac », quelques manifestations scientifiques auxquelles la Cour a pris part ces dernières années : colloque de Lomé d'avril 2010 sur « L'Afrique et l'internationalisation du constitutionnalisme : actrice ou spectatrice ? » ; Symposium sur l'administration de la justice en Afrique de l'ouest et la mise en œuvre des décisions rendues par la Cour de justice de la CEDEAO », avril 2008 à Dakar ; colloque sur « Les institutions communautaires au service de la réalisation de la vision 2020 », mars 2013 à Lagos ; séminaire de Bamako conjointement organisé avec le GIABA, sur « La lutte contre le blanchiment de capitaux et le financement du terrorisme » destiné aux magistrats des pays francophones et lusophones de la CEDEAO, mars 2010 ; visite à la Cour de justice de l'Union européenne (Luxembourg), novembre 2016 ; colloque d'Abidjan organisé par les Hautes juridictions francophones sur « L'uniformisation du droit en Afrique, mythe ou défi à relever », novembre 2013 ; colloque d'Arusha sur les cours africaines des droits de l'homme et institutions similaires, octobre 2010, etc. La Cour entretient également des relations avec les universités, elle prend part à diverses sessions de formation à travers la participation individuelle de ses membres et elle reçoit d'autres juridictions à son siège d'Abuja, le dernier exemple étant la visite effectuée par la Cour de justice de l'UEMOA en 2017.

beaucoup plus attentif à ses homologues, que la dérive expansionniste n'a pas eu lieu. Au contraire, c'est le dialogue qui est de mise.

Pourtant, l'existence de toutes ces zones de convergence ne doit pas faire illusion. Les relations qui existent entre la Cour de la CEDEAO et d'autres juridictions internationales ne sont pas faites que de communautés de vues. Il advient que sur des sujets précis, il y ait au contraire divergences. Ces dernières ne doivent pas être occultées ou escamotées car elles sont une part du dialogue des juges.

### B.- Divergences assumées

En effet, le dialogue n'est pas l'effacement des différences et sa vocation n'est pas de tendre à une uniformité négatrice des singularités et de la particularité des contextes.

> « Le dialogue des juges, en tant que tel ne suppose pas que ceux-ci raisonnent de la même façon, ni qu'ils aboutissement toujours aux mêmes conclusions. Le dialogue, avec ses contraintes propres, n'engendre pas forcément une uniformité des décisions », écrit encore J. Allard[176].

Il ajoute que

> « Le commerce des juges ne peut être exclusivement envisagé sous l'angle doux d'une conversation entre esprits éclairés et ouverts : il prend aussi des formes plus concurrentielles et plus conflictuelles »[177].

S'agissant de la Cour de justice de la CEDEAO, cette autonomie irréductible a été exprimée dans **l'affaire « Dame Hadijatou Mani Koraou contre République du Niger » (arrêt du 27 octobre 2008**). L'un des arguments de l'Etat défendeur, le Niger, consistait à dire que la Cour devait, malgré l'absence d'une directive en ce sens, se conformer à la règle de l'épuisement des voies de recours internes, règle d'ordinaire observée par les juridictions internationales statuant en matière de droits de l'homme. L'Etat du Niger estimait plus précisément qu'il s'agissait là d'une « lacune que la pratique de la Cour devrait combler »[178]. La « jurisprudence » de la Commission africaine des droits de l'homme était invoquée au soutien d'un tel point de vue, ainsi que le principe suivant lequel l'Etat ne peut être condamné au plan international que lorsqu'il a

---

[176] ALLARD J., « Le dialogue des juges dans la mondialisation », précité, p.89.

[177] J. ALLARD et A. GARAPON, Op cit, p.35.

[178] Arrêt ECW/CCJ/JUD/ 06/08, § 36 de l'arrêt.

failli à son devoir au plan national, c'est-à-dire lorsque ses juridictions, effectivement saisies, n'ont pas sanctionné les manquements.

En réponse, la Cour rappelle d'abord que la règle de l'épuisement des voies de recours internes est loin d'être absolue, que non seulement les Etats parties à une convention peuvent y renoncer librement, mais que la jurisprudence internationale y a apporté de multiples assouplissements. Puis – et c'est ce qui nous intéresse ici -, elle énonce qu'en tout état de cause, elle n'est pas liée par la pratique de la Commission africaine des droits de l'homme et des peuples, organe de surveillance de la bonne application de la Charte.

> « L'adhésion de la Communauté aux principes de la Charte signifie que même en l'absence d'instruments juridiques de la CEDEAO relatifs aux droits de l'homme, la Cour assure la protection des droits énoncés dans la Charte sans pour autant procéder de la même manière que la Commission africaine des droits de l'homme et des peuples.
>
> En effet, de l'interprétation de l'article 4 (g) du traité révisé, l'on ne saurait déduire que les modalités de protection et de promotion des droits de l'homme par la Cour doivent être celles prévues dans la Charte »[179].

L'on peut citer un second exemple de l'autonomie de la démarche de la Cour. Il touche sa conception de la qualité de « victime » et celle de l' « intérêt à agir ». On sait en effet que les dispositions pertinentes restent d'un laconisme poussé, l'article 10 nouveau du Protocole indiquant seulement que peut agir devant la Cour « toute personne victime de violations de droits de l'homme ». Le juge ouest-africain a eu une interprétation relativement stricte de la notion de « victime » ainsi que celle d' « intérêt à agir ». Sur ce point, elle s'est clairement située aux antipodes de la Commission africaine des droits de l'homme, devant laquelle on peut bien dire que l' *« actio popularis »* est admise[180]. En d'autres termes, la réclamation portée devant la Commission peut émaner d'une personne ou d'un organisme qui n'est pas la victime directe, qui n'a pas subi les effets du manquement dénoncé. Et de fait, il est arrivé que la Commission soit saisie par des organisations non-gouvernementales, voire de simples cabinets d'avocats parfois établis

---

[179] *Ibid.*, §42 et 43.

[180] V. par exemple *« Bakweri Land Claims Committee c. Cameroun",* déc des 24 novemebre-7décembre 2004, petition n°260/02, §46 ; *« Law Society of Zimbabawe c Zimbabawe »,* dec des 19-25 février 2013, pétition n°321/06, §58.

hors du continent africain, aux fins de constatation de manquements commis par des Etats.

Participe encore de ce libéralisme l'option prise d'instituer un « droit de dénonciation » au profit d'entités n'ayant pas souffert un préjudice. Celles-ci sont alors reconnues comme pouvant défendre les intérêts d'une victime en dénonçant les violations qu'elle a subies. Là également, la Charte africaine des droits de l'homme se distingue en escamotant toute exigence liée à la qualité de « victime », les articles 55 et 56 étant muets sur ce point, et ouvrant la possibilité, en a –t-on déduit, qu'au moins le saisissant puisse ne pas être celui qui a subi un préjudice. Dans le même sens, l'article 44 de la Convention américaine des droits de l'homme dispose que :

> « Toute personne ou tout groupe de personnes, toute entité non gouvernementale et légalement reconnue dans un ou plusieurs Etats membres de l'Organisation peuvent soumettre à la Commission des pétitions contenant des dénonciations ou plaintes relatives à une violation de la présente Convention par un Etat partie ».

Au rebours de telles vues, la Cour de justice de la CEDEAO adopte une conception relativement stricte des concepts de « victime » et d' « intérêt à agir ». Elle a d'abord toujours insisté sur la nécessité d'un préjudice personnel résultant de la violation litigieuse, et qui doit fonder l'intérêt à agir. Dans son **arrêt du 9 mai 2011, « Center for Democracy and Developpement, et Center for Defence of Human rights and Democracy contre Mamadou Tandja et République du Niger »,** et après avoir cité les termes de l'article 10 du Protocole de 2005, la Cour note que

> « Il ressort des éléments du dossier que les requérantes sont des personnes morales, établies sous l'empire des lois de la république fédérale du Nigéria et des lois de la république du Bénin, respectivement pour le Centre pour le développement et la démocratie et le Centre pour la défense des droits de l'homme en Afrique et la démocratie. Or, en l'espèce, à supposer même que lesdites associations possèdent la capacité juridique dans leurs Etats respectifs, elles n'ont pas démontré leur qualité de victime ni justifié de la qualité pour agir au nom de victimes dont elles auraient reçu mandat (...). La Cour (...) note que les décisions prises par Monsieur Mamadou Tandja n'ont d'effets qu'à l'égard des nationaux nigériens et éventuellement à l'égard des résidents dans ce pays. Or, les requérantes ne sont pas des associations de droit nigérien et ne justifient pas avoir de sections dans

cet Etat non plus. Lesdites décisions ne leur sont dès lors pas opposables et ne les touchent ni de près ni de loin ; elles ne peuvent donc être victimes de leurs conséquences. En définitive, elles ne sauraient se voir reconnaître la qualité de victimes »[181]. De même, dans la jurisprudence « Monsieur Oumar Mariko contre République du Mali » (arrêt du 12 février 2014), la Cour estime « que Oumar Mariko ne peut se prévaloir de la qualité de victime de violations de ses droits (…) puisqu'il n'a pu être candidat aux élections présidentielles au sens de la loi électorale du Mali ; En conséquence, le déboute (…)»[182].

C'est encore sa conception exigeante de l'intérêt à agir et de la nécessité subséquente qu' « affleure » la victime dans l'instance qui conduit le juge de la Communauté à exiger la production d'un mandat lorsque les victimes personnelles ou directes décident de déléguer en quelque sorte le droit d'agir. Pour la Cour, leur présence doit toujours être rappelée, et il ne saurait être question qu'elles « disparaissent » ou se « sabordent ». Cela ressort de la **décision du 17 mars 2011, « Bakary Sarré et 28 autres contre République du Mali »** dans laquelle la Cour avance que :

« Il découle de cette disposition (art 10 du Protocole de 2005 relatif à la CJ) que la recevabilité de la requête est liée, entre autres critères, à la qualité de victime. Cette condition induit nécessairement que le requérant, agissant à titre personnel en raison d'un intérêt lésé, juridiquement protégé, exerce le droit de saisir un juge pour l'examen de ses prétentions ou alors que le requérant, habilité à agir en vertu d'un mandat, pour le compte d'autrui ou pour le compte d'un collectif dont un intérêt juridiquement protégé a été lésé, exerce un pouvoir de représentation à l'action (…). L'exercice d'une action en justice est une faculté, il revient au titulaire de cette prérogative soit de la mettre en œuvre par lui-même, soit de mandater (…) un tiers à cet effet. Ainsi, ledit mandat (…) ne confère aucun titre juridique pour agir devant la Cour de justice de la CEDEAO au nom de ladite promotion. En conséquence, il y a lieu de conclure que Monsieur Bakary Sarré n'a pas qualité pour introduire la présente affaire, au nom des magistrats de sa promotion »[183].

[181] Arrêt ECW/CCJ/JUD/ 05/11, §§28 et 29.

[182] Arrêt ECW/CCJ/JUD/03/14, §29.

[183] Arrêt ECW/CCJ/JUD/03/11, §§ 37 et 38.

Ce point de vue de la Cour est réaffirmé dans plusieurs autres décisions[184], l'une des dernières en date étant celle du 30 juin 2015 :

> « 167 ex agents de la SONIDEP représentés par Eli Haggar et B Kanfideni contre Etat du Niger et SONIDEP », dans laquelle le juge observe qu' « en l'espèce, les mandataires n'ont pas prouvé leur mandat ; En effet, la Cour n'a enregistré aucun mandat délivré à leur profit par leurs prétendus mandants ; Ils n'ont justifié d'aucun titre les autorisant à représenter les requérants devant la Cour de justice (…) Il s'ensuit qu'ils n'ont pas qualité pour agir au nom des requérants »[185].

Cette jurisprudence, relativement à celle de la Commission africaine des droits de l'homme et des peuples, mérite à notre sens d'être approuvée. Il convient en effet de se souvenir que les deux organes en question n'ont ni les mêmes vocations, ni les mêmes pouvoirs. La Cour reste un organe juridictionnel, dont le déploiement de l'activité est enserré dans des textes, et qui doit veiller à la rigoureuse application de certains standards de droit processuel. Elle n'est pas, au contraire de la Commission, un organe de « promotion » des droits de l'homme, il lui manque la dimension « militante » et ce conditionnement essentiel, nécessairement lié à son statut de juridiction, entraîne des conséquences précises sur le plan de l'accueil réservé aux requêtes qui lui sont adressées. La Cour est forcément moins « généreuse » que la Commission, ce qui ne signifie pas que sur d'autres points, elle ne peut pas se montrer « souple » ou réceptive à ce sentiment de déréliction qui peut être celui d'une individualité qui décide d'agir contre un Etat, configuration inégalitaire qui est souvent celle des procès en violation des droits de l'homme. Et de fait, il est arrivé que la Cour interprète certaines de ses règles dans un sens manifestement favorable aux requérants[186].

---

184 Arrêt ECW/CCJ/JUD/04/12 du 31 janvier 2012, *« Mme Aziablévi Yovo et 31 autres contre Société Togo Telecom et Etat Togolais »* (§§10 et 11) ; arrêt ECW/CCJ/JUD/04/14 du 12 février 2014, *« Boureima Sidi Cissé contre République du Mali »* (p.10)

185 §IV.13, 15.

186 Cette « générosité » se manifeste ainsi par le fait que la Cour, si elle n'admet pas l' « actio popularis », conçoit tout de même qu'un particulier puisse être défendu par un « agent » qui n'est pas forcément un avocat de profession, mais peut être une ONG ou une entité « militante ». Il s'agit là d'un parti pris de la Cour, la notion d' « agent » étant sans doute associée à la présence de l'Etat dans le procès (comme à la Cour Internationale de Justice de La Haye notamment). En dépit de la fin du monopole de l'action en justice par les Etats et l'irruption subséquente de la personne privée sur la scène judiciaire (réforme de 2005 et compétence de la Cour en matière de violation des droits de l'homme), la possibilité d'être représenté par un « agent » a malgré tout été maintenue. De fait, il s'est agi de permettre

On le voit, le dialogue des juges est une réalité dans le prétoire de la Cour de justice de la CEDEAO. Ce dialogue, que l'on pratique parfois comme M. Jourdain faisait de la prose – c'est-à-dire spontanément et sans même le savoir parfois – revêt plusieurs aspects. Avec le juge interne, il se manifeste essentiellement par une retenue, une bienveillance qui conduit la Cour à se montrer réticente à juger ou rejuger en tout ou partie une affaire. Cette abstention est un hommage, et une manière de hisser la justice nationale au même niveau de dignité que l'internationale. Les juges, les justices se valent, présomption d'égalité qui opère aussi comme un principe d'économie : l'on peut se dispenser de ré examiner ce qui a été tranché par l'homologue, tout au plus doit-on se limiter à tirer des conséquences de la première sentence. Mais on a aussi vu que ce dialogue restait perfectible, tant il est traversé de béances, de failles, d'occasions inexploitées, comme en matière de renvoi préjudiciel ou d'échanges avec cet autre juge des droits de l'homme qu'est le juge constitutionnel.

Avec le juge international, le dialogue ou la confrontation des jurisprudences révèle des dissentiments, qui ne doivent pas inquiéter outre mesure. Le statut des juridictions, leurs normes de référence, les conditions de leurs saisines peuvent être autant de facteurs qui expliquent qu'elles divergent. Au demeurant, le désaccord est une donnée constitutive du dialogue, peut-être même en est-il le sel. Le fait est toutefois que les plages de convergence l'emportent sur les pommes de discorde. Juge des droits de l'homme – attribut qui, plus que d'autres, prédispose à la diplomatie judiciaire et invite à regarder ce qui passe ailleurs-, la Cour de la CEDEAO montre ainsi qu'elle est la fille de son époque, même s'il lui reste encore, sur ce chapitre, des progrès à accomplir.

***Juin 2017***

aux personnes privées d'être défendues devant la Cour, non seulement par des « avocats », mais également par ces fameux « agents ». C'est là une manifestation de bienveillance judiciaire ainsi que de prise de conscience d'un certain particularisme des procès en violation des droits de l'homme, mettant en évidence l'inégalité des armes entre une personne privée et un Etat, et appelant en conséquence une forme d'assistance du demandeur.

# L'AVENIR DE LA COUR DE JUSTICE DE LA CEDEAO

Plus de vingt - cinq ans après l'élaboration de son statut et surtout, plus de quinze ans après sa mise en place effective, la Cour de justice de la CEDEAO a développé une pratique et produit une jurisprudence qui constituent des éléments pour un premier bilan. Mais plus que de bilan proprement dit, il s'agit ici de partir de cet acquis pour réfléchir sur l'avenir de cette juridiction, il s'agit de se projeter dans le futur sur la base de la pratique aujourd'hui capitalisée par cet organe judiciaire. Il convient encore de préciser qu'il est moins question d'évoquer l'avenir de la Cour en termes de prophéties ou de supputations que, dans parti-pris totalement revendiqué, de mettre l'accent sur des périls qui guettent cet organe de la Communauté et sur des options qui nous paraissent souhaitables pour elle, eu égard à sa mission et à sa vocation. S'exprimer sur ces points nous paraît d'autant plus nécessaire qu'il est aujourd'hui question d'englober la Cour dans une « réforme institutionnelle » dont le cinquante et unième sommet des chefs d'Etat et de gouvernement de l'organisation (Monrovia, 4-5 juin 2017) vient de souligner l'importance de la mise en œuvre mais dont certains aspects auraient sans nul doute mérité d'être discutés de manière plus élargie et plus approfondie[187]. Il y a même lieu de craindre, s'agissant de la Cour en particulier, que cette énième réforme vienne perturber un équilibre institutionnel et réserver de mauvaises surprises.

Il convient à ce stade de signaler qu'avant même l'évocation de cette réforme institutionnelle, la Cour a pris l'initiative de proposer un avant-projet de Protocole normalement destiné à être examiné par les experts des États membres (représentant notamment les ministères de la Justice) avant d'être soumis au Conseil des ministres chargés des affaires de la CEDEAO. Cette initiative prise par l'organe judiciaire, qui se fonde sur le Protocole de 1991[188], a été soumis à la Commission, maître d'œuvre de la procédure qui devrait conduire à l'adoption du texte. Mais rien

---

[187] Communiqué de presse du 4 juin 2017, Monrovia, n°xxx/2017

[188] Article 33 §1er du Protocole A/P1/7/91 du 6 juillet 1991 : *« 1. Tout Etat membre ou le Président de la Cour, après avis des autres membres de la Cour, peut soumettre des propositions en vue de l'amendement du présent Protocole ».*

n'indique, hélas, que ce processus sera mené à bien. La Cour de la CEDEAO a fait l'objet de plusieurs réformes dans le passé, les textes qui la régissent restent épars et parfois incohérents, et il ne semble pas que l'on ait une idée claire de ce qu'on souhaite que cette institution soit, d'où la nécessité d'une réflexion prospective sur cet organe. Un débat tourné vers le futur de la juridiction ne doit nullement faire litière des acquis actuels, dont certains doivent à notre sens être maintenus, sauvegardés. Il y va de la qualité de cette justice-là, qualité dont un auteur disait, - dans un autre contexte mais avec des mots qu'il convient de reprendre ici – qu'elle s'apprécie précisément :

> « Autour de deux impératifs qu'il appartient au juge de concilier. D'un côté, la sécurité juridique comme l'égalité devant la loi demandent des solutions prévisibles et exigent que des affaires semblables reçoivent un traitement identique : l'unité et la continuité de la jurisprudence sont le fondement de la légitimité du juge. D'un autre côté, des questions nouvelles se posent, les conceptions évoluent, le droit et les citoyens expriment des attentes à l'égard desquels la jurisprudence doit savoir faire preuve de souplesse, d'innovation, d'inventivité. Une jurisprudence figée signerait le déclin du juge. Concilier stabilité et créativité apparaît en définitive comme la clef de la qualité de la norme jurisprudentielle »[189].

Cette contribution en manière de viatique prendra appui sur les deux dimensions de la Cour de justice aujourd'hui : une juridiction au service de l'intégration *(I)* et une juridiction des droits de l'homme *(II)*.

## I. - La Cour comme juge de l'intégration

Telle est la vocation initiale de la Cour en effet, il convient de ne jamais le perdre de vue. Hélas, certaines règles actuelles desservent cette vocation dans la mesure où elles fragilisent le statut de l'organe judiciaire (A). L'autre sujet de préoccupation est le déficit de la collaboration entre le juge national et le juge communautaire, réalité qui n'est que la traduction judiciaire de la faiblesse de l'intégration ou de sa perception par des acteurs judiciaires qui devraient, idéalement, être les porteurs des normes de celle-ci (B).

---

[189] STIRN B., « La qualité de la norme jurisprudentielle », *in Autour de la qualité des normes*, Actes du colloque d'Aix en Provence des 24 et 25 octobre 2008, sous la direction de FATIN – ROUGE STEFANINI M., GAY L., PINI J., Bruxelles, Bruylant 2010, p. 262.

### A.- La fragilité statutaire

Au fil de la lecture des règles qui gouvernent la Cour, on ne peut manquer d'être saisi par deux éléments qui non seulement jurent d'avec les normes qui prévalent dans des cadres régionaux similaires, mais sont, de façon évidente, de nature à compromettre l'efficacité globale de la CEDEAO.

Une première règle concerne le mandat des juges. Il est, aux termes de la réforme opérée par le Protocole additionnel du 14 juin 2006, de *« quatre ans non renouvelable ».* Une telle règle, qui revient sur le mandat de cinq ans renouvelable une fois – prévu dans le Protocole de 1991 – constitue évidemment une hérésie. L'on peut même se demander comment elle a pu être adoptée et sur quelles bases elle a été défendue. Au demeurant, la Cour de justice de la CEDEAO est, à notre connaissance, la seule juridiction internationale à prévoir un mandat aussi court, qui ne garantit ni la sérénité minimale aux juges, ni la stabilité de la jurisprudence. La consolidation même des habitudes de travail, des débats internes, s'agissant de juristes aux formations différentes (formation à la « Common Law » ou au système romano-germanique, qui renvoie souvent à des pratiques et compréhensions linguistiques différentes, formation d'acteurs judiciaires - juges, avocats - ou de théoriciens -professeurs, jurisconsultes -, pratique du droit « civil » ou « privé » ou au contraire du droit « public », voire du droit international public etc). Au contraire, par exemple, d'une juridiction comme la Cour de l'UEMOA, les membres de la Cour de la CEDEAO émanent nécessairement de milieux différents –ne serait-ce que du point de vue linguistique - et n'ont pas les mêmes pratiques judiciaires, les règles mêmes de leur recrutement postulant la diversité de leurs origines professionnelles. Il était souhaitable d'en tenir compte et leur laisser un peu de temps pour aplanir ces contrariétés potentielles. A la place, on a préféré adopter une règle uniforme et d'application générale, puisqu'elle vaut aussi pour les membres de la Commission de la CEDEAO. La brièveté du mandat est un non-sens, et l'alignement du mandat d'un organe juridictionnel sur celui d'un organe administratif ou exécutif est tout aussi absurde, ainsi qu'il ressort des deux tableaux comparatifs suivants :

| Cours de justice comparable | Durée mandat |
|---|---|
| CJ/UEMOA | 6 ans renouvelables |
| CJ/CEMAC | 6 ans renouvelables |
| Tribunal SADC | 5 ans renouvelables |
| CJ/OHADA | 7 ans renouvelables une fois |
| Cour africaine des droits de l'Homme et des peuples | 6 ans renouvelables une fois |
| CJ/ COMESA | 5ans renouvelable une fois |
| Cour Internationale de Justice | 9 ans renouvelables |
| Tribunal International du droit de la Mer | 5 ans renouvelables |
| CJ/Union européenne | 6 ans renouvelables |
| Cour européenne des droits de l'Homme | 9 ans non renouvelables |
| Cour Pénale internationale | 9 ans renouvelables |
| Cour interaméricaine des droits de l'Homme | 6 ans renouvelables une fois |

L'observation des standards internationaux en la matière laisse apparaitre que dans toutes les juridictions internationales actuellement en activité, les régimes statutaires applicables aux juges prévoient soit un long mandat non renouvelable, soit un mandat renouvelable d'une durée moindre.

D'autre part, l'alignement du mandat de l'organe juridictionnel sur celui de l'organe exécutif de l'organisation n'existe pratiquement nulle part.

| ORGANISATION | Mandat de l'organe exécutif | Mandat des juges |
|---|---|---|
| UEMOA | Commission : 4ans renouvelables | 6 ans renouvelables |
| CEMAC | Commission : 5 ans non renouvelables | 6 ans renouvelables une fois |
| SADC | Secrétariat : 4 ans renouvelables une fois | 5 ans renouvelables |
| COMESA | Secrétariat : 4 ans renouvelable | 5 ans renouvelables une fois |
| UNION AFRICAINE | Commission : 4ans renouvelables | 6 ans renouvelables une fois |
| UNION EUROPÉENNE | Commission : 5ans non renouvelables | 6ans renouvelables |
| CEDEAO (avant 2006) | Commission (ex SE) : 4 ans renouvelables une fois | 5 ans renouvelables une fois |
| CEDEAO (actuellement) | Commission : 4 ans non renouvelables | 4ans non renouvelables |
| ONU | Secrétariat Gen : 5 ans renouvelables | 9 ans renouvelables |

La question du mandat des juges n'est pas la seule qui pose problème au plan des garanties statutaires[190]. Un mot doit être dit de l'absence de passerelle entre la Cour et d'autres organes de la CEDEAO, notamment les organes intergouvernementaux que sont la Conférence des chefs d'Etat et de gouvernement et le Conseil des ministres. Bien que les membres de la Cour soient nommés par la Conférence, ou par son président en exercice, il n'y a aucun moyen de communication entre la juridiction et cette institution.

Il existe pourtant un moyen simple, et relativement courant, d'assurer cette communication : l'élaboration d'un rapport d'activités que la Cour pourrait, annuellement par exemple, adresser à ces organes. Pour l'heure, ce rapport n'existe pas. La seule modalité par laquelle la Cour informe sur son activité reste relativement informelle, puisqu'en fait, c'est par le biais d'une « contribution », préparée à la demande de la Commission, laquelle intègre les informations fournies dans son propre rapport annuel.

En d'autres termes, l'activité et le rapport de la Cour sont « noyés » dans le compte rendu fait par l'organe qui fait office de secrétariat. Il va de soi qu'une telle pratique n'est pas de nature à assurer une « visibilité » de la Cour dans le colloque institutionnel qui devrait idéalement avoir lieu à la CEDEAO. Au-delà de la simple formalité de production d'un compte rendu d'activités, un rapport établi par la Cour aurait la vertu non seulement d'informer sur l'accomplissement de sa mission, mais elle se recommanderait de la dignité que les textes confèrent à l'organe judiciaire.

Il convient de rappeler que la Cour est la seule institution de la CEDEAO dont le traité fondateur insiste sur l'indépendance (article 15). On ajoutera que le Protocole additionnel du 14 juin 2006 élève très nettement le niveau exigé pour le recrutement des juges, en disposant notamment que ceux-ci doivent – encore – être « indépendants » et « choisis parmi des personnes de haute valeur morale, ressortissants des

---

190 Un autre sujet de préoccupation pourrait être la réduction du nombre des juges (de sept à cinq, susurre-t-on au moment où ces lignes sont écrites), réforme qui non seulement est aux antipodes de la croissance du nombre de requêtes adressées à la Cour, mais compromet l'accomplissement d'autres fonctions assignées au juge, comme celui d'arbitre – un Règlement d'arbitrage ayant déjà été élaboré – sans compter d'autres titres de compétence non encore mis en œuvre, mais pouvant l'être à tout moment, ainsi qu'on le verra plus loin.. La logique de « réduction des coûts » dont se recommanderait le projet de réforme serait parfaitement inappropriée ici. Outre que l'importance des « économies » à ainsi réaliser reste douteuse, une telle réforme prendrait tout simplement le parti de « dévaloriser » l'institution judiciaire de la CEDEAO, au mépris d'ailleurs des textes mêmes de l'organisation internationale.

États membres, possédant les qualifications requises pour occuper des fonctions juridictionnelles à la Cour suprême ou dans une juridiction de même rang, ou qui sont des jurisconsultes de compétence notoire en matière de droit international (…), en droit communautaire ou droit de l'intégration régionale » (article 3§1 nouveau). Les mots utilisés font penser aux qualités exigées des membres de l'organe judiciaire principal des Nations Unies, la Cour Internationale de Justice de La Haye.

Dans l'avant-projet préparé par la Cour elle- même – malheureusement resté dans les limbes -, les deux préoccupations qui viennent d'être exprimées avaient pourtant été prises en compte. La modification du mandat des juges et l'institution d'un rapport annuel d'activités ont été proposées. Au demeurant, un tel rapport, véritable moyen d'expression pour la Cour, ne serait pas destiné qu'aux organes intergouvernementaux de la CEDEAO. Pour la fluidité du colloque inter – institutionnel, il a été proposé que ce document fût également transmis à la Commission et au Parlement, par l'intermédiaire de leurs présidents respectifs.

En dehors de ces questions d'ordre statutaire, l'avenir de la Cour de la CEDEAO ne saurait être pensé abstraction faite d'un phénomène inquiétant : le faible taux d'invocation des normes de l'intégration aussi bien devant la Cour elle-même que devant le juge national.

### B. – Le délaissement du droit de l'intégration

Aussi paradoxal que cela puisse être, c'est bien en effet de marginalité du droit de l'intégration qu'il faut parler. Ce droit est, c'est le moins que l'on puisse dire, largement sous-utilisé, largement inexploité.

Il suffit de se référer aux deux procédures qui, par excellence, mobilisent des normes de l'intégration : le recours en manquement (devant la Cour) et le renvoi préjudiciel (opéré par le juge national)[191]. Dans le premier, il est question d'un Etat qui manque à ses obligations de membre, qui n'a donc pas respecté des normes posées par la Communauté, quel que soit l'acte qui les énonce (droit originaire ou droit dérivé). En principe, l'action en manquement est initiée par un Etat membre ou par le Président de la Commission (nouvel article 10 a) du Protocole relatif à la Cour).

---

[191] Ces deux procédures, comme du reste les autres recours prévus devant la Cour, ont largement été inspirés par le traité de Rome de 1957 créant la Communauté Economique Européenne. D'autres organisations d'intégration en Afrique, dotées d'un organe judiciaire, ont également repris ces dispositions (UEMOA et CEMAC notamment).

Or, à ce jour, aucune action en manquement n'a été portée devant la Cour. Loin de traduire un respect scrupuleux des obligations des Etats membres, l'absence de recours en manquement se rattacherait plutôt soit à une méconnaissance des normes produites par la CEDEAO, soit à une forme de réticence toute diplomatique à assigner un Etat par crainte qu'une telle action en justice ne détériore la qualité des relations que l'on entretient avec lui. Si cette dernière considération n'est pas à négliger, si la quasi-totalité des Etats y sont sensibles – y compris dans des organisations comme la CEE/UE, connues pour leur nature très « intégrée » -, on ne doit pas occulter le fait qu'il est tout de même préoccupant que la Cour n'ait jamais eu, en plus de quinze ans de fonctionnement, à se pencher sur une violation du droit communautaire commise par un Etat.

Le fait montre surtout que le droit discuté devant la Cour n'est pas le droit de la CEDEAO. Et de fait, pour l'essentiel, et depuis la réforme de 2005, la Cour est devenue une juridiction quasi-exclusivement chargée de sanctionner des violations des droits de l'homme et que – c'est cela qui est important -, ces droits sont stipulés dans des instruments juridiques que la CEDEAO n'a pas secrétés. La plupart du temps en effet, les conventions dont les requérants excipent ont été conclues soit dans le cadre des Nations Unies (Pactes de 1966 ou autres) soit dans celui de l'OUA/UA (Charte africaine des droits de l'homme et des peuples notamment). Les autres contentieux restent marginaux devant la Cour, qu'il s'agisse de celui de l'appréciation de la légalité d'actes communautaires ou de celui de la fonction publique, ces deux procédures étant alors initiées par des personnes privées dont les intérêts sont menacés.

Il en résulte qu'il ne faut pas déduire du fonctionnement ou de la jurisprudence de la Cour que le droit de l'intégration est promu ou défendu car, précisément, il n'est pas question de ce droit. Cette réalité n'est pas satisfaisante car la Cour est au service de l'intégration, le projet de la mettre en place s'inscrit dans un projet économique plus global, et il y a quelque déception à la voir quelque peu éloignée de cette perspective. Le tableau actuel peut même, d'un point de vue purement psychologique, desservir l'image de l'institution. Ne statuant quasi-exclusivement qu'en matière de violation des droits de l'homme, elle pourrait passer pour un organe essentiellement « répressif », et son prétoire comme un lieu dédié à infliger des avanies aux Etats, au lieu de servir l'épanouissement de ceux-ci ou le développement de leurs économies. Voilà pourquoi il est urgent de penser aux moyens de retrouver le droit de l'intégration, celui pour la préservation duquel la juridiction a vu le jour.

Du côté du juge national, c'est par le renvoi préjudiciel que l'on aurait pu avoir une idée du taux d'invocation ou d'application du droit communautaire, mais ce bilan, lui aussi, reste désespérément faible. Au contraire d'autres juridictions homologues, comme celle de l'UEMOA ou de la CEMAC, la Cour de la CEDEAO n'a en effet jamais été saisie par renvoi. Rappelons qu'il s'agit, par une telle procédure, que le juge national confronté à une question de droit communautaire que les parties lui soumettent, de solliciter l'interprétation – à l'exclusion de toute appréciation de validité – d'une norme de la CEDEAO. En principe, c'est le nombre des renvois préjudiciels qui aurait dû donner une idée du taux de pénétration du droit de la CEDEAO dans les Etats membres et dans leurs pratiques judiciaires. Si l'on s'en tenait aux statistiques que voilà, il faudrait alors conclure que ce taux est faible, que le droit de l'intégration, dans les Etats membres, est effectivement méconnu ou délaissé. Certes, le juge national reste bien le premier juge du droit communautaire car rien ne l'empêche, en principe, et dès lors qu'il en estime les conditions réunies (en vertu notamment de la théorie du sens clair), de procéder lui-même à l'interprétation et à l'application du droit de la CEDEAO. Il peut donc y avoir des occurrences d'application du droit communautaire dont la Cour d'Abuja n'est pas nécessairement informée. Mais à vrai dire, rien ne permet de dire que cette application nationale spontanée soit statistiquement importante. Il y a fort à parier que si l'on devait procéder à leur recension, les cas pertinents seraient rarissimes.

Or, la maigreur du bilan contraste furieusement avec la splendeur de la mission que les textes confient à la Cour. Le Préambule du Protocole additionnel de 2005 lui assigne la fonction de procéder à « l'élimination des obstacles à la réalisation des objectifs de la Communauté et l'accélération du processus d'intégration », ainsi qu'à « exercer le contrôle sur l'exécution des engagements des États membres ». Le moins que l'on puisse dire est que le bilan n'est pas à l'avenant de la tâche assignée.

Il faut bien entendu disculper la Cour à cet égard. N'ayant nul pouvoir d'auto -saisine, elle ne juge que ce qu'on lui apporte et, en principe, dans les termes posés par les parties au procès. C'est au contraire aux plaideurs, c'est-à-dire aux avocats, d'apporter les éléments d'un débat autour des normes de l'intégration. A eux de se souvenir, par exemple, que l'assignation d'un citoyen d'un Etat membre pour séjour irrégulier dans un autre Etat peut nécessiter le recours aux actes pris par la CEDEAO en matière de liberté de circulation des personnes, et dont certains datent des années 80 ; à eux de faire appel aux règles de la liberté d'établissement ou de l'égalité de traitement dans l'espace CEDEAO lorsque des restrictions sont portées à l'exercice d'une profession libérale ou à l'inscription dans une Université dans un autre Etat membre ; à eux de chercher dans le droit de la CEDEAO les règles relatives à la libre concurrence pour défendre une entreprise ou un opérateur économique qui s'estime injustement traité sur le territoire de la Communauté etc.

Des configurations litigieuses de ce type sont légion, et ce ne sont pas des normes communautaires au moins virtuellement applicables qui font défaut. La vraie question, on le voit, est plutôt celle d'une connaissance ou d'un accès à ces normes. Il faut espérer qu'avec le temps les obstacles au déficit d'application des normes de l'intégration se réduisent. Dans cette perspective, l'intensification des échanges intra-communautaires pourrait être un allié de taille. C'est du commerce des choses et des hommes que naîtront des contradictions judiciairement fécondes, c'est-à-dire une matière à procès.

## II. – La Cour comme juge des droits de l'homme

C'est comme juge des droits de l'homme que la Cour rend la quasi-totalité de ses arrêts aujourd'hui. Cette fonction n'est pas négligeable, même s'il a été souligné que la vocation initiale de la juridiction était – et demeure – l'interprétation et l'application de règles au service de l'intégration économique. Au titre de la fonction de juge des droits de l'homme, plusieurs réflexions touchant l'avenir de la Cour peuvent être faites, elles se rapportent tantôt au procès devant la Cour (A), tantôt à la décision que celle-ci rend (B).

### A. – Au sujet du procès devant la Cour

Sur ce point, il serait souhaitable que sur trois sujets, une option soit prise pour l'avenir.

Le premier touche *la compétence de la Cour et les missions à elle assignées.* Il s'agit ici d'alerter sur les risques d'une surcharge de celle-ci et, à terme, une dénaturation de l'organe. Il faut se souvenir qu'à l'origine, la Cour devait être une juridiction interprétant et appliquant des normes de l'intégration. Elle-même, on l'a vu, avait une mission « militante », elle devait promouvoir ce droit communautaire à travers son activité. C'est la raison pour laquelle l'organisation du contentieux dans son prétoire était exactement la même que celle de la première Cour de Justice des Communautés Européennes (CJCE) issue du traité de Rome de 1957. Puis est intervenue la réforme de 2005 lui attribuant compétence en matière de violations des droits de l'homme. On sait qu'à l'heure actuelle, c'est quasiment à ce seul titre qu'elle est saisie. Il existe cependant deux autres possibilités, parfois évoquées, d'extension des compétences de la Cour : en tant que juge pénal et en tant qu'arbitre.

La probabilité que la Cour ait des compétences en matière pénale – donc pour juger des personnes privées coupables d'infractions – reste à vrai dire assez faible, aucun acte décisif n'ayant été posé dans ce sens. Mais il convient de mettre en garde contre une telle tentation, qui resurgit de temps à autre. Conférer à la Cour une telle aptitude reviendrait à la dénaturer une fois pour toutes, et à répandre des germes de confusion. Une juridiction « attrape- tout » court le risque de rendre une justice brouillonne ou illisible. Organe judiciaire d'une organisation d'intégration économique, il est souhaitable qu'elle le reste, et qu'elle résiste aux sirènes d'une « pénalisation » quelque peu en vogue. En effet, dans le contexte d'un continent africain en froid avec une justice pénale universelle accusée de ne pas l'être assez, des voix s'élèvent à intervalles réguliers pour réclamer une justice endogène, c'est-à-dire des juridictions africaines chargées de sanctionner des violations éminentes du droit.

Dans ces conditions, l'idée de se tourner spontanément vers des cours chargées de protéger les droits de l'homme pour assurer cette mission pourrait être tentante. Les vicissitudes traversées par la Cour africaine des droits de l'homme et des peuples en attestent également. Créée par le Protocole de Ouagadougou de 2008, cette juridiction a ensuite été « fusionnée » avec la Cour de justice de l'Union Africaine (dont la création était prévue dans l'Acte constitutif de l'UA) aux termes d'un Protocole du 1$^{er}$ juillet 2008 portant statut de la Cour africaine de justice et des droits de l'homme.

Un autre Protocole a amendé ce dernier, en 2014, en adjoignant aux compétences de la Cour la sanction d'un certain nombre de « crimes » (article 28A)[192]. L'on voit ainsi que l'attribution de compétences pénales

---

192 Article 28A : « *Sous réserve du droit de faire appel, la Section du droit international pénal de la Cour a compétence pour juger les crimes prévus ci-dessous : 1) Génocide ; 2) Crimes contre l'humanité ; 3) Crimes de guerre ; 4°) Crime relatif au changement anticonstitutionnel de gouvernement ; 5) Piraterie ; 6)Terrorisme ; 7) Mercenariat ; 8) Corruption ; 9) Blanchiment d'argent ; 10) Traite des personnes ; 11) Traffic illicite de stupéfiants ; 12) Traffic illicite de déchets dangereux ; 13) Exploitation illicite des ressources naturelles ; 14) Le Crime d'agression* ».

à la Cour de la CEDEAO altérerait non seulement la nature et la vocation de cette juridiction, mais pourrait être à l'origine de conflits avec la Cour africaine de justice et des droits de l'homme. Si le juge ouest- africain devait, demain, être un juge pénal, il faut comprendre que la Cour se transformerait jusque dans son organisation et son fonctionnement.

Il lui faudrait de nouvelles institutions et de nouveaux moyens pour, par exemple, mener des enquêtes - y compris, bien évidemment, des investigations sur le terrain -, une accusation à organiser et à étayer, des moyens pour l'exécution des peines etc. A elles seules, ces tâches suffisent à occuper entièrement une juridiction. S'il faut y ajouter la fonction actuelle, déjà suffisamment redoutable parce qu'elle revient à se faire juge de l'exécution de l'ensemble des conventions pertinentes liant les Etats en matière de droits de l'homme, on peut légitimement s'interroger sur la faisabilité du projet.

Relève tout autant de cette problématique de l'extension des missions ou compétences de la Cour la possibilité qu'elle soit amenée à faire office d'arbitre. Cette perspective n'est pas, comme la précédente, purement conjecturale puisqu'elle figure dans le traité même de la CEDEAO. En effet, aux termes de l'article 16 de celui-ci :

> « Il est créé un Tribunal d'arbitrage de la Communauté. Le statut, la composition, les pouvoirs, les règles de procédure et les autres questions relatives au Tribunal d'arbitrage sont énoncées dans un Protocole y afférent ».

Il est prévu qu'en attendant la mise en place de ce Tribunal, c'est la Cour qui remplit également les fonctions d'arbitre[193], et il existe même un avant-projet de Règlement d'arbitrage déjà élaboré, on l'a indiqué plus haut. Deux questions se posent dès lors. Le premier est d'ordre quantitatif. Il revient à s'interroger sur la viabilité de l'option retenue compte tenu du fait que le nombre de litiges soumis à la Cour n'est pas suffisamment important pour justifier une si généreuse offre de modes de règlement. Presque aucun Etat n'a été demandeur dans une action en justice devant la Cour. On l'a dit, le contentieux est formé pour l'essentiel de procès en violations de droits de l'homme dans lesquels c'est un Etat qui est attrait à la barre. La configuration actuelle du contentieux laisse peu de place à la perspective de l'accomplissement de fonctions arbitrales par la Cour, tout au moins à court terme.

---

[193] Article 9 nouveau §5 (Protocole de 2005).

Mais à supposer même la question quantitative résolue, la mutation de la Cour en juridiction arbitrale pourrait poser problème d'un point de vue qualitatif. En effet, si la Cour rend des sentences arbitrales, elle pourrait créer une situation débouchant sur une dilution du droit communautaire, la maîtrise du droit applicable par les parties – maîtrise postulée par ce mode de règlement – pouvant conduire les plaideurs à choisir un corps de règles n'ayant rien à voir avec le droit de la CEDEAO. L'émergence ou l'autonomie du droit communautaire pourrait alors en pâtir. Qu'il nous soit permis de rappeler donc qu' « il n'est pas certain que cette « justice à la carte » convienne à des organisations qui se fixent pour objectif la réalisation de l'intégration entre Etats »[194]. Curieusement d'ailleurs, une disposition du Protocole de 2005 semble être en décalage avec l'introduction de la justice arbitrale dans le système de la CEDEAO puisqu'elle s'intitule :

> « Exclusivité de compétence et acquiescement aux décisions de la Cour » et indique en son paragraphe 1er qu' « aucun différend relatif à l'interprétation ou à l'application des dispositions du Traité ne peut être soumis à un autre règlement que celui prévu par le Traité ou le présent Protocole » (article 22).

Au demeurant, il faut rappeler que même dans le cadre de ses compétences strictement judiciaires, la Cour est susceptible de connaître d'une gamme de différends dont on ne soupçonne pas toujours l'étendue. En effet, outre les recours les plus connus, et qui figurent à l'article 9 nouveau introduit par le Protocole de 2005[195], la Cour peut avoir compétence dans trois autres cas selon le même texte :

> « Sur toutes les questions prévues dans tout accord que les Etats membres pourraient conclure entre eux, ou avec la CEDEAO » (article 9 nouveau §6) ; sur toutes autres matières ou points « que pourraient lui confier des Protocoles et décisions ultérieures de la Communauté » (§7) ou tout autre litige pour lequel la Conférence des chefs d'Etat et de gouvernement estime pouvoir la saisir (§8).

---

[194] SALL A., *La justice de l'intégration. Réflexions sur les institutions judiciaires de la CEDEAO et de l'UEMOA*, Dakar, CREDILA, 2011, p. 43.

[195] Il s'agit de l'interprétation et de l'application du droit originaire et dérivé de la CEDEAO, du recours en appréciation de légalité (des actes de droit dérivé), du recours en manquement, du contentieux de la fonction publique communautaire, des actions en réparation du fait d'un acte ou d'une action de la Communauté, et de la violation des droits de l'homme par un Etat membre.

A ces dispositions du Protocole, il faut ajouter celles du traité même de la CEDEAO, dans lequel on lit que tout différend relatif à l'application ou à l'interprétation dudit traité peut donner lieu à saisine de la Cour (article 76). La Cour a donc une aptitude virtuelle à connaître de bien des différends, en sa seule qualité d'organe judiciaire de la CEDEAO. Dans ces conditions, il y a lieu d'appréhender la perspective de compétences additionnelles, qu'elles soient pénales ou arbitrales.

Le deuxième grand sujet de questionnement concerne les *acteurs du procès, plus précisément la question de* l' *« amicus curiae »* devant la Cour. A l'heure actuelle, ce point précis ne fait l'objet d'aucune disposition. Les seules indications qui se trouvent dans les textes sont relatives d'une part au recours à l'expertise et, d'autre part, à l'intervention. Sur le premier, l'article 16 du Protocole de 1991 énonce que :

> « La Cour peut, en tout état de cause, et conformément à son Règlement intérieur, ordonner toutes mesures d'instruction, requérir toute personne ou institution ou tout organisme à l'effet de diligenter une enquête ou d'émettre un avis d'expert »196.En outre, l'article 21 du même document (intitulé « Demande en intervention ») précise que « Tout Etat membre, lorsqu'il estime que la solution d'un litige dont la Cour est saisie est susceptible de porter atteinte à ses intérêts, peut, sur requête, intervenir au différend »[197].

---

[196] Le Règlement de la Cour prévoit également en son article 45 :

*« 1. La Cour peut ordonner une expertise. L'ordonnance qui nomme l'expert précise la mission de celui-ci et lui fixe un délai pour la présentation de son rapport.*

*2. L'expert reçoit copie de l'ordonnance, ainsi que de toutes les pièces nécessaires à sa mission. Il est placé sous le contrôle du juge rapporteur, qui peut assister aux opérations d'expertise et est tenu au courant du déroulement de la mission confiée à l'expert.*

*3. La Cour peut demander aux parties ou à l'une d'elles le dépôt d'une provision garantissant la couverture des frais de l'expertise.*

*4. A la demande de l'expert, la Cour peut décider de procéder à l'audition de témoins qui sont entendus suivant les dispositions prévues à l'article 43 du présent Règlement.*

*5. L'expert ne peut donner son avis que sur les points qui lui sont expressément soumis.*

*6. Après le dépôt du rapport, la Cour peut ordonner que l'expert soit entendu, les parties convoquées.*

*7. Sous l'autorité du Président, des questions peuvent être posées à l'expert par les représentants des parties.*

*8. Avant l'accomplissement de sa mission, l'expert prête le serment suivant par écrit ou devant la Cour : « je jure de remplir ma mission en toute conscience et en toute impartialité ».*

[197] L'article 89 du Règlement de la Cour indique par ailleurs, de façon circonstanciée, la procédure de l'intervention devant la Cour.

Si ces deux dispositions sont citées, c'est parce que, sans concerner exactement la participation d'un *« amicus curiae »*, elles recoupent quelque peu la mission que celui-ci pourrait remplir devant la Cour, mais à vrai dire, on le verra, il faut leur substituer une règle plus précise et plus satisfaisante.

Au caractère très approximatif des bases légales de la présence de l' *« amicus curiae »* en l'état actuel des textes, il faut ajouter les flottements du traitement jurisprudentiel de cet acteur du procès. En effet, tantôt la Cour a, sans sourciller, admis sa présence (affaires Mme Tokumbo Lijadu-Oyemade c Secrétaire Exécutif de la CEDEAO et autres », arrêt du 10 octobre 2005 ; Linda Gomez et 7 autres c République de Gambie, arrêt du 14 février 2014 ; affaire pendante « Fédération des journalistes africains et 3 autres c République de Gambie », tantôt elle l'a rejetée, sur la base de l'article 21 du Protocole précité, et en vertu d'une lecture très fidèle de celui-ci : seuls les Etats sont admis à « intervenir », au sens de cet article (affaire « CDP et autres c Etat du Burkina Faso », arrêt du 13 juillet 2015, s'agissant d'une entité non-étatique qui prétendait prendre part au procès).

Il y a autre chose. C'est que la notion même d' *« amicus curiae »*, au plan international, ne fait pas l'objet d'une compréhension unique. Suivant les juridictions et les mœurs judiciaires, le contenu de cette fonction peut considérablement varier. Rappelons d'abord que l' *« amicus curiae »* est « l'ami de la Cour », le concept désigne :

> « La faculté attribuée à une personnalité ou à un organe non – partie à une procédure judiciaire de donner des informations de nature à éclairer le tribunal sur des questions de fait ou de droit »[198]

Mais devant une juridiction comme la Cour européenne des droits de l'homme, les choses peuvent s'avérer plus complexes puisque la notion d' *« amicus curiae »* pourrait bien se fondre dans le concept de « tierce intervention », introduite par le 11ème Protocole additionnel, et qui est susceptible de recouper au moins trois cas d'intervention, tous évoqués par l'article 36 de la Convention européenne des droits de l'homme : l'intervention des Etats dans des procès auxquels leur ressortissant est partie, mécanisme qui rappelle la protection diplomatique (article 36§1), l'intervention d'un Etat partie à la Convention mais non partie au procès, ou celle de toute personne intéressée, sur invitation du président de la Cour et dans l'intérêt d'une bonne administration de la justice (article 36

[198] SALMON J. *Dictionnaire de droit international public*, précité, p.62.

§2) et enfin l'intervention du Commissaire aux droits de l'homme du Conseil de l'Europe dans toute affaire traitée par une Chambre ou par la Grande Chambre (article 36§3). Cette pluralité n'est évidemment pas de nature à clarifier le rôle de l' « amicus curiae ».

On ajoutera que la Cour de Strasbourg elle-même ne brille pas par sa constance et sa précision, puisqu'elle parle aussi bien de *« partie intervenante »*[199], de *« d'amicus curiae »*[200] que d' *« intervenant »*[201] tout simplement. Si l'on se tourne du côté d'une juridiction comme la Cour interaméricaine des droits de l'homme, on peut être saisi du même scepticisme lorsque celle-ci affirme, dans un de ses arrêts, que l'absence d'indépendance de l'ami de la Cour ne justifie pas qu'on rejette ses déclarations ou son témoignage[202]. Une telle appréciation semble aller à l'encontre de l'idée que l' *« amicus curiae »* est au service de la Cour et non d'une cause, et que son éclairage est d'autant plus garanti qu'il est à équidistance des parties.

En vérité, cette question de la vocation de l' *« amicus curiae »* demeure passablement embrouillée, tant les pratiques des juridictions sont susceptibles de diverger. C'est pourquoi il est important que la Cour de justice de la CEDEAO dégage elle-même les contours de cette institution, sans donner l'impression que la définition et le contenu de celle-ci sont partagés par tous les juges internationaux. En effet, nous avons vu que la jurisprudence de la Cour sur la question n'est pas stable, faute de règles codifiées. Il faut ajouter que lorsqu'il a admis la présence de l' *« amicus curiae »* dans des affaires précitées, le juge communautaire n'a éprouvé nul besoin de justifier la présence de ce tiers au procès, comme s'il existait une sorte de droit acquis à entrer dans la procédure. Pour toutes ces raisons, une clarification s'impose. Il y a une dernière donnée qui justifie que l'organe judiciaire de la CEDEAO se penche sur le sujet : c'est la presque généralisation de la pratique devant les juridictions internationales. Le juge ouest-africain ne peut pas échapper à son temps, et il est révélateur que des plaideurs eux-mêmes aient pris l'initiative de se présenter en *« amici curiae »* alors même qu'il n'existe aucune disposition y relative dans les textes qui régissent la Cour. C'est le signe que la pratique tendrait à devenir une sorte de coutume judiciaire opposable aux juridictions internationales. Ajoutons,

---

[199] Arrêt *« Tashin Acar c Turquie »* du 6 mai 2003.

[200] Arrêt *« Goodwin c Royaume Uni »* du 11 juillet 2002.

[201] Arrêt *« Mamatkulov et Abdurasulovic c Turquie »* du 6 février 2003.

[202] Arrêt *« Suarez Rosero c Equateur »*, du 12 novembre 1997, série C, n°35,§32.

pour finir, que l'institution revêt, eu égard à la philosophie qu'elle porte, une importance particulière pour des juridictions de protection des droits de l'homme. Elle traduirait en effet une prise de conscience de la nécessité de rendre la justice en tenant davantage compte des impératifs modernes de défense de l'intérêt général, de transparence, de publicité voire de *« démocratisation du droit international »*[203].

Dans la perspective d'une admission de l' *« amicus curiae »* devant la Cour, les règles fixées pourraient être fondées sur les principes suivants[204] :

- Il n y a pas de droit acquis à participer à une instance comme *« amicus curiae »* ; c'est à la Cour de décider, suivant la nature de l'affaire, qui elle invite ou admet en cette qualité ;

- La Cour apprécie la capacité de l' *« amicus curiae »* en fonction des critères suivants : indépendance, impartialité, représentativité. L' *« amicus curiae »* est en effet un « ami de la Cour », il l'aide dans sa prise de décision, mais il n'est pas une partie « intéressée » ou défendant l'une des thèses des parties principales ;

- La Cour peut d'office demander à une personne ou entité d'intervenir comme *« amicus curiae »*. Dans ce cas, ce dernier n'est pas tenu de démontrer l'intérêt de sa participation ;

- L' *« amicus curiae »* doit faire une demande motivée auprès de la Cour en y exposant l'intérêt de sa participation à la procédure ; il ne doit pas « s'inviter » brutalement le jour de l'audience, car, répétons-le, il n y a pas un droit acquis en la matière ; ce mémoire de l' *« amicus curiae »* est transmis aux parties ;

- La Cour informe les parties de la demande d'*« amicus curiae »* et recueille éventuellement leurs observations à cet égard, car les parties ont un intérêt de ce point de vue ;

- La participation de l'*« amicus curiae »* ne peut porter sur les faits mêmes du litige mais sur l'environnement général, le contexte de celui-ci. Les faits qui constituent le litige sont l'affaire des parties et de la Cour ;

- L'avis de l' *« amicus curiae »* ne lie pas la Cour ;

---

203 MENETREY S., *L'amicus curiae, vers un principe commun de droit procédural ?*, Paris, Dalloz, 2010, p.211 (ouvrage particulièrement riche).

204 Ces principes sont en grande partie inspirés des conclusions de l'ouvrage de MENETREY S. précité.

- L' *« amicus curiae »* supporte lui-même les frais de la procédure ; il ne saurait en aucun cas en demander le remboursement aux parties ou à la Cour, sauf s'il a été invité par la juridiction.

Il convient de préciser que dans le principe de l' *« amicus curiae »* a été retenu dans l'avant-projet de Protocole préparé par la Cour au cours de l'année 2017, dont il ne semble plus être question aujourd'hui. Le texte renvoie au Règlement de la Cour pour la définition de ses modalités d'intervention, qui portent sur les points qui viennent d'être évoqués[205].

D'autres sujets d'interrogation sur l'avenir de la Cour existent. Ils se rapportent non plus au procès devant celle-ci, mais à la décision rendue par elle, toujours comme juge des droits de l'homme.

### B. – Au sujet de la décision rendue par la Cour

Du point de vue de sa qualité même, cette décision judiciaire est perfectible à deux égards aujourd'hui.

En la forme, les arrêts rendus ne font pas l'objet d'*une présentation unique, systématique*. Or, ces variations dans la manière de rédiger les décisions ne sont pas satisfaisantes. Une juridiction gagne à avoir une « marque de fabrique », il est souhaitable qu'elle ait une tradition rédactionnelle. Cette originalité n'existe donc pas encore à la Cour de la CEDEAO. Pour y parvenir, deux voies pourraient être explorées : la systématisation de la lecture – et de la correction – des projets de décision par sinon tous les juges, du moins ceux qui composent le « panel », c'est-à-dire la « chambre », ou l'instauration d'un service dédié à la rédaction des arrêts, cette dernière option nous semblant cependant plus difficile à réaliser en l'état actuel des choses.

Sur le fond, la qualité des décisions rendues pourrait être améliorée s'il était institué un mécanisme par lequel, en interne, les juges étaient aidés. Cette « aide à la décision » pourrait tout simplement prendre la forme de l'institution d'*une fonction d' « avocat général » ou de « Commissaire du droit » - peu importe l'appellation – dont la mission serait de présenter en toute indépendance des conclusions sur les affaires déférées à la Cour.* Le débat autour du projet présenté par cet « apporteur

---

[205] Dans l'hypothèse où il s'avérerait impossible ou difficile d'agir sur les Protocoles – qui sont en principe des traités internationaux - ou même sur le Règlement de la Cour, il serait encore possible de recourir à l'article 100 de ce Règlement, qui ouvre la possibilité d' « Instructions pratiques » que la Cour pourrait édicter. La Cour peut agir ainsi en s'appuyant simultanément sur l'article 16 du Protocole de 1991 qui lui ouvre la possibilité d'entendre des « experts », ou toute « institution » ou « organisme » pour éclairer son jugement.

de solution » serait assurément de nature à hisser le niveau d'exigence de la décision, et il assurerait bien entendu une qualité supplémentaire aux arrêts.

S'agissant du verdit même, on sait que comme juge des droits de l'homme, la Cour sanctionne les transgressions imputables aux Etats. Or, l'expérience montre que cette sanction judiciaire, pour l'essentiel s'épuise dans deux mesures : la réparation indemnitaire et, plus rarement, l'ordre donné à l'Etat soit de rendre à une personne sa liberté, soit de promptement organiser un procès pour quelqu'un.

Une première question posée porte ainsi sur *le mode de réparation choisi et sur les possibilités de son affinement*. En effet, la jurisprudence de la Cour sur ce point brille par un laconisme volontiers basé sur le fait qu'en fixant le montant d'une réparation, la juridiction exerce un pouvoir discrétionnaire. Ce principe est insinué ou rappelé dans un certain nombre d'arrêts, comme dans celui du **7 juin 2012, «Groupe RACECO contre Commission de la CEDEAO »,** dans lequel on lit qu' « usant de son pouvoir discrétionnaire, la Cour fixe à 1 500 000 f CFA la somme à lui allouer »[206], ou encore dans **l'arrêt du 8 février 2011 « El Hadji Tidjani Aboubacar contre République du Niger »**, où «la Cour faisant usage de son pouvoir discrétionnaire, fixe à 10.000.000 f CFA la somme à lui allouer toutes causes de préjudices confondus »[207]. D'autres fois, le juge ouest-africain se réfère à l'équité pour justifier l'espèce d'impressionnisme qui entoure la détermination du montant de la réparation, comme dans les **arrêts du 3 juillet 2013, « Monsieur Kpatcha Gnassingbe et autres contre République Togolaise »[208] et du 6 novembre 2013, « M. Chude Mba contre République du Ghana »[209].** Il est vrai que le renvoi à l'équité a cours devant maintes autres juridictions de protection des droits de l'homme[210].

Cela étant, un effort d'objection des montants alloués aurait d'une part le mérite de montrer que l'évaluation des préjudices ne se fait pas de façon capricieuse ou hiératique, d'autre part, que les plaideurs ne sont pas traités de façon précisément inéquitable compte tenu d'une certaine

---

[206] Arrêt ECW/CCJ/JUD/08/12, §32 de l'arrêt.

[207] Arrêt ECW/CCJ/JUD/01/11, §38 de l'arrêt.

[208] Arrêt ECW/CCJ/JUD/06/13, §102 de l'arrêt.

[209] Arrêt ECW/CCJ/JUD/10/13, §105 de l'arrêt.

[210] V. par exemple l'article 41 de la Convention européenne des droits de l'homme, l'article 63§ 1 de la Convention américaine des droits de l'homme ou encore l'article 27 §2 du Protocole de Ouagadougou de 1998 créant la Cour africaine des droits de l'homme et des peuples.

imprévisibilité du mode de calcul de l'indemnité réparatrice. Il est souhaitable qu'à l'avenir, la détermination de ce montant sa fasse sur des bases objectives et stables dans la mesure du possible.

L'on pourrait même envisager qu'une telle réparation ne consiste pas en une indemnité. Le système qui a cours actuellement devant la Cour trahit, par son automatisme et par son caractère invariable, une forme d'immaturité. Devant un préjudice de type moral, non-économique, il n'est pas certain qu'une réparation indemnitaire soit toujours appropriée. Il convient de rappeler à ce stade les données du droit international général, relativement à l'indemnisation pécuniaire. Celle-ci, loin d'être systématiquement envisagée, semble au contraire cantonnée, limitée aux seuls préjudices matériels, économiques. Telle semble du moins être la philosophie de l'article 37§1 du projet d'articles sur la responsabilité internationale élaboré par la Commission du Droit International (CDI). Aux termes de cette disposition :

> « L'Etat responsable d'un fait internationalement illicite est tenu de donner satisfaction pour le préjudice causé par ce fait dans la mesure où il ne peut pas être réparé par la restitution ou l'indemnisation ».

Dans une telle perspective, l'allocation d'une somme d'argent n'est plus perçue comme un pis-aller, comme une compensation commode faute de mieux mais bien comme une modalité de réparation appropriée à un type précis de préjudice, elle n'est jamais automatique.

La question est ainsi de savoir s'il n'existe pas des possibilités de dépasser la conception systématiquement indemnitaire de la réparation consécutive à une violation constatée par le juge. En d'autres termes, est-il concevable d'accorder à la victime une forme de compensation qui ne soit pas, ou ne soit pas seulement de type pécuniaire ?

Une évolution du mode de réparation nous paraît souhaitable en effet, dans la mesure où il faudrait veiller à ce que la responsabilité de l'Etat qui a violé des droits de l'homme ne se dégrade pas en une responsabilité de type civil, solvable seulement dans l'allocation d'une somme d'argent. Parce qu'il est question de droits de l'homme précisément, c'est-à-dire de valeurs, il peut être judicieux d'*explorer d'autres formes de sanction des États, à portée plus symbolique, à connotation plus morale*. L'on pourrait donc imaginer la Cour ordonner à l'Etat qui a failli une mesure d'ordre symbolique, typique de la « satisfaction », cet autre mode de réparation du dommage connu du droit international et dont la CDI nous dit qu'elle « peut consister en une reconnaissance de la violation, une expression de regrets, des excuses formelles ou toute autre modalité appropriée » (article 37 précité §2). Le juge de la CEDEAO pourrait alors enjoindre à l'Etat d'accomplir des actes comme la reconnaissance publique d'une défaillance – dans des formes précises qui restent à déterminer, et sans que cela ne confine à l'avanie – ou encore la publication de la décision de la Cour, comme cela existe aussi bien devant la Cour européenne des droits de l'homme que devant la Cour africaine[211]. Sur ce point, on sait que l'article 13 § 6 du Règlement de la Cour prévoit qu'en cas de déclenchement d'une action :

> « Un avis est publié au Journal officiel de la Communauté indiquant la date de l'inscription de la requête introductive d'instance, les noms et domiciles des parties, l'objet du litige et des conclusions de la requête ainsi que l'indication des moyens et des principaux arguments invoqués ».

Mais il n'existe aucune disposition prévoyant la publication de l'arrêt, même si on sait qu'en principe, celui-ci a vocation à être publié par les soins du greffe de la Cour. On sait pourtant, comme illustré en droit interne, que l'injonction à rendre publique une décision judiciaire peut, en « lavant » la victime aux yeux de tous, être un mode de réparation adéquat. Elle peut aussi constituer un facteur dissuasif de violations des droits de l'homme.

Dans la perspective d'un affinement des sanctions prononcées, et parce qu'il est question de normes relatives aux droits de l'homme, il est permis de penser que la Cour de justice de la CEDEAO sera amenée à au moins *assouplir sa doctrine de la non-ingérence dans la législation des États membres*. La Cour, dans une sorte de pétition de principe, rappelle en effet régulièrement qu'elle n'est pas juge de la légalité, ou qu'elle n'examine pas *in abstracto* les législations des États membres. Cela est vrai, et il ne s'agit pas de contester le bien-fondé d'une telle position, qu'on le comprenne bien.

Mais il y a fort à parier, qu'avec le temps, qu'avec le développement de sa mission de protecteur des droits de l'homme, la Cour pourrait faire évoluer sa position et accepter de critiquer des législations potentiellement violatrices de droits. Il est certain, par exemple, qu'elle pourrait valablement critiquer une législation qui restreint indûment l'exercice d'une profession, et ne pas se limiter simplement au constat de

[211] V. l'important arrêt du 13 juillet 2014, *« Révérend C.R.Mtikila c. République de Tanzanie »*, §37.

la violation du droit individuel du requérant ; son appréciation débordera le strict cas qui lui est soumis. De même, lorsque c'est dans des dispositions d'un code de procédure pénale que se trouve la méconnaissance des droits de la défense, on imagine bien le juge critiquant les normes sources de la violation, au-delà de la reconnaissance ponctuelle de la transgression des droits du demandeur.

Cette perspective pourrait même être tenue comme la finalité idéale de tout système de protection des droits de l'homme. Si l'on part en effet du principe que les États ne voient pas nécessairement d'un mauvais œil l'accroissement du niveau de protection des droits des personnes, on peut penser que l'appréciation critique émanée d'une instance internationale sur leur propre système juridique leur permet de corriger des imperfections qu'en toute bonne foi ils ignoraient, ou qu'ils ne pouvaient appréhender du fait précisément que l'éclatement des litiges individuels ou le fatras apparent des cas dont les échos leur revenaient ne leur permettait pas de comprendre ce que leurs défaillances avaient de structurel. La critique appropriée des « mauvaises » législations est, en dernière analyse, un élément de bonification de l'ordre juridique interne.

Mais pour l'heure, la circonspection de la Cour se comprend. Elle s'explique par au moins deux facteurs. Le premier est lié à un contexte général, qui est la nouveauté du contrôle judiciaire, effectué dans un environnement qui n'est pas toujours propice compte tenu d'une relative faiblesse de la culture de l'Etat de droit et même, plus simplement, de la tradition de respect des droits de l'homme. Ajoutons que les conditions techniques de ce recours au juge peuvent parfois heurter la susceptibilité des États (abstraction de la règle du non-épuisement des voies de recours internes notamment, dans le cas de la CEDEAO). Une seconde raison de la prudence de la Cour tient au fait que celle-ci n'est pas l'organe ad-hoc de surveillance de l'exécution des conventions dont elle contrôle ponctuellement l'application. En effet, ces engagements internationaux ont la particularité qu'elles mettent en place, quasi-systématiquement, des mécanismes de contrôle du comportement des Etats (rapports périodiques à fournir) et surtout, ils établissent des organes de surveillance spécifiquement préposés à cette tâche, qu'il s'agisse d'organes semi-juridictionnels (Comités des Nations Unies, ou Commissions des droits de l'homme en Amérique et en Afrique) ou d'organes juridictionnels proprement dits (Cours de justice). Or, il est évident que de tels organes ad-hoc auront des compétences mieux garanties et une idée plus affinée des sanctions susceptibles d'être infligées aux Etats- parties, qu'une Cour de justice étrangère en quelque sorte au système, à ses équilibres, à sa logique. En effet, comme on l'a déjà noté, la Cour de la CEDEAO, en jugeant la manière dont des Etats exécutent ces conventions, s'invite dans des cadres qui ne la connaissent pas, « marche », pour ainsi dire, « sur les plates-bandes » d'autres entités. Cette position n'est pas de nature à lui permettre d'aller trop loin dans l'appréciation des modes de réparations adéquats, surtout si c'est le traité lui-même qui prédétermine les types de sanctions possibles. Il faut donc comprendre le minimalisme de la Cour – minimalisme monétaire, pourrait-on dire... - comme une forme de retenue, la marque de la volonté de ne pas aller trop loin, sachant qu'elle est déjà allée un peu loin en s'érigeant juge de la convention...

En dehors de l'évolution souhaitable du mode de réparation auquel la Cour recourt quasi-systématiquement, *le problème de l'exécution même des décisions de la juridiction se pose.* Cette question est loin d'être spécifique à la Cour de la CEDEAO, on pourrait même avancer que les juridictions protectrices des droits de l'homme se trouvent assez régulièrement confrontées à ce problème de l'effectivité de leurs propres sentences[212]. S'agissant de la Cour de la CEDEAO, il n'existe pas, à l'heure actuelle, de moyen ou de baromètre permettant de mesurer de façon systématique le taux ou le niveau d'exécution des arrêts. Il s'agit d'une lacune regrettable, mais de temps à autre, il est fait état du refus ou de la réticence de tel gouvernement à se conformer à une décision rendue. Une réflexion prospective sur les voies et moyens de mieux garantir l'exécution des arrêts rendus s'avère sans doute nécessaire.

Dans cette perspective, trois considérations nous semblent devoir être prises en compte.

La première renverrait à une « redécouverte » de l'article 24 nouveau du Protocole relatif à la Cour, introduit en 2005. Selon le paragraphe 4 de cette disposition :

> « Les États membres désigneront l'autorité nationale compétente pour recevoir ou exécuter la décision de la Cour et notifieront cette désignation à la Cour ».

Cette disposition constitue à notre sens, un premier levier sur lequel il est possible d'agir pour améliorer l'exécution des décisions judiciaires. Il

---

[212] V. à ce sujet deux contributions importantes au colloque sur *La protection des droits de l'homme par les cours supranationales*, précité : « L'effectivité des arrêts des Cours supranationales de droits de l'homme » (GUTIERREZ RAMIREZ L-M., pp. 177 à 193) et « La remise en cause de l'autorité des cours supranationales » (TOUZE S., pp. 195 à 211).

convient cependant de rappeler qu'à ce jour, seuls quatre États sur les quinze que compte la Communauté ont accompli cette diligence, sans du reste que cette négligence soit forcément le signe d'une volonté de refuser de se conformer à leurs engagements[213]. Si les États parvenaient à désigner cette autorité – ce qu'une action persévérante auprès des autorités nationales concernées pourrait obtenir -, celles-ci pourraient être de précieux interlocuteurs pour la Cour. Le simple suivi de la relation avec ces « points focaux » créerait le sentiment, chez eux, qu'il est important que les décisions rendues par la Cour dans des litiges qui concernent leur Etat fassent l'objet d'un suivi et soient exécutées. C'est l'institutionnalisation d'un dialogue, ou la possibilité d'activer celui-ci à tout moment, qui serait de nature à inciter l'autorité nationale désignée à toujours suivre l'exécution des arrêts, à avoir un œil sur celle-ci. Et si ce ressort de la pression silencieuse n'opérait pas, il serait toujours loisible à la Cour de la CEDEAO d'interroger de façon expresse et directe son interlocuteur, afin de s'assurer de la suite qui a été réservée à ses délibérations. Il est donc important, de notre point de vue, de veiller à la bonne application de l'article 24 du Protocole, c'est-à-dire à ce que les Etats membres s'acquittent d'abord de l'obligation stipulée. Les virtualités que renferme cette disposition, en termes de garantie d'exécution des arrêts, sont nombreuses. Certaines d'entre elles sont, on l'a vu, d'ordre simplement « psychologique ». Sans nul doute, la mise en œuvre optimale de l'article 24 aiderait à rendre effectives les décisions de la Cour.

Un deuxième levier pouvant être activé est le rapport d'activités de la Cour. On l'a dit, en l'état actuel des choses, ce rapport n'existe pas. Son établissement a cependant été préconisé dans l'avant-projet de Protocole proposé par la Cour en 2017. Assurément, ce rapport pourrait aider à majorer les chances de voir les arrêts exécutés. Il s'agit que ce document ne se réduise pas à un compte rendu purement factuel de l'activité de la Cour, mais s'interroge aussi sur les défis auxquels la juridiction pourrait être confrontée, et sur les moyens de les relever.

---

[213] Ces quatre États sont, au moment où ces lignes sont écrites, le Nigéria, le Togo, la Guinée et le Mali. Pourtant, lorsqu'on évoque ce problème avec des autorités des Etats membres, elles manifestent souvent leur surprise, qui trahit en fait un « oubli » ou une « ignorance ». Le devoir en question est relativement simple : non seulement l'Etat membre peut désigner n'importe quelle personne ou entité à cette fin (haut-fonctionnaire, greffier, magistrat etc), mais son accomplissement n'est enfermé dans aucune forme précise (n'importe quel acte juridique, même une simple lettre adressée à la Cour peut y pourvoir). L'on peut raisonnablement penser que ce n'est pas par malice, mais au pire par incurie, que les Etats n'ont pas ou pas encore accompli cette formalité.

Dans cette perspective relativement ambitieuse, la question de l'exécution des arrêts serait nécessairement une composante de la réflexion, même s'il faut veiller, par ailleurs, à ce que le rapport ne soit pas l'instrument d'une stigmatisation des États, ou le moyen d'instruire leur procès. La comparaison avec la pratique de juridictions internationales comparables peut être instructive. Les rapports d'activités n'y ont pas seulement pour fonction de rendre compte du travail dont celles-ci s'acquittent, elles constituent aussi un moyen de réflexion sur les divers problèmes auxquels les juges sont confrontés, dont celui de l'exécution des décisions qu'ils rendent. Devant la Cour interaméricaine des droits de l'homme, il est prévu que celle-ci « soumettra à l'examen de l'Assemblée générale de l'Organisation au cours de chaque session ordinaire un rapport sur ses activités durant l'année précédente. Elle soulignera d'une manière spéciale en formulant les recommandations pertinentes les cas où un Etat n'aura pas exécuté ses arrêts »[214].

Dans le système africain également, le Protocole de Ouagadougou de 1998 qui avait créé la Cour africaine des droits de l'homme et des peuples avait énoncé que cette juridiction « soumet à chaque session ordinaire de la Conférence un rapport annuel sur ses activités. Ce rapport fait état en particulier des cas où un Etat n'aura pas exécuté les décisions de la Cour »[215].

L'on sait également que dans le système onusien de protection des droits de l'homme, et notamment devant le Comité des droits de l'homme, le rapport annuel présenté à l'Assemblée générale constitue une opportunité pour appeler l'attention de l'organe plénier sur les réticences de certains États à donner une suite aux observations qui leur sont faites.

L'institution d'un rapport d'activités de la Cour de la CEDEAO présenterait incontestablement plusieurs avantages. Outre la plus grande visibilité de l'organe qu'elle pourrait garantir, laquelle est à l'avenant de l'indépendance proclamée de celui-ci, le rapport d'activités pourrait, comme devant des juridictions homologues, constituer, sinon une opportunité franche de surveillance de l'exécution d'obligations conventionnelles, du moins le moment faible d'un contrôle dont la simple perspective de la publicité pourrait décourager la malice des États. Il faut

214 Article 65 de la Convention américaine des droits de l'homme.

215 Article 31 du Protocole.

redire ici que la Cour de justice a proposé l'institution d'un tel rapport dans les suggestions de réforme qu'elle a faites en 2017.

Le dernier niveau de réflexion sur l'amélioration de l'exécution des décisions de la Cour de la CEDEAO est celui des sanctions politiques. A vrai dire, la mobilisation de l'arsenal répressif par la Conférence des chefs d'Etat et de gouvernement n'est, en l'état actuel des choses, ni plausible ni peut-être même souhaitable dans la mesure où elle signerait un échec, l'échec à amener à résipiscence un Etat membre récalcitrant. Dans une configuration de ce type, il y a fort à parier que les choses pourraient vite tourner au vinaigre, et conduire, en définitive, à la dénonciation du traité ou à l'exercice par l'Etat membre de son droit de retrait de l'organisation internationale.[216]. Il n'en demeure pas moins qu'il existe aujourd'hui deux textes sur la base desquels un Etat ayant méconnu un arrêt de la Cour pourrait être sanctionné.

D'une part, l'Acte additionnel A/SA.13/02/12 portant régime des sanctions à l'encontre des États membres qui n'honorent pas leurs obligations vis-à-vis de la CEDEAO prévoit qu'au titre des obligations pour les États membres figurent aussi « les décisions de la Cour de Justice de la Communauté » (article 1$^{er}$), et donc que le refus d'exécuter ceux-ci constitue un manquement.

D'autre part, aux termes de l'article 77 du traité de la CEDEAO, un Etat qui « n'honore pas ses obligations vis-à-vis de la Communauté ». On l'a cependant indiqué : il existe très peu de chances, à l'heure actuelle, que ces dispositions extrêmes soient mises en œuvre, à l'instar, au demeurant, de ce qui se passe devant des organes juridictionnels comparables[217].

L'avenir de la Cour de justice de la CEDEAO se dessine aujourd'hui en demi-teinte. Comme juge des normes de l'intégration, elle a peiné à s'affirmer, faute de saisines pertinentes. Comme juge des droits de l'homme, elle a incontestablement été utile, dans le contexte qui est le sien, et même si la façon dont elle s'acquitte de cette mission-là reste très perfectible. C'est de la perfectibilité générale de la mission de la mission de la Cour que le projet de réforme conçu par celle-ci voulait rendre

---

[216] V. par exemple, au sujet de la Convention américaine des droits de l'homme, les dénonciations (fondées sur l'article 78 du Pacte de San José) faites par Trinidad et Tobago en 1998, par le Pérou en 1999 et par le Vénézuela en 2012.

[217] On pense au destin du « recours en manquement » prévu depuis peu par l'article 46 §4 de la Convention européenne des droits de l'homme, qui permet de saisir la Cour pour inexécution d'un arrêt par un Etat et dont l'utilisation pourrait être parcimonieuse, pour ne pas dire plus…

compte, mais il n'est pas certain que celui-ci soit adopté. Il existe cependant de sérieuses raisons de douter de la pertinence du choix qui semble être celui des autorités communautaires. Force est de constater qu'à l'heure actuelle, non seulement les réformes se succèdent et s'amoncellement parfois dans le désordre, mais qu'elles sont inspirées par une logique managériale hermétique aux standards internationaux et obsédée par la « réduction des coûts ».

La mission de la Cour comporte une dimension humaine et « justicière » qu'on aurait tort d'oublier. Pour bien des personnes, elle constitue l'ultime recours, le seul endroit au monde où elles ont pu parler ou être écoutées, quand les instances judiciaires nationales s'avéraient incapables d'entendre leur détresse, quand elles couraient le risque d'être victimes de révoltants dénis de justice. Il faut avoir vu tous ces justiciables dont les yeux se sont illuminés à l'écoute du verdict de la Cour, alors que dans leur propre pays, toutes les portes de la justice leur ont été fermées.

Il faut avoir rencontré la veuve Baré Maïnassara sanglotante après avoir témoigné devant la Cour, mais visiblement soulagée d'avoir eu une tribune où on l'écoutait ; avoir pensé à ces deux jeunes béninoises, l'une rendue presque infirme par un faux médecin lui ayant administré une thérapie complétement folle, l'autre, jeune employée de maison sauvagement battue par sa patronne, qui avaient tous les deux obtenu gain de cause devant la justice de leur pays mais dont les espoirs avaient été anéantis par la «perte » de leur dossier devant la Cour d'appel…Il faut avoir rencontré le désarroi de ces gens-là pour se rendre compte que la Cour, juge des droits de l'homme, n'a pas existé ou n'existe pas pour rien.

***Juin 2017***

# TABLE DES MATIÈRES

## PREMIÈRE PARTIE
## LA JURISPRUDENCE DE LA COUR

# Le Sénégal
# aux éditions L'Harmattan

## *Dernières parutions*

**L'ESTHÉTIQUE SOCIALE DES PULAAR**
**Socioanalyse d'un groupe ethnolinguistique**
*Sy Harouna*
L'esthétique sociale pulaar est une mise en ordre éthique de la vie sociale. Elle est l'inventaire systématique de ce qu'il y a de beau et de laid dans le social relativement à ses valeurs, à ses normes, à ses règles et à ses codes qui commandent des postures, des relations, des rapports et des qualités appropriés. L'analyse des contradictions de la société pulaar du Fuuta Tooro a révélé des logiques et des stratégies fondées sur des rapports de castes et sur les représentations sociales que ces rapports produisent.
*(31.00 euros, 304 p.)*
*ISBN : 978-2-343-11189-6, ISBN EBOOK : 978-2-14-002810-6*

**LE BAYNUNK GUNAAMOLO, UNE LANGUE DU SUD DU SÉNÉGAL**
**Analyse phonologique, morphologique et syntaxique**
*Diop Sokhna Bao - Préface de Denis Creissels*
Le Sénégal est un pays multilingue avec des langues majoritaires et des langues minoritaires, de par le nombre de leurs locuteurs, mais également de par la quantité de travaux dont chacune dispose. Les langues majoritaires ont fait l'objet de nombreuses recherches, à la différences des langues minoritaires. Ce constat est à l'origine du choix porté sur la description de la variante gunaamolo du baynunk (parlé au sud du Sénégal, plus précisément à Niamone, dans la région de Ziguinchor) qui est une langue en danger très peu décrite. L'utilité et l'intérêt de ce travail résident dans la sauvegarde et la connaissance de cette langue et sa communauté. Elle peut servir aussi de référence à des recherches futures.
*(Coll. Études africaines, 38.50 euros, 392 p.)*
*ISBN : 978-2-343-09614-8, ISBN EBOOK : 978-2-14-002913-4*

**DE L'HÉRITAGE ARABO-ISLAMIQUE SAINT-LOUISIEN**
**Une illustration par les œuvres d'Abbas Sall et d'Abdoulaye Fall Magatte**
*Fall Cheikh Tidiane - Préface de Samba Dieng et Postface de Mouhamed Habib Kébé*
Cet ouvrage porte sur la réhabilitation du legs culturel arabo-islamique ouest-africain en général et saint-louisien en particulier. Revaloriser un pan du patrimoine culturel par l'entremise de l'imagination poétique locale de deux intellectuels demeure l'objectif principal de cette étude. Une partie descriptive constituée de la traduction d'une cinquantaine de poèmes suivie d'un volet analytique constitue la méthodologie de ce travail de recherche. La moisson tirée de ce travail préliminaire apporte quelques éclairages sur l'intérêt de la traduction de manuscrits arabes, notamment ceux produits par d'éminents ulémas du Sénégal, tels les deux poètes faisant l'objet de cette étude.
*(Harmattan Sénégal, 35.00 euros, 340 p.)*
*ISBN : 978-2-343-11306-7, ISBN EBOOK : 978-2-14-003014-7*

**L'AGRICULTURE DU SÉNÉGAL SOUS LA COLONISATION**
*Diop Ismaïla*
L'introduction de l'arachide au Sénégal au début du XXe siècle révolutionne le paysage agricole. La France décide alors de faire du Sénégal une colonie arachidière. Le Sénégal devient la troisième puissance arachidière du monde après les États-Unis et l'Inde. Cette monoculture extensive aboutit à un déficit vivrier chronique, une dégradation des sols, une dépendance vis-à-vis des importations de riz en provenance d'Asie. Pour y remédier, le rapport de la mission Roland Portères de 1952 recommande des mesures d'aménagement du territoire, de restauration des sols, de promotion de l'agriculture intégrée sérère.
*(Harmattan Sénégal, 23.50 euros, 218 p.)*
*ISBN : 978-2-343-11129-2, ISBN EBOOK : 978-978-2-14-002836-6*

**CASAMANCE**
**À quand la paix ?**
*Bassène René Capain - Préface du père Nazaire Diatta*
Malgré leur volonté et leur engagement affichés d'aller vers la fin du conflit armé en Casamance, la position des parties en guerre n'a jamais réellement évolué. L'État du Sénégal se dit prêt à négocier sur tous les points, sauf sur ceux relatifs à l'intégrité territoriale et l'unité nationale, alors que, de son côté, le MFDC soutient une position contraire en déclarant être disposé à ne négocier que sur la question se rapportant à l'indépendance totale de la Casamance. Cette situation montre que le conflit armé est encore loin de finir en Casamance.
*(28.50 euros, 276 p.)*
*ISBN : 978-2-343-10426-3, ISBN EBOOK : 978-2-14-002593-8*

**PARCOURS D'UN JOURNALISTE AUTODIDACTE**
*Ndiaye Pape Ngagne - Préface de Mamoudou Ibra Kane*
Pape Ngagne Ndiaye, par son style, est devenu un rendez-vous incontournable de l'espace audiovisuel sénégalais. L'émission « Faram Faccce » qu'il anime présentement sur TFM est très courue des hommes et femmes politiques pressés de se soumettre au feu roulant et nourri des questions du redoutable interviewer, unique dans son genre. Ce livre n'est pas seulement une autobiographie, mais aussi une réflexion thématique et une sélection rigoureuse de certains numéros de la célèbre émission qui se veut « un décryptage des questions majeures de l'actualité nationale ».
*(37.00 euros, 360 p.) ISBN : 978-2-343-09916-3, ISBN EBOOK : 978-978-2-14-002822-9*

**DES FRANCENABE AUX MODOU-MODOU**
**L'émigration sénégalaise contemporaine**
*Fall Papa Demba - Préface du Professeur Abdoulaye Bara Diop*
Principalement centré sur la France et ses anciennes colonies d'Afrique, le champ migratoire sénégalais s'est, de manière originale, progressivement étendu à des destinations naguère méconnues ou peu fréquentées (comme les États-Unis, l'Italie, l'Espagne, l'Afrique du Sud ou le Brésil). Peu à peu, les migrants sont devenus des acteurs incontournables du développement. La prise en compte de ces populations, et de leurs mouvements, devient donc nécessaire aux programmes et politiques de développement durable.
*(Harmattan Sénégal, 40.00 euros, 559 p., Illustré en noir et blanc)*
*ISBN : 978-2-343-10796-7, ISBN EBOOK : 978-2-14-002539-6*

**« DOYEN » AMADY ALY DIENG, LE TRANSMETTEUR INTÉGRAL (1932-2015)**
**Économie biographique ou sémio-Histoire**
*Ngaïdé Abdarahmane*
Amady Ali Dieng nous a quittés il y a un an. Pour lui rendre hommage et s'en rappeler les enseignements, l'auteur de cet ouvrage a décidé de compiler ses nombreux écrits ou interventions. Les quatorze textes qui composent cette anthologie sont représentatifs et significatifs de la personnalité, du style et des préoccupations d'Amady Ali Dieng. On y retrouve son style, son humour et son esprit critique.
*(Harmattan Sénégal, 23.50 euros, 228 p., Illustré en noir et blanc)*
*ISBN : 978-2-343-10855-1, ISBN EBOOK : 978-2-14-002561-7*

**41 RULES TO BE HAPPY**
*Kane Babaly*
Seeing that happiness is the goal towards which all men strive for, the author wrote this book to help the reader in treasuring the joyous of life and realizing his desires in entirety, to be fulfilled, to claw his way to the top and to assure him it will turn out well in the end. Moreover, this book intends to give the keys us to get the secret for reaching we want in this life. 41 rules to be happy is a little self help book which has 41 rules that are meant to allow every reader to live life in full potential.
*(Harmattan Sénégal, 14.50 euros, 138 p.)*
*ISBN : 978-2-343-10904-6, ISBN EBOOK : 978-2-14-002583-9*

**SÉNÉGAL**
**Les limites du Plan Sénégal Émergent**
*Mansour Samb El Hadji*
Cet ouvrage présente une analyse profonde des politiques publiques en décortiquant le Plan Sénégal Émergent (PSE) qui jusque-là n'a fait l'objet d'aucune analyse critique sérieuse. Le Sénégal est face à un défi, le défi de son émergence, un défi qu'il compte relever avec tous ses fils. Ce défi qui mobilise aujourd'hui tout le monde doit nous pousser à proposer de nouveaux chemins et à animer un débat nécessaire et incontournable dans tout processus d'émergence.
*(Harmattan Sénégal, 27.00 euros, 276 p.)*
*ISBN : 978-2-343-09721-3, ISBN EBOOK : 978-2-14-002372-9*

**SÉNÉGAL**
**Dynamiques paysannes et souveraineté alimentaire**
**Le procès de production, la tenue foncère et la naissance d'un mouvement paysan**
*Diop Amadou Makhouredia - Préface d'Yves Guillermou ; Postface de Fodé Niang*
Le présent ouvrage contribue à la compréhension des stratégies développées par la petite paysannerie et les dynamiques qui animent les exploitations agricoles familiales permettant la production de biens nécessaires à l'alimentation et l'entretien des familles. La capacité des paysans à prendre en main leurs propres préoccupations a été mise en évidence par l'émergence d'organisations, de groupements, d'associations et d'unions dans tout l'espace rural sénégalais.
*(Harmattan Sénégal, 26.00 euros, 256 p.)*
*ISBN : 978-2-343-10852-0, ISBN EBOOK : 978-2-14-002457-3*

**HISTOIRE ET SOCIOLOGIE DES RELIGIONS AU SÉNÉGAL**
*Tamba Moustapha*
Le Sénégal reste une exception dans le domaine religieux : 90 % de musulmans, 5 % de chrétiens et 5 % d'adeptes de l'animisme. C'est aussi le pays où les musulmans et les catholiques partagent le même cimetière, où les conjoints partagent des religions différentes, où les écoles privées catholiques comptent 60 à 70 % d'élèves de confession musulmane, etc. Ce phénomène n'est pas dû au hasard. L'histoire et la sociologie des religions permettent de l'expliquer amplement. Cet ouvrage souligne cette exception sénégalaise pour montrer qu'au moment où notre monde est en proie au fanatisme, à l'intolérance et au terrorisme religieux, le Sénégal propose un autre « modèle ».
*(Coll. Études africaines, série Economie, 41.00 euros, 426 p.)*
*ISBN : 978-2-343-10424-9, ISBN EBOOK : 978-2-14-002506-8*

**FIGURES DU POLITIQUE ET DE L'INTELLECTUEL AU SÉNÉGAL**
**L.S. Senghor - M. Dia - A. Ly - CH. A. Diop A. Diouf & F. Mitterrand - J.R. De Benoist - A. Seck - TH. Fall - A. M. Samb - A.M. Samb JR - TH. Monod - H. Bocoum - G. R. Thilmans**
*Samb Djibril*
Cet ouvrage réunit des personnalités politiques et/ou intellectuelles très diverses : Léopold Sédar Senghor, l'Immortel Noir ; Mamadou Dia, le brillant économiste ; François Mitterrand et Abdou Diouf, deux experts politiques, ou encore Théodore Monod, le savant probe. Ces figures sont autant de coryphées auxquels l'auteur a voulu rendre hommage, afin de rappeler que la terre africaine du Sénégal ne manque pas de princes de l'esprit ni de nourriture intellectuelle.
*(26.00 euros, 266 p.)*
*ISBN : 978-2-343-10731-8, ISBN EBOOK : 978-2-14-002513-6*

**TÉLÉVISIONS AU SÉNÉGAL**
**Entre désert de contenu et sécheresse intellectuelle**
*Djimbira Cheikh Mouhamadou*
« Il faut lire ce livre en considérant qu'il a été sciemment écrit dans l'intention de nuire à la société spectaculaire. Il n'a jamais rien d'outrancier. » Cette pensée de Guy Debord nous permet de comprendre à bien des égards, l'ouvrage de Cheikh Mouhamadou Djimbira qui est un plaidoyer pour la création de programmes audiovisuels de qualité.
*(11.50 euros, 80 p.)*
*ISBN : 978-978-2-343-10790-5, ISBN EBOOK : 978-978-2-14-002528-0*

**UN SCOUT SÉNÉGALAIS**
**L'aventure citoyenne (deuxième édition)**
*Ndene Pascal - Préface de Jacques Moreillon*
Lorsque nous parlons de l'adolescence, nous évoquons l'autonomie, la responsabilisation, la citoyenneté, le jeu, les relations avec les parents et avec les pairs. Toutes ces questions sont abordées dans ce livre qui montre avec humour le parcours éducatif d'un adolescent dans le scoutisme. Ce livre s'adresse à tous les jeunes, garçons et filles, aux parents et éducateurs de tout milieu social et culturel, ainsi qu'à tous les scouts et guides du monde.
*(14.00 euros, 124 p.)*
*ISBN : 978-2-343-10965-7, ISBN EBOOK : 978-2-14-002526-6*

**LA PENSÉE DE CHEIKH AHMADOU BAMBA FACE AUX DÉFIS AFRICAINS**
*Sow Cheikh Mar*
Cheikh Ahmadou Bamba Mbacké a su déterminer une nouvelle vision aux yeux de ses contemporains en formulant d'une façon très claire des idées novatrices capables de faire bouger le peuple. Cette conception de la société dans sa globalité a permis «à chaque individu de devenir un centre d'initiative, de création et de responsabilité à tous les niveaux : celui de l'économie, de la politique, de la culture ; une conception qui ne soit ni individualiste, ni totalitaire mais fondée sur les communautés de base».
*(Harmattan Sénégal, 24.00 euros, 238 p.)*
*ISBN : 978-2-343-10021-0, ISBN EBOOK : 978-2-14-002284-5*

**LE MODERNISME EN ISLAM**
**Introduction à la pensée de Sayyid Amir Ali**
*Diagne Mbengue Ramatoulaye*
« Les thèmes abordés par le Professeur Ramatoulaye Diagne dans sa lecture de la pensée d'Amir Ali ont tous un lien indéfectible avec le pluralisme et la paix. (...) Dans la lecture de son ouvrage, on arrive à comprendre que le modernisme d'Amir Ali est une sorte de renouveau dans la pensée islamique. C'est un mouvement d'intellection qui intègre, dans une cohérence architecturale, l'usage de la raison, l'esprit du soufisme pratique ghazalien et la finalité de la prière qui concilie l'ascèse de l'âme à la transformation positive des sociétés. » Abdoul Aziz Kebe, Ancien Chef du Département d'Arabe UCAD-DAKAR.
*(Harmattan Sénégal, 15.00 euros, 144 p.)*
*ISBN : 978-2-343-09977-4, ISBN EBOOK : 978-2-14-002211-1*

**MA RENCONTRE AVEC ALLAH**
**De l'obscurité à la lumière**
*Mbengue Adama Ousmane*
Cet ouvrage traite surtout de la question essentielle du Mahdi qui vient pour apporter les solutions idoines en s'appuyant sur la Sharia mouhammadiya et la Tariqah ahmadiya afin d'offrir à tout individu le meilleur profil dans la société idéale qu'il compte établir.
*(Harmattan Sénégal, 14.50 euros, 134 p.)*
*ISBN : 978-2-343-10299-3, ISBN EBOOK : 978-2-14-002277-7*

## Structures éditoriales du groupe L'Harmattan


**L'Harmattan Italie**
Via degli Artisti, 15
10124 Torino
harmattan.italia@gmail.com

**L'Harmattan Hongrie**
Kossuth l. u. 14-16.
1053 Budapest
harmattan@harmattan.hu

---

**L'Harmattan Sénégal**
10 VDN en face Mermoz
BP 45034 Dakar-Fann
senharmattan@gmail.com

**L'Harmattan Cameroun**
TSINGA/FECAFOOT
BP 11486 Yaoundé
inkoukam@gmail.com

**L'Harmattan Burkina Faso**
Achille Somé – tengnule@hotmail.fr

**L'Harmattan Guinée**
Almamya, rue KA 028 OKB Agency
BP 3470 Conakry
harmattanguinee@yahoo.fr

**L'Harmattan RDC**
185, avenue Nyangwe
Commune de Lingwala – Kinshasa
matangilamusadila@yahoo.fr

**L'Harmattan Congo**
67, boulevard Denis-Sassou-N'Guesso
BP 2874 Brazzaville
harmattan.congo@yahoo.fr

**L'Harmattan Mali**
Sirakoro-Meguetana V31
Bamako
syllaka@yahoo.fr

**L'Harmattan Togo**
Djidjole – Lomé
Maison Amela
face EPP BATOME
ddamela@aol.com

**L'Harmattan Côte d'Ivoire**
Résidence Karl – Cité des Arts
Abidjan-Cocody
03 BP 1588 Abidjan
espace_harmattan.ci@hotmail.fr

**L'Harmattan Algérie**
22, rue Moulay-Mohamed
31000 Oran
info2@harmattan-algerie.com

**L'Harmattan Maroc**
5, rue Ferrane-Kouicha, Talaâ-Elkbira
Chrableyine, Fès-Médine
30000 Fès
harmattan.maroc@gmail.com


---

## Nos librairies en France


**Librairie internationale**
16, rue des Écoles – 75005 Paris
librairie.internationale@harmattan.fr
01 40 46 79 11
www.librairieharmattan.com

**Lib. sciences humaines & histoire**
21, rue des Écoles – 75005 paris
librairie.sh@harmattan.fr
01 46 34 13 71
www.librairieharmattansh.com

**Librairie l'Espace Harmattan**
21 bis, rue des Écoles – 75005 paris
librairie.espace@harmattan.fr
01 43 29 49 42

**Lib. Méditerranée & Moyen-Orient**
7, rue des Carmes – 75005 Paris
librairie.mediterranee@harmattan.fr
01 43 29 71 15

**Librairie Le Lucernaire**
53, rue Notre-Dame-des-Champs – 75006 Paris
librairie@lucernaire.fr
01 42 22 67 13

www.ingramcontent.com/pod-product-compliance
Lightning Source LLC
LaVergne TN
LVHW011311061026
849535LV00005B/1509